2019年山东省基础教育教学改革项目（编号：3701006）研究成果

追梦陶行知

——小学语文单元整合式轻负高质“自动化”课堂实践研究

◎王希锋　著

山东大学出版社
SHANDONG UNIVERSITY PRESS
·济南·

图书在版编目(CIP)数据

追梦陶行知:小学语文单元整合式轻负高质“自动化”课堂实践研究/王希锋著.—济南:山东大学出版社,2022.1

(基础教育教学创新研究丛书/李文军主编)

ISBN 978-7-5607-7385-8

Ⅰ. ①追… Ⅱ. ①王… Ⅲ. ①小学语文课-课堂教学-教学研究 Ⅳ. ①G623.202

中国版本图书馆 CIP 数据核字(2022)第 013278 号

责任编辑 张彩芸
封面设计 王秋忆

出版发行 山东大学出版社
社　　址 山东省济南市山大南路 20 号
邮政编码 250100
发行热线 (0531)88363008
经　　销 新华书店
印　　刷 济南乾丰云印刷科技有限公司
规　　格 720 毫米×1000 毫米 1/16
　　　　 17.5 印张 320 千字
版　　次 2022 年 1 月第 1 版
印　　次 2022 年 1 月第 1 次印刷
定　　价 49.00 元

序

王希锋是个有梦想的人，而且他的梦想与众不同。他的梦想，不只限于个人的未来生活；他的梦想，是实现学生自由地学习，是教师实现幸福的职业生涯；他的梦想不是空想，而是来自中国自己的大教育家——陶行知先生的启发。

“生活、工作、学习倘使都能自动化，则教育之收效定能事半功倍。”“解放儿童的头脑，使之能思；解放儿童的双手，使之能干；解放儿童的眼睛，使之能看；解放儿童的嘴，使之能讲；解放儿童的空间，使之能接触大自然和社会；解放儿童的时间，不逼迫赶考，使之能学习自己渴望的东西。”30 多年前，陶行知先生的这两句话像雷电般击中了一位中师学生。他对这两句话着了魔，从那时开始，就以这两句话为自己当教师的梦想。当校长后，他又将之作为引领学校教学改革的指南。他，就是王希锋。经过近十年的探索，王希锋校长带领自己的团队梦想成真，打造出了以“轻负高质”为特征的“单元整合式”小学语文教学模式。

梦想成真的重要标志：其一，课堂上教师的教与学生的学形成自动化的习惯，教师和学生清楚自己在每周的每节课上要教什么和要学什么。其二，教师在课堂上不再是满堂灌，而学生的学习也不再依赖教师的细致讲解和咄咄逼人的提问。其三，2016 年六年级学生的语文成绩综合得分超第二名 14 分，名列全县第一。他到济南市高新区丰奥嘉园小学任校长后，小学语文单元整合式教学也顺利地开展起来，学生的学习成绩同样名列同类学校前茅，说明这种“自动化”有可复制性。其四，至少在7年前就落实了“双减”政策：学生没有过重的课业负担，家长也不用额外给孩子安排校外辅导。

语文课程改革的关键是落实语文教学与学习“综合性”“实践性”的本质。所谓“综合性”，是说语文教学与学习涉及的内容包罗万象，而不是有逻辑的知识体系，既有人文精神的熏陶，也有语文素养的习得；而“实践性”则是指基于学生的语言发展规律和语言实践开展教学和引领学习。语文教学的这种“综合性”往往使教师迷失于人文精神的渗透、某一方面知识的传授或字词及篇章结构的分析，从而导致语文教学思品化、科普化或抽象化，学生的课堂学习效益低下。于是，语文学习的“实践性”就被异化为课下的机械重复训练，从而使学生感到课上学习语文吃力且课下作业负担重，最终的学业成绩也与教师的努力和家长的期望相去甚远。王希锋校长实现语文教学与学习“自动化”的诀窍，就是“单元整合”，使语文教学目标首先聚焦单元的语文要素设计每篇教材选文教学，将学生的语文学习从教师过度讲解单篇课文的教学模式中解放出来，并根据学生的学情设计学习任务和补充扩大阅读材料；学生学习目标明确，在教师精心设计的人文主题语言实践情境中，进行多种形式的语文学习，多元化的课堂评价激励学生学习；学生在完成学习任务的过程中，在真实的场景中能够说真实的话，写心中想说的话，从而能够高质量达成学习目标，并受到人文精神的熏陶。这是语文教学与学习的综合性与实践性并行不悖的过程，是人文性与工具性统一实现的过程。可以说，王希锋校长的语文课程改革过程，非常集中地体现了陶行知先生“生活即教育”“社会即学校”和“教学做合一”的教育思想核心。

应该说，王希锋校长是探究到学生学习真谛的教育人。他深知，陶行知先生所说的“学习自动化”，不是机器设备的自动化，更不是学生自发的“自动化”，而是“有意识的行动”，是“特别注重自动力的培养”结果；这是教师专业能力达到一定程度，将“学习的基本自由还给儿童”的结果，是学生从被动学习逐步转向主动学习的过程。因此，他要求教师教学中的“思”“看”“干”和“讲”要以学生的“学”为中心，要突出学生是学习主体的中心地位，培养学生自主学习的习惯与能力，而不是靠课下磨时间来逼学生机械式地去训练提分。学校明确规定，学生课外单周每晚只完成一页少于5道的书面作业，双周每晚只有阅读作业，假期是听《杨家将》和《岳飞传》等评书和有计划的自由阅读作业，将语文素养和传统文化教育生活有机结合。王希锋校长还是一位能将自己沉入“学生心里”的人：减负从给学生的书包“减肥”做起，低、中、高段学生分别减轻书包重量2公斤、3公斤和4.5公斤；还将学生在学校节省下来的时间，充分地还给了学生，能让学生有时间“自动”学习自己渴望的东西，满足学生的学习兴趣；学生“自治式”的社团、校内外活动，名目繁多，各取所好；学生在校每天运动时间最低保证在2个小时，自由打卡选择完成体育作业；等等。

梦想是情怀的投射。王希锋从懵懂的中师生开始追梦陶行知先生主张的教学与学习“自动化”，为之夜不成寐，多方学习，称得上上下求索、百折不挠，十几年磨一剑，实现梦想式的跨越。小学语文单元“整合式”教学的“轻负高质”，不仅提升了学生的语文学习质量，还产生了解放学生后的“乘积效应”：学生在校能够全身心投入学习，能够充分放松锻炼；放学后不必参加学科校外辅导班，满足个性化学习爱好，学生肥胖率、近视率逐年降低，学生学业水平、身体状况和家长满意率都多年在本学区名列前茅。

记得林语堂说过：“梦想无论怎样模糊，总潜伏在我们心底，使我们的心境永远得不到宁静，直到这些梦想成为事实。”追梦陶行知先生，就是放飞“解放学生”的教育理想。我们有理由相信，在“双减”政策倡导下，王希锋们的教育教学改革梦想，会越来越清晰，更会越走越远，取得更加丰硕的成果！

李文军

2021年12月

前　言

语文是母语知识传授与学习的主要内容，是整个教育发展史上始终进行并呈现丰富的一门学科。语文具有传承、发扬的特性，是中国学生必须学习的学科，也是中华优秀传统文化传承与发扬的有效载体。可是，从古到今对语文教学没有一天不在争论，各个学派、各个专家教授都有自己的看法、观点和实践，这造就了语文教学的丰富多样。

中华人民共和国教育部制定的《义务教育语文课程标准(2011 年版)》提出："教师是课程的实施者、决策者和创造者，在教学实践中必须创造性地理解和使用教材。"教材是个例子，是学习材料，如何把例子、材料使用好，突出学生学习这个中心，直接关系到教学的成功，也直接影响到学生素养的养成。所以，我们基于学生素养的养成，学生学习方式、习惯、思维的养成，结合教材的编排特点，以学生为中心，以学生学习为中心，创造性地活用教材，大胆进行了"单元整合式"小学语文教学的探索与实践。

受"学而优则仕"思想的影响，有些家长对孩子上学读书的最直接要求就是要考高分，要争第一。也就是这种思想才使得应试教育有了市场，使得有些学校教学严重地以追分为主，大量地进行题海战术，强化训练，导致素质教育的要求得不到落实，以教师教为主的教学方式得不到改变。

《义务教育语文课程标准(2011 年版)》指出："语言文字是人类最重要的交际工具和信息载体，是人类文化的重要组成部分。语言文字的运用，包括生活、工作和学习中的听说读写活动以及文学活动，存在于人类生活的各个领域。”可是，我们实际的语文教学，已经脱离了生活、工作和学习的真实情景，没有做到教学与实践相结合。

调研发现，学校语文教学仍是在课堂上以讲为主的文本教学，课程标准上要求的多种形式的学习方式、多元的评价，在语文实践中得不到落实，甚至是没有安排。如语文综合性学习落实不到位，在实践中学习语文，让学生在真实的场景说真实的话、自由地表达等落实也不够到位。

我们认为，语文课程实施质量长期不高，重要原因之一是部分教师没有抓住语文学科的本质，忽视了语文本体性知识的教学，对语文课程性质和目标的理解有偏差。教师一直把讲解分析课文内容作为语文教学的核心任务，把语文语言实践训练等同于做各种各样的练习题，对学生出现的错误没有进行认知规律、学习过程、学习方法等归因，只是简单地认为训练量不足。在课堂上，教师生怕漏掉任何一个知识点，生怕有哪一个环节没有告诉学生，整堂课从头到尾都在大讲特讲，典型的“满堂灌”。教师认为自己尽了职责，认为学生应该学会。评价测试结果一出来，教师就着急：“这些我都讲了，为什么不会？”“学生太不认真了。”随之而来的就是对学生加倍的批评，加倍的“满堂灌”，以期换来学生测评的高分。在这个过程中，教师没有把自己“满堂灌”作为学生学不会的因素来分析，对新课改要求改变教师教的方式、改变学生学的方式这一理念不理解、不贯彻。

陶行知是我国的人民教育家、思想家，是我读师范学校时向往的教育大师。工作30多年来，观察我的工作风格与办学实践，无时不透露着陶先生的思想。“生活即教育”“社会即学校”“教学做合一”是其核心。陶行知先生的“六大解放”“自动化”的功效等也是影响我课改和办学的重要思想。时值2009年春季，山东省聊城市高唐县第一实验小学决定进行语文单元整合教学，当时的目的是解决语文教师学历低、语文学科考分低的问题。之所以确定用单元整合教学的方式来解决这两个问题，主要是因为想通过流程化的教学，形成教、学的自动化习惯，让教师和学生都非常明确地知道在每周的每节课上要教什么，要学什么，让语文学习成为自动化，减少学生学习语文时对教师的依赖，同时也限制教师在课堂上的“满堂灌”。学生语文学习自动化的习惯一旦形成，语文学科考试成绩绝对会大幅度提升。经过七年的努力，2016 年 6 月，全县六年级质量检测，我校以全县第一且平均分超第二名 14 分的优异成绩给课改画上圆满的句号！也因此，全县发文学习我校的单元整合式教学。

这次阶段性的成功，更加坚信了我们单元整合式教学团队的信心和前进的勇气，也更加坚定了我追求学校“自动化”的信念。2017 年暑假，我变更工作单位来到济南高新区丰奥嘉园小学任校长，虽然时间不长但极富信心地将单元整合式教学开展起来。单元整合式教学的核心思想就是陶行知先生的“自动化”“六大解放”“小教师”等教育思想。这几个主要思想也分别在单元整合式教学中得以落实，并且发挥了极大的作用。“单元整合式”小学语文教学不仅改变了教、学、思的方式，更加重要的是在很大程度上改变了语文教师的思维以及对语文教学的理解，是语文学科核心素养在学校落地的范式，是“轻负高质”办学模式的核心模块。

2021 年 10 月

目　录

第一章　跟着陶行知探索课堂“自动化”

生活、工作、学习倘使都能自动化，则教育之收效定能事半功倍。所以我们特别注重自动力之培养，使它贯彻于全部的生活工作学习之中。自动是自觉的行动，而不是自发的行动。自发的行动是自然而然的原始行动，可以不学而能。自觉的行动，需要适当的培养而后可以实现。故自动不与培养对立，相反的自动有待于正确的培养。①

——陶行知

2021年，中共中央办公厅、国务院办公厅印发《关于进一步减轻义务教育阶段学生作业负担和校外培训负担的意见》，“减负”这一教育界一直探讨的话题再次引起了全社会的热议，也再次让我反思单元整合式语文教学的初心。

那是2009年2月，聊城市高唐县委一纸红头文件将我从鱼丘湖街道办事处联校调到县第一实验小学任校长。当时，高唐县第一实验小学的教学情况可以归结为：三大主科两强一弱，其他学科全县领先。其中一弱学科就是语文，在全县的质量检测中不能确保第一，且平均分与排名第二的学校没有拉开差距，与数学、英语学科平均分比第二名高10分以上的现实相比，语文学科确实是弱项。为了改变这一现状，我开始了语文教学改革之路，想在改革的路上解决两个问题：一是教师学历低造成的语文教师学科素养差，二是语文平均分低。第二个问题要靠先解决掉第一个问题才能解决，所以解决语文教师学科素养差的问题就成了语文教学改革的关键。

当时，县级城市的实验小学的师资在全县应该是最好的，但也存在着一定的问题。当时县职业中专毕业的烹饪、服装、化工等专业学生，进入了教师行

① 徐莹晖、王文岭：《陶行知论生活教育》，四川教育出版社2020年版，第238页。

列，并承担着语文、数学等学科的教育教学任务，他们能按要求基本完成教育教学任务，但对于较高层次的要求就捉襟见肘。像语文学科的教师需要有一定人文涵养和解读文本的能力，可是对于中专学历的教师来说就是赶鸭子上架。语文教学真的要想打翻身仗，在教师队伍不能改变的前提下，那就要寻找能适应、适合这些教师的方法与模式，让其按标准执行，执行完结就会有可控的质量。从此，我们单元整合教学团队踏上了寻找之路。

我首先想到的就是在师范学校读过的关于陶行知先生的书，想起陶行知老先生的教诲，其中有两个观点对我影响最深。一是，"生活、工作、学习倘使都能自动化，则教育之收效定能事半功倍。所以我们特别注重自动力之培养，使它贯彻于全部的生活工作学习之中。自动是自觉的行动，而不是自发的行动。自发的行动是自然而然的原始行动，可以不学而能。自觉的行动，需要适当的培养而后可以实现。故自动不与培养对立，相反的自动有待于正确的培养"①。自动化是需要工作流程的，流程的各个环节或节点是需要标准的，是有始有终的闭环循环，而且这个流程和标准是可以培养改造的。二是，"六大解放"②观点。解放儿童的头脑，使之能思；解放儿童的双手，使之能干；解放儿童的眼睛，使之能看；解放儿童的嘴，使之能讲；解放儿童的空间，使之能接触大自然和社会；解放儿童的时间，不逼迫他们赶考，使之能学习自己渴望的东西。③ 这是陶行知先生重要的创造教育思想，把学习的基本自由还给儿童。其中，思、看、干、讲就是强调我们的教学要以"学"为中心，突出学生是学习的主体，突出教师要围绕学生学习来统筹引领、协调组织，也强调了不能靠磨时间来逼学生提分。要让学生多接触大自然，学生就要有时间，而时间来自规范办学：执行教育部、省教育厅关于课程设置及课时安排的相关文件要求，不加课，不逼迫学生增加学习时间和强度。让学生有空暇走进大自然和社会，让学生有时间学习自己渴望的东西，满足学生的学习兴趣。正是这两个观点一直影响着我的教育心路，也是我三十几年教育路上的航标。基于此，解决教师语文素养低的路径也就迎刃而解，那就是要寻求语文教师教学的自动化流程。

经过近一年的学习，结合实际情况，确定了语文单元整合式教学的雏形："单元整合，五课渐近"语文主题教学，这也是语文教学流程推进的第一步。时

---

① 徐莹晖、王文岭：《陶行知论生活教育》，四川教育出版社 2020 年版，第 238 页。

② 韩冰清：《论"六大解放"及其实施——陶行知的"六大解放"思想对培养学生创新素质的启示》，《黄冈师范学院学报》2002 年第 2 期。

③ 参见江苏省陶行知研究会、南京晓庄师范学校编：《陶行知教育文集》下卷，江苏教育出版社 2008 年版，第 917～924 页。

至2021年11月，语文单元整合式教学已走过十三年的路程，其间课题也几易其名：“单元整合，五课渐进”语文主题教学、“单元整合，多课渐进”语文主题教学法、“单元整合，多课渐进”小学语文教学模式、“单元整合式”小学语文教学法。每一次变动都是我和我的团队语文课程改革前行步伐的写照（具体实践研究历程见本书附录一）。

第一节　体悟语文教学与“行知”精神

陶行知教育思想以“生活教育理论”为其最主要的代表，对我国教育事业产生了深远的影响。作为教育家，他虽然不曾做过专职语文教师，但是其“教学做合一”①、“行是知之始，知是行之成”②等理念都极大推动着语文教育的发展。今天，我们在陶行知教育观的指引下，通过语文教学实践研究的方式，加深对语文教育教学的认识与研究，以求对现阶段语文教学进行深入探索。

一、语文实践性特点与“行知合一”

《义务教育语文课程标准（2011年版）》对语文课程性质做如下定义：“语文课程是一门学习语言文字运用的综合性、实践性课程。义务教育阶段的语文课程，应使学生初步学会使用祖国语言文字进行交流沟通，吸收古今中外优秀文化，提高思想文化修养，促进自身精神成长。”③工具性与人文性的统一，是语文课程的基本特点。《普通高中语文课程标准（2017年版）》也指出：“语文学科核心素养是学生在积极的语言事件活动中积累与建构起来的，并在真实的语言运用情境中表现出来的语言能力及其品质；是学生在语文学习中获得的语言知识与语言能力，思维方法与思维品质，情感、态度与价值观的综合体现。”④

课程标准中关于语文教学的重要观点之一为：学生语文课程的学习必须在丰富的语言实践中进行，在实践中领悟文化内涵和语文应用规律。这一点与陶行知的“行知合一”思想不谋而合。1934年，陶行知在《生活教育》上发表《行知行》一文，认为“行是知之始，知是行之成”，对“行知”关系进行了辨析，强调了

---

① 陶行知：《教育的真谛》，长江文艺出版社2019年版，第22页。

② 陶行知：《行是知之始》，古吴轩出版社2016年版，第3页。

③ 中华人民共和国教育部：《义务教育语文课程标准（2011年版）》，北京师范大学出版社2012年版，第1页。

④ 中华人民共和国教育部：《普通高中语文课程标准（2017年版）》，人民教育出版社2018年版，第4页。

“行知”的重要性，即强调了学生学习的实践性。唯有学生亲身实践，才能改变死学、硬学的现象，实现语文学科知识和能力的建构。因此，在学生语文学习的活动中，我们要着力改变以往教学中过于强调书本知识，以琐碎分析为主的现象，强调学生要在实际语言实践应用中习得语文知识。“单元整合式”小学语文教学体系中的“读悟”思想即出于此，以读促悟，以读悟情，以读悟法。这里的“读”便是要在所有的单元整合教学中，让学生加强语言实践，读是行、悟是知，读悟课就是典型的“行知合一”。

《义务教育语文课程标准(2011 年版)》指出：“要让学生充分地读，在读书中整体感知，在读中有所感悟，在读中培养语感，在读中受到情感的熏陶。”张田若先生说过：“阅读教学，第一是读，第二是读，第三还是读。”的确，阅读教学中的“读”是目的与手段的同一。阅读教学本身应该把发展学生“读”的能力作为目的，而读又可以当作理解、领悟和吸收阅读客体材料的手段。古人云：“书读百遍，其义自见。”这足以说明多读的好处。读是学习语文的主要方法之一，其有朗读、默读、指读、齐读、大声读等形式。这多种读的方法中尤以朗读为最优。“单元整合式”小学语文教学体系中的读主要是指朗读。

“单元整合式”小学语文之实践——读，是整个教学过程的核心。培养语感，进行语言实践是语文学习的两项重要任务，单元整合式教学模式就注重了对这两项任务的培养，并且主要是通过读来实现的。所以，实践就是“读、读、读”，这是“单元整合式”小学语文教学体系的核心理念之一。

一是为理解字词而读。语文学习的基础就是字词，从一年级到六年级，字词教学贯穿始终。认读字词就是字词教学的一种常用方式。基础过关课就是集中识字、处理字词的课型。在这个课型中，运用最多的方法就是认读，通过多种方式、方法，让学生一遍一遍地读，在读中识记字词，在读中领悟含义。每个学生采用多种方式过关读，就是最有效的识记方法。字词认读不仅训练了学生的认读、识字，还使学生在读中发现不认识的字词时，通过查字典、问同学、问家长等方式来学习生字词，带动了学生使用语文工具书和向他人求教的能力。①

二是为悟情悟法而读。读悟课是课型流程中的关键课型，是落实单元人文主题、语文要素的核心。传统意义上的精读课就是通过教师的分析让学生理解文本思想情感或培育学生的思想情感，通常用的方法是以教师分析、讲解为主。可是，单元整合式教学模式中的读悟课不是采用教师分析、讲解的方法，而是采

① 参见王希锋：《一项改变教、学、思方式的小学语文变革——“单元整合多课渐进”语文主题教学课程体系》，《课程教育研究》2017 年第 10 期。

用以学生读为主的方法,教师通过引导、组织学生采用不同形式的读、不同方法的读,在读的过程中抓住学生生成,点拨学生悟情、悟法。悟情就是悟作者想要表达的思想感情,悟法就是悟作者是如何表达思想感情的,也可以说是表达思想感情的方法。这两种不同方式不仅是两种教学模式的不同,更是深层次教学思想的不同。前者关注教师的教、讲,通过教、讲向学生传授知识;后者关注学生的学、悟,通过学生的读,唤起学生心中的生活体验,来体悟情、法。前者只是让学生接受知识,是强制的外力作用;后者是学生在读的过程中自己体验,进而寻找到方法,是内驱力的作用。

同时,在单元整合教学中,有意识地引入生活情境,加强学生语文学习与生活实践的联系,让学生在学中做、做中学。如学校多年来开发的菊花节课程、杏花节课程。杏花节利用校园内种植的二十余棵杏树,引导学生观察杏树发芽、开花、结果的全过程,并通过画杏花、写杏花、背杏花诗、品尝甜杏等一系列活动,达到"行知合一"。例 1-1 是济南高新区丰奥嘉园小学第四届菊花节活动方案。

【例 1-1】

济南高新区丰奥嘉园小学第四届菊花节活动方案

菊花有千姿百态的形,绚丽多彩的色,芬芳四溢的香,凌风斗寒的品格。为了丰富学生的课余文化生活,提高学生文学艺术素养,以学生独特的视角去观察世界,捕捉身边的美景盛世,用心灵去发现并记录生活中的真、善、美,我校将于 10 月中旬到 11 月中旬,举办第四届菊花节活动,现将活动内容安排如下。

一、活动主题

风华百年,菊香中国。

二、活动时间

2021 年 10 月中旬至 11 月中旬。

三、活动内容

(一)菊花栽培观赏

负责老师:李仁杰。

参加范围:全校。

(1)菊花文化节开幕,将菊花盆栽摆放到校园观景台、办公楼、教学楼走廊。

(2)各中队召开主题班队会,研究菊花的品行及培育养殖,完成一份研究报告。

(3)每班认领两盆菊花,由学生个人或小组栽种,亲身体验小花农,亲眼观察菊花从含苞待放到开花的全过程,精心呵护,半个月后对各班养护的菊花进行评比。

(二)以"菊"为主题的摄影、绘画、书法比赛

负责老师:潘承铧、方贞。

参加范围:三至六年级。

(1)绘画内容:围绕"菊"为主题,自由创作。要求:题材画种不限,水彩画(4开纸张)、国画不小于四尺三开(70 cm×46 cm)。每班上交8幅作品,美术组提供8张参赛纸。

(2)摄影比赛:可以借用自己任课老师的手机,拍摄校园的菊花。选取最好的一幅交到学校进行评选。

(3)书法比赛:围绕"菊"为主题进行创作。要求:字体不限,不小于四尺三开(70 cm×46 cm)。每班上交3幅作品,美术组提供3张参赛纸。

(三)以"菊"为主题的征文、诗文诵读比赛

负责老师:董娇。

参加范围:全校。

(1)征文比赛:请同学们观察菊花的生长过程,写出观察日记、作文或诗歌。三至六年级,由各班语文教师负责指导,并选出3~5篇优秀习作放到公共盘指定位置,进行校级评比。

(2)诗文朗诵比赛:古今多少文人墨客留下了关于菊花的诗句,让我们在诗词中领略菊花的美。请搜集关于菊花或秋天的诗歌,进行朗诵。请各班在班内举行以"秋·菊"为主题的朗诵比赛,并推举一名同学参加学校比赛。比赛时间暂定于11月12日,具体方案另行通知。

连续四年的菊花节、杏花节活动,学生的参与度都非常高,既加强了语文课堂与生活实际的联系,又通过活动,让学生在真实的语言环境中提高观察能力、写作能力、表达能力。

无论是"单元整合式"教学的课型定位与流程,还是菊花节、杏花节活动,都贯彻了"行知合一"精神,行是行动,是经历,是积累,是学习,知是分析,是综合,是生产,是思考,合一是学生行、知而后进化成长的效果、目标等。"行知合一"既是生活教育的写照,也是教育的必然规律,与现代提倡的合作探究是一致的。

二、学生主体地位与"小先生制"

低效的语文课堂，往往呈现如下特征：受限于40分钟的课堂，教师"满堂灌"，学生被动听；课堂上往往只有极少部分学生参与和老师的对话，一大部分学生缺少语言实践表达的机会；优等生回答问题较多且往往承担需要深层思考的问题，学困生回答问题的机会很少或仅限于记忆类等问题……久而久之，课堂上不发言的、不参与的学生越来越多，他们与优等生的差距也越来越大。

在课堂教学中，无法大范围关注更多的学生，无法让全班学生都参与到课堂学习中来成为学习的主人等问题，困扰着一线语文教师。如何破解这一难题，陶行知教育思想中的"小先生制"给了我们启发。陶行知在《生活教育的创立与成长》一文中说："在客观情势的要求下，发明了'小先生制'。读书的小学生回去后做小先生，去教自己的姊妹和母亲等读书。"①在《普及现代生活教育之路》中指出："师范生乃至整个知识阶级不是教师唯一的源泉。小孩子最好的先生是前进的小孩。"②

在最开始阶段，陶行知先生提出"小先生制"是为了解决当时社会教师紧缺的问题。小先生把一个学生教会，这个学生又能做别人的教师；别人又从中学会如何指导，这样他又可以担任其他人的教师……以此类推，便会有无穷的教师和无穷的学生。真正实行的过程中，"小先生制"提高了学生的主体作用，先学后教等优势价值逐渐显示出来。丰奥嘉园小学语文教学改革之初，便引入了陶行知先生的"小先生制"，以小组合作的形式落实到位。

我们采取的是四人制合作学习小组形式，班级内采取同组异质、异组同质的原则分组，同时将组内学生按照学习能力划分为1、2、3、4号，由1号同学担任小组长，统领本小组的学习。1号学生既是老师检查学生知识掌握情况的小助手，又是教导组内学困生的"小先生"。课堂上，对小组讨论等环节，组内成员会充分参与。清晰的分组情况，便于老师在课堂上关注更多的学生。"小先生制"也就是学生教学生。学生当老师教学生就是金字塔学习理论中的教授他人，是效率最高的学习方式，"小先生制"是巩固所学的最好方式。以"字词过关课(一)"中的一个环节为例来说明一下小先生制的好处(见例1-2)。

---

① 陶行知：《教育的真谛》，长江文艺出版社2019年版，第56页。

② 陶行知：《教育的真谛》，长江文艺出版社2019年版，第68页。

【例 1-2】

字词过关课(一)

环节一:字词认读关

教学目标:文中二类生字组成的词语及课文检查时学生读错的词语人人过关。

课件出示:

卷发　挣钱　几乎　点燃　划出　喷香

伸缩　努力　根茎　锯子　斧子　拆开

答应　聚会　牙齿　吞下　悲哀　手推车

宣布　处罚　诱人　毅力　强大　笑眯眯

犯错　禁令　稍息　犹豫　跺脚　一骨碌

明晃晃　舔一下　吱吱嘎嘎　细嚼慢咽

(1)选各组 1 号或 2 号示范读,纠正字音。

(2)同桌互查,互教,争取人人过关。

(3)教师抽查,选各组 3 号或 4 号过关读,纠正字音。(教师根据认读情况确定需二次认读过关的重点词)

各组 1 号或 2 号范读,纠正字音。1 号、2 号必须认真预习,才能正确范读,给其他同学做示范。为了做好示范,1 号、2 号同学会主动地、积极地认真预习,争取当好“小先生”。同桌互查,互教,争取人人过关。实际上这就是一个完全的兵教兵现象,你读我听,我读你听,有错纠正。人人过关,保证了每个学生都要过关,不掉下一个。

这种情况就是在一个自己先学后教的环境中学习与教别人,互相是学生,互相是老师。随着角色的转变,学生心态也会发生变化,平常学习时有松懈的情绪,当转变为老师身份教别人时,就会变得认真与严肃。这样的氛围使学生人人学得主动,人人有目标意识:我不能给小组失分,要给小组争分加分。合作学习小组使每个学生都有了责任感和主动性。自己先学习然后教别人,实质上就是“行知合一”和“小先生制”思想的具体落实。

第二节 “六大解放”与学生语言学习

解放儿童的头脑，使之能思；解放儿童的双手，使之能干；解放儿童的眼睛，使之能看；解放儿童的嘴巴，使之能讲；解放儿童的空间，使之能接触大自然和社会；解放儿童的时间，不逼迫他们赶考，使之能学习自己渴望的东西。这是陶行知先生的“六大解放”思想，是其重要的创造教育思想的标志，其基本理念是指把学习的基本自由还给儿童。

“我们发现了儿童有创造力，认识了儿童有创造力，就必须进一步把儿童的创造力解放出来。”[①]而就如何做到这一点，“六大解放”思想的提出，不仅在当时，而且在今天也具有重要的指导意义。“六大解放”思想正是我们追求的真实的学生语言学习的路径。

在许多一线语文教师的课堂上，老师“满堂灌”、学生被动听的现象屡见不鲜。究其原因，很大程度上在于老师不敢放手，一遍又一遍地讲解一个知识点。学生对于知识点掌握的标准不是理解了、会运用了，而是记住了、考试会写了。这极大地束缚了学生语言学习的主动性，久而久之，学生丧失了语文学习的兴趣和信心。在多年的语文教学实践与研究中，我们逐渐清晰地认识到，必须在课堂上加强学生语言学习的主体性。而陶行知先生的“六大解放”思想给了我们诸多思考。

第一，“解放大脑”让学生思考。学生语言学习的发生必须要有学生思维主体参与。语文的学习不同于数学等学科，语文学科没有相应的解题步骤与答案。从某种意义上说，数学等学科学生的思维往往可以更加清晰地呈现出来；而语文学科学生的思维往往是隐性的，是不可见的。这就要求我们在组织学生进行语言学习的过程中，解放学生大脑，让他们从固化的思维中解放出来，更加开阔性地去想象，去思维。同时，“解放大脑”的提出，更多的是凸显学生语言学习的主体性，感知与表达皆是从学生的主体出发，而不是教师的强行加入。“单元整合式”小学语文教学法的核心理念之一——以读促悟，便是源自此。以读悟情、以读悟法，学生通过充分的朗读，充分地感知语言文字的含义，进而感知作者的思想感情，学习作者表达情感的方法。在课堂上，老师只是起到点拨、引导的作用，更多的是让学生通过一遍遍的读，在脑海中形成自我感知。在语文课堂上，学生的一切感知都来源于其真实的感受，没有标准答案，只有思维的汇

---

① 陶行知：《教育的真谛》，长江文艺出版社2019年版，第221页。

聚。这样的课堂是包容的，是共生的，是充满灵性的。

第二，“解放双手”让学生充分感知，自由写作。陶行知指出：“中国对于小孩子一直是不许动手，动手要打手心，往往因此摧残了儿童的创造力。”[①]在语文的教学中，同样存在这样的问题。教师在课堂上一直强调的是要端正坐姿，双手放于胸前，很少给学生动手实践的机会。殊不知，解放学生的双手，通过亲手感知、演一演的形式，学生会学得更加真切。这在低年级的课堂上尤为重要。例如，在朗读古诗的过程中，通过手势的变化，来体现语气的轻重缓急；在一年级第一学期学习难点拼音的拼读环节时，加入手势，让学生更加真切地感受到音节的形成过程等。同时，“解放双手”在语文教学中的另一个重要内容便是给予学生充分的写作自由权。“我手写我心”的写作理念强调了写作的自我独特性，但是现实情况中却经常出现语文教师给学生的习作加上许多条条框框的现象，告知学生你应该这样写，应该那样写。然而，对于小学阶段的学生来说，写作中最重要的在于先要敢写，对写作产生兴趣。

第三，“解放眼睛”让学生观察。学生思维活动的发生大多来源于观察，这是他们深入了解和认识事物的开端。学习首先是从观察具体事物的外表开始的，经过一系列活动掌握其本质特点。观察这一语文要素在部编版小学语文教材中也多次出现。三年级上册第五单元阅读训练要素是“体会作者是怎样留心观察周围事物的”，四年级上册第三单元阅读训练要素是“体会文章准确生动的表达，感受作者连续细致的观察”。从“留心观察”到“连续细致的观察”这种联系性和发展性，可见教材是有设计规划的。同时，“准确生动”与“细致观察”也是有自然联系的，观察越细致，对事物的特点把握越准确，表达也会更准确。因此，我们倡导，语文的学习一定要解放学生的双眼，让他们在学习生活中充分观察、充分感知。如在三年级上册《搭船的鸟》一课的学习中，老师就可以出示翠鸟的图片，引导学生仔细观察翠鸟的外貌特征，然后结合课文语言文字说一说自己的发现，那一定会有更多心得体会。同时，学生对翠鸟捕鱼相对来说较为陌生，那么老师引入一段翠鸟捕鱼的视频，可以降低学生学习的难度，同时也可以加深学习的效果。

第四，“解放嘴巴”让学生提问和表达。语文是一门学习语言文字的综合性、实践性课程。在语文课堂教学中，学生有问题要准许学生提问，不仅要多提问，还要会提问。部编版小学语文四年级上册第二单元的阅读策略单元便安排了“提问”这一环节，引导学生可以就部分内容提问，也可以就全部内容提问；可以就课文内容提问，也可以就文章写法提问，更可以就文章中得到的启示提问。

---

① 陶行知：《教育的真谛》，长江文艺出版社 2019 年版，第 221 页。

同时,对于学生口头表达的重视也在逐渐加强。从一年级的强调完整的话的训练,到中年级围绕中心意思说一段话,再到高年级的口头作文比赛,都是对学生口头表达能力的训练。同时,着重口语交际等环节,增加学生口头表达的机会,提高其口头表达的能力,也是"解放嘴巴"的重要举措。

第五,"解放时间"让学生有充分的自主权。一个人想要有所创造,一定要给予其自主思考的时间与空间,而现在小学生最缺的便是这个了。一天的时间看似宽裕,但是学生在校很难有自我的空间,还有各种考试需要应付,放学后,又要参加各种辅导班,还有繁重的作业需要完成,没有一点点游戏和思考的时间,如同上紧发条的机关一样被裹挟着向前。当占用了儿童的全部时间,那么儿童也就丧失了自我。我们的"单元整合式"小学语文教学法积极践行"轻负高质"的理念,减轻学生课业负担,让学生有更多的时间可以进行自主安排。

第六,"解放空间"让学生活动。现代社会,学生活动的空间基本上就是学校、家庭、课外培训机构三点一线。出于安全的考虑,周末外出的机会也并不多。城市学校学生之间相约的活动大部分是玩游戏或逛商场,学生与社会环境脱节的现象越来越多。因此,在办学过程中,我们一定要"家校社"协同合作,解放学生的空间,如陶行知所言,让他们去接触大自然中的花草、树木、青山、绿水、日月、星辰以及大社会中之士、农、工、商,扩大其认识的眼界。①

第三节　师生双减负的"自动化"课堂

单元整合式语文教学改革的初衷,就是要寻找一个方法或模式,让教师按标准执行流程,就可以取得可控的质量,让教师教得轻松,学生学得轻松。通过教学资料的整合、教学方法的改进、教学目标的明晰、课型流程的优化等一系列措施,教师可以从容而不急切地教,学生从容而不盲目地学,最终实现教师、学生、课程三位一体下,以"学"为中心的"自动化"课堂,负担轻但质量高。

自动化是需要工作流程的,流程的各个环节或节点是需要标准的,是有始有终的闭环,而且这个流程和标准是可以培养和改造的。因此,要进行团队教研、设计单元教学流程和课时教学流程,并且明确流程各个环节的标准。

---

① 参见吴虹霞:《小学语文"自然笔记"微型课程开发与实施研究》,四川师范大学硕士学位论文,2018 年。

一、流程是师生双减负"自动化"课堂的核心要素

"单元整合式"小学语文教学，基于单元人文主题和单元语文要素，对单元内文本和辅助阅读文本进行整合，从学生自主预习开始，通过字词过关课(一)、字词过关课(二)、读悟课(一)、读悟课(二)、读写结合课、拓展阅读课、高效阅读课、单元习作课、习作讲评课、语用实践课、单元检测课等课型，利用两周时间来完成一个单元的学习。这里涉及单元课型流程和课时流程的问题。这两个流程的设计与实施就是师生双减负"自动化"课堂的开始。

在进行单元教学时，加强课型意识，能够明晰某一教学时间需要进行的教学任务，不至于发生教学混乱的情况。同时，这一明晰是教师和学生双向的明晰。"单元整合式"小学语文教学，在进行单元整合教学时，两周处理一个单元的教学，对于每天的教学任务有明确的规定，而承载教学任务的即为课型。目前，字词过关课(一)、字词过关课(二)、读悟课(一)、读悟课(二)、读写结合课、拓展阅读课、高效阅读课、单元习作课、习作讲评课、语用实践课等课型的上课时间、基本流程都有明确的规定。如第一周周一进行字词过关课(一)的学习，第一周周二进行字词过关课(二)的学习(见例 1-3)。

【例 1-3】

"单元整合式"小学语文教学单元课型流程安排表

三、四年级周一至周日课型安排				
前一周周五、周六、周日	第一周		第二周	
自主预习课	周一	字词过关课(一)	周一	拓展阅读课
	周二	字词过关课(二)	周二	拓展阅读课
	周三上午	读悟课(一)	周三上午	拓展阅读课
	周三下午	习作讲评课	周三下午	拓展阅读课
	周四	读悟课(二)	周四	拓展阅读课
	周四下午	语用实践课	周四下午	单元习作课
	周五	读写结合课	周五	单元检测课
每周七课时				

续表

<table>
<tr><td colspan="5">五、六年级周一至周日课型安排</td></tr>
<tr><td>前一周周五、周六、周日</td><td colspan="2">第一周</td><td colspan="2">第二周</td></tr>
<tr><td rowspan="6">自主预习课</td><td>周一</td><td>字词过关课(一)</td><td>周一</td><td>拓展阅读课</td></tr>
<tr><td>周二</td><td>字词过关课(二)</td><td>周二</td><td>拓展阅读课</td></tr>
<tr><td>周三上午</td><td>读悟课(一)</td><td>周三上午</td><td>拓展阅读课</td></tr>
<tr><td>周三下午</td><td>习作讲评课</td><td>周三下午</td><td>语用实践课</td></tr>
<tr><td>周四</td><td>读悟课(二)</td><td>周四</td><td>单元习作课</td></tr>
<tr><td>周五</td><td>读写结合课</td><td>周五</td><td>单元检测课</td></tr>
<tr><td colspan="5">每周六课时</td></tr>
</table>

每天需要做什么,教师和学生都有明确的认知。在单周周一、周二字词过关课上,老师和学生一起进行字词的学习与过关检查。在这样的课堂上,有了基础的心理认知,课前准备、课中学习、课后巩固,一切都自然发生。同时,通过周而复始的单元学习巩固,单周周末时,学生知晓周一要进行字词检查,那么他们就会很明确地进行预习。周一的语文课堂上,按照单元学习任务中要求的会认的生字,要求的会写的生字、词语以及文中重点词语,一步步进行。老师和学生们都很清楚要做什么,要怎么做,从而达到教师从容地教、学生从容地学的目的。

在进行单元教学时,加强课型意识,实现教与学的自动化还在于课型流程的明晰。"同课异构"的背后,虽然是对"条条大路通罗马"的探究,但是不同的老师对文本解读的层次不同以及根据学生学情不同,会设定出不同的教学设计。作为一线语文教师成长主要路径之一的观摩名师课堂,即为学习名师在深入解读文本之后的精妙的教学设计。然而,在惊叹于名师的教学设计是如此精妙的同时,回到自己的课堂上,却往往无法践行。因此,教师的学习与课堂践行会产生脱节的现象。为了改变这一现象,我以及我所在的团队,在进行语文课改的过程中,将课型流程的研究纳入了重点解决的范畴。一节课如何上、以哪些流程上,虽然语文要素繁多,但能否从中找到规律,形成一种可供一线语文教师践行的基本固定流程,也是减轻教师负担需要考虑的问题。同时,长期执行课型流程的结果是教师教的方式的改变以及学生学的方式的改变。

目前,“单元整合式”小学语文教学,在课型流程上有所突破。如读写结合课,这一课型旨在打通学生读与写之间的通道,建立文本与生活之间的联系,为学生选择适合的语言实践点,同时降低写作难度,为单元习作学习做学习支架。再如读写结合课,是根据单元人文主题、语文要素等确定本单元语用训练点,并结合学生生活确定读写结合训练点。以部编版小学语文教材六年级上册第二单元为例,确定读写结合训练点为“点面结合描写场面”,结合趣味运动会中拔河项目的见闻来进行场面描写的语用训练。

经过多年实践与研究,我们将读写结合课的流程做如下安排:第一环节,以单元文本为载体,总结语言实践训练点;第二环节,联系生活实际,通过小组合作等方式,进行语言运用的迁移;第三环节,学生围绕语言实践点,结合生活实际,完成一个片段的习作练习;第四环节,学生互评、展示,教师进行点评提升;第五步,学生修改习作片段。这样,在一个课时的学习中,学生完成了一次较为高效的语言实践活动。这一课型流程基本适用于所有整合单元的读写结合课:教师和学生在进行“点面结合描写场面”学习时,可以用这样的课型;在“动静结合写景物”时也可以以这样的流程来学习;在“借助环境描写刻画人物形象”时也可以以这样的流程来完成语言实践活动。

核心课型流程的制定与优化,实现了教师和学生双向的课堂自动化。教师在处理怎么教时,有一套较为高效的课型流程供其借鉴。学生在学习时,也通过相对完善的课型流程知晓课堂上的每一个环节。他们可以更多地以自主的行为参与到课堂学习中来,而不是在教师的牵引下一步步往前走。还是以读写结合课为例,经过几个单元有意识的学习训练,学生在单元文本的学习过程中,自然而然会去关注哪些语言实践点可为自己的习作提供帮助。同时,为了在读写结合课上收到较好的学习效果,会自动化地用读悟课上习得的方法去观察生活,为课堂做准备。他们知晓课堂上的每一个环节,就会更多地关注自己的成长点。如在学生互评和教师点评时,他们已经知晓下一个环节是“要取长补短,对自己的片段进行修改完善”,那么自然而然听的时候会有更多思考,注意力也会更加专注。

总之,“单元整合式”小学语文教学中的课型定位以及相关的课型流程,为实现教师从容地教、学生从容地学提供了一条非常好的路径。

二、“自动化”课堂改变教、学、思方式

基于单元整合的小学语文教学,在实施单元与课时教学时,要求师生按标

准执行流程完成教学任务。执行流程一段时间后,师生会改变原来的教学路径与思考方式,产生新的适合单元整合教学的思维方式。由于单元整合式教学的流程设计是基于合作探究方式的,所以执行流程后师生新产生的教、学、思方式就是围绕单元整合教学流程的新方式,两者是互相依存的关系。这种新方式在执行流程中产生,同时也促进流程的优化与改进。

(一)学的方式改变

以"学"为中心是"单元整合式"小学语文教学法始终遵循的原则,其有两个维度的含义:一是以学习的主体学生为中心,强调的是学生的主体地位;二是以学生的学习为中心,关注学生学习的整个过程和学习效果。学生学的方式不改变,就不能落实以"学为中心"。基于这两个维度,我们构建了"单元整合多课渐进"语文主题教学课程体系。[①]

1.按标准执行流程,改变学生的学习方式

在"单元整合式"小学语文教学的十三个课型中,每个课型都有预设的流程,流程的各个环节都有相应的标准。按标准执行课型流程,强化学生形成学习习惯,进而内化为学生学习的自主方式,这样也就实现了学生"学"的方式的改变。例如,自主预习课就是学生学习方式与习惯改变的途径,是在执行流程中、在自主预习的修正中慢慢养成的。老师布置预习作业,只有生字的抄写有一次量的限制,如抄写生字两遍,其他的作业都是以标准形式出现,如会默写一类生字,正确地朗读课文,流利地朗读课文等。这种作业方式,起初很多学生不能按标准来完成,因为他们习惯了抄写几遍或读几遍的方式,现在没有了遍数的限制,学生就认为可以轻松或是欺骗老师、小组长了。就是在这时,老师和小组长的检查力度要加大,不能让任何一个不达标准的学生漏网,一定要检查出来,促其学习达标。长此以往,培养了学生的诚信习惯,树立了标准意识,养成回家自主完成预习任务的习惯。这些方法、习惯、标准是需要老师和学生经过一段时间来磨合的,其中要有多个回合的较量与修正,要经过一段时间才能形成,这是客观规律。在方法、习惯、标准磨合的过程中,还要适当按照"降量保质"与"降质保量"的原则,给每个学生机会,让每个学生都能达到一定的水平,增加其自信,慢慢养成良好习惯。

---

① 参见王希锋:《一项改变教、学、思方式的小学语文变革——"单元整合多课渐进"语文主题教学课程体系》,《课程教育研究》2017年第10期。

2.学习方法创新改变"学"的方式

我们的作业有自己听写、自己检查朗读这种要求,但如何达到这种要求?怎样做才是自己听写、自己检查?这就是在学习过程中要根据具体情况来创新方法的问题。自己听写有两种方法。方法一,学生先对着课本上的一类字描红,然后在田字格或米字格本内写一类生字,每个生字写3遍或4遍,根据本子上一横行的方格数进行练习,字与字之间留一个空格。练写完成后,学生认为达到了会默写的程度,就把所有一类生字在田字格或米字格本上逐个抄写,然后把这张纸翻过来,学生看着背面的字形,边读边写生字,写完后与课本生字表对照检查正误,改正错字完成自己听写。方法二,学生准备好录音设备,或者是利用手机上的录音功能,把课后一类生字录下来,然后边播放边默写,然后与生字表对照,纠正错误生字,同样也完成了自己听写。自己检查朗读也是同样的操作过程。这种方法创新与养成过程就是学生自己发展的过程。

3.学习策略改变"学"的方式

针对不同学情的学生,要有对应的学习策略促其提升,这也是因材施教原则的应用。"降量保质"是在学习过程中让暂困生或待转化生体验学习标准的一个有效方法。读几遍、写几遍的作业,学生容易完成,但是作业效果是模糊的,家长或教师甚至学生自己也不知道读几遍或写几遍是能够达到要求和标准的。优秀生可能读两遍就达到了正确地朗读这个标准,但对于暂困生或待转化生来说,可能需要读5遍甚至是更多遍才能达到。读的遍数多就增加了作业时间,增加了学生的负面情绪,学生可能会产生厌烦心理,抵触作业。而采用因材施教的策略,如优秀生读整篇,待转化生只读中心段,虽然有量的区别,但是质的要求是同等的,能让所有学生体验到同等的标准。这样就慢慢地培养了待转化生的自信与勇气,待转化生对作业的厌烦与抵触心理就会慢慢消失,最终养成良好的诚信与学习习惯,然后再慢慢加量,达到与优秀生同样的标准。"降质保量"是同"降量保质"相对的,都是针对个例学生采用的不同方法,在不同的阶段采用不同的方法,培养学生诚信、自信等,为后来的学习打下坚实基础。这两种方法需要教师对学生有足够的了解,适时适度运用,不能放任自流。

(二)教的方式改变

传统的课堂教学是以教师讲授为主,学生只是收听的机器,没有参与、讨论的过程,所以教师满堂讲,学生没兴趣,造成课堂低效。这种方式忽视了学生的主体作用,违背了客观规律。如何改变这种现状,就提上了工作日程。传道授业解惑是自古对教师工作的认定,通过教师的讲授让学生明白道理,所以教师讲授是没错的。但是,现今是知识爆炸的时代,学生获取信息渠道的多样,学生心智的变化,暴露了教师讲授的不足和不适应。所以,教师教的方式必须要改变。

1.教学流程改变促“教”的方式改变

“单元整合式”小学语文教学课程体系中课堂教学实施的课型流程主要强调的是按标准执行流程,完成教学任务。在这个过程中教师的主导地位及作用发生了变化,不再是原来的以讲为主的课堂主导者,而是变成了课堂的组织者、协调者、检查者等。

2.教研方式改变促“教”的方式改变

先前的教研是以教师为中心研究教师如何教,现在是以学生为中心研究学生如何学,或者是如何让学生学,这是教研的本质区别。同样,教师教的方式也就发生了改变,教师逐渐减少了讲的分量,增加了引领、组织的环节,使学生在主动、合作的状态下学习。

3.学习方式的改变倒逼“教”的方式改变

要求学生改变“学”的方式,首先教师要先改变“教”的方式。变就要先更新理念,特别是底层的教学意识,明确树立以“学”为中心的教学理念,真正落实以“学”为中心、以学生“学”来教研、以学生“学”来设计教学流程、以学生“学”来设计教师的课堂引语等。

(三)思的方式改变

思的方式就是思维方式,其改变的表现是在流程推进的过程中,学生逐渐养成的发现问题、研究问题、解决问题的思维方式。

叶圣陶先生曾说过:“生活、工作、学习倘使都能自动化,则教育之收效定能事半功倍。所以我们特别注重自动力之培养,使它贯彻于全部的生活工作学习之中。自动是自觉的行动,而不是自发的行动。自发的行动是自然而然的原始行动,可以不学而能。自觉的行动,需要适当的培养而后可以实现。故自动不与培养对立,相反的自动有待于正确的培养。”[①]长时间执行该体系流程的过程就是培养学生自动化、自觉力的过程,最终形成自觉行动的思维。

一项变革是否成功,不仅要看其是否具有科学性,还要看其是否有实效,看

① 徐莹晖、王文岭:《陶行知论生活教育》,四川教育出版社 2020 年版,第 238 页。

其是否改变了实质。"单元整合式"小学语文教学经过十几年的探索实践,用多项观测指标验证其改变教、学、思方式的功能。该体系在操作过程中,不是依靠教师个人的高素养,而是依靠团队教研、标准、流程来保证其顺利实施以及达到预期效果。

三、"自动化"课堂之流程螺旋进行

《义务教育语文课程标准(2011 年版)》指出学生是学习和发展的主体。教育界一直强调的"教师为主导、学生为主体"的教学模式,也正是要把学生放在教学的中心地位。然而,反观一线课堂,以教师的"教"为主体的课堂屡见不鲜。教师在做教学设计时,思考最多的还是巧妙的教学方法,反过来,这样也正让学生的自主学习能力减弱。

我们从陶行知的教育思想中寻求解答时,会发现在建立"自动化"课堂时,重要的一点便是学习目标的设定与明晰。传统的语文课堂一直强调教师对教学目标以及教学重难点的把控,只有对它们有了清晰的认识,才能在课堂上灵活处理各个教学环节,做到游刃有余。顺着这个思路进行反思,学生对学习目标以及学习重难点的感知往往是模糊的,是无意识的,是缺乏探索目标的。

那么,如何让学生对一节课、一个单元的学习目标有一个清晰的认知,进而对其他单元的学习目标有一个预知,通过长时间、多单元、有意识的训练,让学生在课堂上自动生成对学习目标的关注,养成良好的学习习惯?这也是课题组在研究时着力攻关的难点。

再回到"单元整合式"小学语文课程体系中的课型,我们在课型研究过程中,一直致力于将课型与学习目标结合起来。如基础过关课(一),通过对单元生字词的整合,在课堂上通过人人过关的形式,从而达到会读、会写的目标。这一课型的学习目标设定也十分简洁,其固定框架为:

(1)会认(　　)个二类生字及组成的词语。

(2)会写(　　)个一类生字及组成的词语。

在课堂学习之初,便向学生出示这一学习目标。围绕这一学习目标,学生成为课堂的主体,或自信展示自己的预习成果,或遇到某一未掌握的字词时,认真倾听其他同学的示范,因为他们知道,在课堂结束之时,必须达到人人过关的目标。同时根据这一明确的学习目标,经过数个单元的训练,学生对于单元字词的学习,形成了有意识的自动化,这无疑会让他们更好地成为学习的主人。

陶行知先生提出的“一课一得”理念，至今仍影响深远。将“一课一得”与“自动化”课堂联系起来，我们又可以做出哪些改进？陶行知认为在一堂课的教学中，教师要让学生或理解一个问题，或明白一个道理，或掌握一种方法。再回到学习目标的设定上，我们不仅要让老师知晓这“一得”，更要让学生知晓这“一得”。因此，在课型定位上，我们将课型与学习目标紧密联系起来。如：读悟课（一），基本的学习目标为以读促悟，初步学习单元语文要素；读悟课（二），加强语言实践，深入学习单元语文要素；读写结合课，联系生活，运用单元语文要素；拓展阅读课，通过多篇文本的朗读感悟，进一步深化对单元语文要素的理解；主题习作课，运用单元语文要素进行实践，提高写作能力。

这样，在“一课一得”的基础上，以单元整合的形式，做到了“一单元一大得”。还要进一步说明的是：以“学”为中心的“自动化”课堂的生成，是基于有意识训练的结果。在整合的理念下，我们对小学阶段三到六年级符合整合理念的单元进行整合教学。学生对于课型、课型定位、课型学习目标通过周而复始的学习，其学习能力也得到螺旋上升。

以部编版小学语文四年级上册第三单元、第四单元为例，比较一下两个单元整体的学习目标，便会有更清晰的认识（见例 1-4）。

【例 1-4】

部编版小学语文四年级上册第三单元学习目标

	课型	内容	时间	学习目标
单周	字词过关课（一）	第三单元字词	周一	1.正确认读 24 个二类字及组成的词语。 2.正确书写 39 个一类字及组成的词语。
	字词过关课（二）	第三单元字词及基础知识	周二	1.查缺补漏，能够正确认读本单元生字词语。 2.结合语境，掌握“降、曲”等多音字。 3.正确书写词语表中的词语。

续表

	课型	内容	时间	学习目标
单周	读悟课(一)	《爬山虎的脚》	周三	1.学习体会文章准确生动的表达,了解爬山虎的特点。 2.学习作者的观察方法,培养细致、有序的观察习惯。
	习作讲评课	《小小“动物园”》讲评	周三下午	1.仔细观察动物特点,展开想象。 2.结合身边的人的特点,找到和动物的相似之处。 3.学会用自己的话表达出来并和同学交流。
	读悟课(二)	《蟋蟀的住宅》	周四	1.找出课文中写得准确形象的句子,感受作者细致的观察。 2.知道蟋蟀住宅的特点和修建的过程,感受作者细致的观察。
	读写结合课	片段描写	周五	用上细致观察、连续观察等方法描写植物的生长过程片段。
双周	拓展阅读课(一)	《蚂蚁的救助》《神奇的五彩池》《一篱蔷薇》	周一	1.正确、流利地朗读《蚂蚁的救助》《神奇的五彩池》《一篱蔷薇》。 2.通过朗读习得朗读技巧,巩固单元语文要素,感悟文章表达主旨。
	拓展阅读课(二)	《牧鹅趣事》《金蝉脱壳》《装满昆虫的衣袋》	周二	1.正确、流利地朗读《牧鹅趣事》《金蝉脱壳》《装满昆虫的衣袋》。 2.通过朗读习得朗读技巧,巩固单元语文要素,感悟文章表达主旨。
	高效阅读课	《决不放弃任何一个疑点》《绿色蝈蝈》	周三	快速阅读,关注短文中连续观察、细致观察的片段,并掌握其表达效果。
	习作课	《观察日记》	周三下午	1.仔细观察植物的特点。 2.尝试进行连续细致的观察。 3.记录整理观察日记并和同学交流。

续表

	课型	内容	时间	学习目标
双周	综合训练	语文园地三	周四	1.学会观察事物,体验观察的乐趣,并进行创作。 2.理解不同词语有着相同的意思,并体会词语在句子中的意思。 3.积累节气谚语。
	综合测试	第三单元检测	周五	落实单元训练点,检测学习效果。

部编版小学语文四年级上册第四单元学习目标

	课型	内容	时间	学习目标
单周	字词过关课(一)	第四单元字词	周一	1.正确认读37个二类生字及组成的词语。 2.正确书写34个一类生字及其组成的词语。
	字词过关课(二)	第四单元字词及基础知识	周二	1.查缺补漏,能够正确认读本单元所有生字词以及词语表中的词语。 2.结合语境,掌握“少、还、脏”等多音字。 3.正确书写词语表中的词语。
	读悟课(一)	《普罗米修斯》	周三	1.了解故事的起因、经过、结果,抓住课文的主要内容练习复述课文。 2.感受神话中神奇的想象和鲜明的人物形象。
	习作讲评课	《观察日记》讲评	周三下午	1.仔细观察植物的特点。 2.尝试进行连续细致的观察。 3.记录整理观察日记并和同学交流。

续表

	课型	内容	时间	学习目标
单周	读悟课(二)	《盘古开天地》《女娲补天》	周四	1.在正确、流利的基础上有感情地朗读《盘古开天地》《女娲补天》,感知神话中鲜明的人物形象。 2.通过起因、经过、结果概括文章主要内容。 3.学会复述课文,讲给自己身边的人。
	读写结合课	片段描写	周五	抓住典型事例,塑造人物形象。
双周	拓展阅读课(一)	《共工怒触不周山》《神农尝百草》《燧人氏钻木取火》	周一	1.正确、流利地朗读《共工怒触不周山》《神农尝百草》《燧人氏钻木取火》。 2.通过朗读习得朗读技巧,巩固单元语文要素,感悟文章表达主旨。
	拓展阅读课(二)	《夸父逐日》《沉香救母》《女娲造人》	周二	1.正确、流利地朗读《夸父逐日》《沉香救母》《女娲造人》。 2.通过朗读习得朗读技巧,巩固单元语文要素,感悟文章表达主旨。
	高效阅读课	《九色鹿》《哪吒闹海》	周三	关注神话故事中起因、经过、结果。概括文章主要内容。
	习作课	《我和×××过一天》	周三下午	1.选择一个自己喜欢的神话或童话人物,围绕“我和×××过一天”展开想象,写一个故事。 2.能根据同学的意见修改习作,并誊写清楚。

续表

	课型	内容	时间	学习目标
双周	综合训练	语文园地四	周四	1.对本单元学习的神话故事的特点进行回顾与整理。 2.借助拼音识记与花卉有关的词语,进行语言表达和逻辑思维训练。 3.指导学生积累表现人物特点的成语,激发学生积累、运用成语的兴趣。 4.熟读、背诵古诗《嫦娥》。加强语言积累,激发孩子们学习、积累古诗的兴趣。 5.引导学生感受神话故事的特点,激发学生阅读中外神话故事的兴趣。
	综合测试	第四单元检测	周五	落实单元训练点,检测学习效果。

通过学习目标的比对,我们会清楚地发现,两个单元在目标的设定以及各个课型的目标层级上都有相通之处。在每节语文课的起始阶段,我们都会给学生出示学习目标。围绕学习目标,以学生为主体、教师为主导开展学习活动。通过多课型的学习,学生也会对单元语文要素进行由浅入深、从认知到实践的系统学习与运用,进而掌握单元语文要素。同时,单元和单元之间、不同年级之间,我们通过优化课型、明晰课型学习目标以及学习目标之间的关系,再进行有意识的训练,学生自然而然会知道当天的学习需要关注些什么,需要为下一课型的学习做哪些准备,又需要在前一课型的基础上有哪些提升。在读悟课上,需要重点关注的是,跟着文本作者学习习作技巧,因为他们知道这在读写结合课上是一定要用到的。

目前,从小学三年级到六年级阶段,除了阅读策略单元和习作单元尤其固定体例外,我们对可以整合的单元都进行了整合式教学。经过几个单元的学习,学生已经熟知了单元内课型目标以及不同课型之间的关联。这使得他们在进行单元学习时,更加有目的性,也就进入了"自动化"课堂的学习。

总之,我们认为,要形成真正以"学"为中心的"自动化"课堂,必须改变以往教的明白、学的不明白的乱象,不仅要让学生学得明白,更要让学生明白学习目标、学习流程,能够在提升学习能力的基础上,探寻语文学习的密码。

第四节 "自动化"课堂的载体

"单元整合式"小学语文教学打破了一篇一篇教课文的传统语文教学，采用了以单元为整体的教材、补充材料课内与课外相互融合的整合教学，从而使得语文教学有明确的目标、清晰的流程、恰当的标准、适合的评价、个性的方法。将语文教学引领到像工业化流水线生产一样的自动化状态，使语文教学变得简简单单。"单元整合式"小学语文教学改变了传统语文教学的单元和课时流程，从而改变了教师教语文和学生学语文的逻辑。倒逼教师改变教的方式，学生学的方式也随之发生变化。这一切的改变都源于"单元整合式"教学所倡导的流程和标准。流程和标准是工业自动化中的关键要素，同理，也是课堂"自动化"的关键要素。因此，"单元整合式"小学语文教学是轻负高质"自动化"课堂的载体。

"单元整合式"小学语文教学中所谓的"自动化"课堂主要是指：整个单元教学有较固定的课型流程及标准，每个课型有较固定的课堂操作流程及标准。学生在教师的引领下，经过几个单元的学习，就会对单元内容有较清楚的学习路径及方法，学习有据可依，从而提高自主学习的主动性、积极性、目的性。正是这种单元整合教学的流程、标准执行，才使得教师的教、学生的学有据可依，增强了教、学的可控性，从而使得教、学像自动化生产线一样：面对一个新的单元，教师和学生都明确地知道先干什么、再干什么，每项任务需要干到什么程度，一步一步地向前推进，直至一个单元的学习完成。

一、"单元整合式"小学语文教学的理论依据

任何一种教学方法都是在当前教学条件下的最适合化，也是经过多数教师一线实践验证的，我校实施的"单元整合式"小学语文教学就是例证。最适合化不单是教学效果好，而是在符合教育教学相关规律和规定、标准的前提下的适合化，是有基础底线的，不是背离了教育教学底线而别出一格的个性化、噱头化的东西。其中，最需要遵循的就是《小学语文课程标准》和基本的教育教学规律、法规文件。当然根据时代的发展，《小学语文课程标准》也在积极地完善与改进，我们团队的教学方法也随之改进与适应。

为了解决小学语文教学的盲目性、低效性，我们寻找到了单元整合式的教学方法，其主旨是解决当前小学语文教学中存在的主要问题，比如重教师分析

文本，轻学生读悟文本；重字词的识记，轻字词的理解与运用；重教师教，轻学生学，特别是语言的实践运用；等等。“单元整合式”小学语文教学也主导一种通过语文学习促进学生理解与运用能力提升的语文教学理念，旨在通过语文学习让学生的理解与运用能力得到提升，从而提升其他学科的学习效果，最终达到全面提升学生素养的目的。为此，我们团队在学习了众多相关教学理论知识后，选择了以“教学过程最优化”为主要借鉴理论观点，来解决当前语文教学中存在的问题。“单元整合式”小学语文教学是根据教学过程最优化的原则，引用、借鉴其他相关的教育教学理念、观点，设计而成的一种力求突破语文教学窘状、取得最高教学效益的教学方法。

综上所述，“单元整合式”小学语文教学的理论基础分为三类：其一，基础理论；其二，课程标准；其三，专家观点及经验。

（一）基础理论

1.教学过程最优化理论

教学过程最优化理论是苏联教育家巴班斯基提出的教学理论和方法。20 世纪 70 年代，为了克服普遍存在的学生留级、学习成绩不佳的现象，巴班斯基提出，要对学校教学进行整体优化。教学过程的最优化是指在一定的教学条件下寻求合理的教学方案，使教师和学生花最少的时间和精力获得最好的教学效果，使学生得到最好的发展。[①] 好的教学并不是最高效的教学，而是在符合国家规定的时间标准和健康的前提下最有效的教学、最合适的教学。

2.建构主义理论

建构主义理论内容丰富，但其核心只用一句话就可以概括：以学生为中心，强调学生对知识的主动探索、主动发现和对所学知识意义的主动建构（而不是像传统教学那样，只是把知识从教师头脑中传送到学生的笔记本上）。[②] 以学生为中心，强调的是“学”；以教师为中心，强调的是“教”。这正是两种教育思想、教学观念最根本的分歧点，由此而发展出两种对立的学习理论、教学理论和教学设计理论。由于建构主义所要求的学习环境得到了当代最新信息技术成果的强有力支持，这就使建构主义理论日益与广大教师的教学实践普遍地结合起来，从而成为国内外学校深化教学改革的指导思想。

---

① 参见吕斌：《浅谈中学地理课堂教学优化“四步曲”》，《基础教育课程》2015 年第 16 期。

② 参见姜俊和：《建构主义教学理论及其启示》，《沈阳教育学院学报》2005 年第 1 期。

3.最近发展区理论

最近发展区理论是苏联教育家维果茨基提出的儿童教育发展观。他认为学生的发展有两种水平:一种是学生的现有水平,指独立活动时所能达到的解决问题的水平;另一种是学生可能的发展水平,也就是通过教学所获得的潜力。两者之间的差异就是最近发展区。教学应着眼于学生的最近发展区,为学生提供带有难度的内容,调动学生的积极性,发挥其潜能,超越其最近发展区而达到下一发展阶段的水平,然后在此基础上进行下一个发展区的发展。

4.心流体验理论

心流体验理论是在20世纪60年代提出的,美国心理学家米哈里·齐克森米哈里(Mihaly Csikszentmihalyi)发现艺术家、棋手、攀岩者及作曲家等在从事他们喜爱的工作时可能进入一种高峰体验,在这种体验中,他们全神贯注地投入工作,经常忘记时间以及忽略对周围环境的感知,在活动的过程中能体验到诸多乐趣和意义,这些乐趣和意义与外在的回报没有关联。由此米哈里·齐克森米哈里将心流(flow)定义为一种将个人的注意力完全投注在某种活动上的感觉,心流产生时会有高度的兴奋感及充实感。米哈里·齐克森米哈里指出心流体验过程本身就是一种欢乐,以至于当事者会不惜代价全然投入。经过二三十年的研究,米哈里·齐克森米哈里在1997年概括了心流体验的九要素:(1)清晰的目标;(2)即时反应;(3)技能与挑战相配合;(4)行动与知觉的融合;(5)专注于所做的事情;(6)潜在的控制感;(7)失去自我意识;(8)时间感的变化;(9)自身有目的的体验。① 2000年诺瓦克(Novak)和霍夫曼(Michel)依据心流体验产生的过程又将这九要素归纳为前提、特性、经验的结果等三个群组。②

“单元整合式”小学语文课程体系中的课型流程设置以及每个课型流程都符合了“心流”理论7个特征和九要素中的4～5个,尤其是符合了其中最主要的5个特征:清晰的目标、即时反应、技能与挑战相配合、专注于所做的事情、自身有目的的体验。所以,学生在整个学习过程中不觉得疲惫,其学习状态始终是积极的。

(二)课程标准

《义务教育语文课程标准(2011年版)》在课程理念中明确指出:“语文课程

---

① 参见邱环:《从心流体验的心理机制的角度探讨思政课程的教学改革》,陈寿灿主编:《人才培养与教堂改革》,浙江工商大学出版社2013年版,第73页;邓鹏:《心流:体验生命的潜能和乐趣》,《远程教育杂志》2006年第3期。

② 参见邓鹏:《心流:体验生命的潜能和乐趣》,《远程教育杂志》2006年第3期。

应激发和培育学生热爱祖国语文的思想感情，引导学生丰富语言积累，培养语感，发展思维，初步掌握学习语文的基本方法，养成良好的学习习惯，具有适应实际生活需要的识字写字能力、阅读能力、写作能力、口语交际能力，正确运用祖国语言文字。语文课程还应通过优秀文化的熏陶感染，促进学生和谐发展，使他们提高思想道德修养和审美情趣，逐步形成良好的个性和健全的人格。"

《义务教育语文课程标准(2011 年版)》积极倡导自主、合作、探究的学习方式："学生是学习的主体。语文课程必须根据学生身心发展和语文学习的特点，爱护学生的好奇心、求知欲，鼓励自主阅读、自由表达，充分激发他们的问题意识和进取精神，关注个体差异和不同的学习需求，积极倡导自主、合作、探究的学习方式。教学内容的确定，教学方法的选择，评价方式的设计，都应有助于这种学习方式的形成。语文学习应注重听说读写的相互联系，注重语文与生活的结合，注重知识与能力、过程与方法、情感态度与价值观的整体发展。综合性学习既符合语文教育的传统，又具有现代社会的学习特征，有利于学生在感兴趣的自主活动中全面提高语文素养，有利于培养学生主动探究、团结合作、勇于创新的精神，应该积极提倡。"

《义务教育语文课程标准(2011 年版)》关于阅读教学明确指出："阅读是学生的个性化行为。阅读教学应引导学生钻研文本，在主动积极的思维和情感活动中，加深理解和体验，有所感悟和思考，受到情感熏陶，获得思想启迪，享受审美乐趣。要珍视学生独特的感受、体验和理解。教师应加强对学生阅读的指导、引领和点拨，但不应以教师的分析来代替学生的阅读实践，不应以模式化的解读来代替学生的体验和思考；要善于通过合作学习解决阅读中的问题，但也要防止用集体讨论来代替个人阅读。"

《义务教育语文课程标准(2011 年版)》强调："要重视培养学生广泛的阅读兴趣，扩大阅读面，增加阅读量，提高阅读品味。提倡少做题，多读书，好读书，读好书，读整本的书。"

《义务教育语文课程标准(2011 年版)》关于写作的要求是："在写作教学中，应注重培养学生观察、思考、表达和创造的能力。要求学生说真话、实话、心里话，不说假话、空话、套话，并且抵制抄袭行为。为学生的自主写作提供有利条件和广阔空间，减少对学生写作的束缚，鼓励自由表达和有创意的表达，鼓励写想象中的事物。加强平时练笔指导，改进作文命题方式，提倡学生自主选题。"

(三)专家观点及经验

苏霍姆林斯基曾经说过，让学生变聪明的方法，不是补课，不是增加作业量，而是阅读，阅读，再阅读。

已有实验证明：学生的阅读量只有达到课本的四五倍时，才有可能形成语文的自学能力。

张田若先生说过：“阅读教学，第一是读，第二是读，第三还是读。”①

叶圣陶先生曾经说过：“吟咏的时候，对于探究所得的不仅理智地理解，而且亲切地体会，不知不觉之间，内容与理法化而为读者自己的东西了，这是最可贵的一种境界。”②

二、“单元整合式”小学语文教学的理念

（一）以“学”为中心的理念

学校管理的两个视角，其一是观“物”视角，其二是观“人”视角。观“物”视角是把学校的硬件设施放在了中心位置，突出了硬件对人的服务作用。用这种视角管理学校是生冷僵硬的。观“人”视角是把“人”也就是学生和教师放在了核心的位置，这是以人为本的工作视角。在这种视角理念下，强调硬件为人的发展服务。这是有温度的学校管理，是当前以人为本观点的必需，也是现代学校的要求。

以“学”为中心的理念就是观“人”视角管理思想的体现，是把学生放在了学校的中心位置。基于这一理念，确立了学生的主体地位。以“学”为中心包含两个层面的意思：一是以学生为中心，二是以学生学习为中心。

以学生为中心就是要突出学生的主体地位，是以人为本办学思想的体现，强调的是学校教育工作主要是育人，这也是党的教育方针的要求。“立德树人”是学校教育的根本任务，培养社会主义建设者和合格接班人的要求突出了学生的主体地位。基于此，课堂教学要以学生为中心来设计教学流程，要突出地呈现学生是学习的主人，教师的主导作用要围绕学生这个主体来服务。学校的管理也要突出学生主体这个核心，设施要符合学生的年段要求，学校规定、约束的条款要以学生主体发展为轴来设计和施行。

以学生学习为中心突出的是学生的学习过程与行为，是学生成长的中心，是教师工作的依据，也是教师工作的目标；同时，是教研活动的出发点，也是落脚点。贯彻以学生学习为中心的理念就是要围绕学生学习来教研、组织教学流

① 转引自于永正：《于永正文集》，中国矿业大学出版社 2002 年版，第 116 页。

② 叶圣陶：《吟诵》，《小学教学研究》2018 年第 8 期。

程、设计训练等。学生学习的过程成了教师发挥引导、点拨、纠偏作用的过程，这个行为的转变就是新课改的实质要求。以学生学习为中心的理念倒逼教师教学行为的改变，从而也进一步倒逼教师专业成长，切实提高自身的专业水平。

(二)简简单单教语文的理念

语文是各级各类学校的必修课，可是语文教学现状令人担忧，特别是新高考政策下的语文考试又加大了阅读量，更是让家长们悬着的心又升高了一点。孩子们的语文怎么样才能考出高分？学生的学习强度已经达到了饱和状态，没有多少再次挤压的空间，那只有从教学的方法上来寻找路径。简简单单教语文，给孩子更多的自己阅读的时间和空间就成了最合适的路径。

简简单单教语文追求的是一种简单明了、清晰可控、易于操作的语文教学路径，期许师生都能围绕目标去主动、自动地教和学。这就要求教师少讲、学生多学，教师围绕学生学来服务，对于每节课学生学什么、学到什么程度、如何学，师生要有共同的认识。如果语文教学能达到这些要求并能形成教学流程的话，那么语文教学将突破混乱、模糊的状态。

三、"单元整合式"小学语文教学的目标

(一)基本目标

第一，学生能牢固掌握基础知识，熟练运用方法技能，解决文本阅读与理解难题，完成各学段要求的写作。单元整合式教学的基础过关课着重关注了字词的人人过关。方法习惯标准磨合课是针对学生自学过程上暴露出来的方法不适、习惯缺陷、标准模糊等问题，有针对性地让学生在学习、生活过程中创造方法、养成习惯、达成标准，在掌握基础知识的基础上，熟练运用方法技能。读悟课和读写结合课着重关注语文要素的习得，而且是精准的一单元一至两得。拓展阅读课是增加信息输入、扩大阅读量的主要手段。有了字词的人人过关，单元语文要素的精准习得，大量的阅读，适合的方法、习惯、标准，就为学生写作打好了坚实的基础。写作是信息存储由量变到质变、由输入到输出的过程，是学生基于情景对情感经验积累的刺激而需要的书面表达。所以，我们追求学生的宽面阅读，以此增加学生的阅读积累，从而习得语文要素，最终达成学生的写作。

第二，学生养成良好的学习、行为习惯，形成良好的阅读兴趣。阅读兴趣是

可以培养的。“单元整合式”小学语文教学的课型之一就是方法习惯标准磨合课，其主要任务是培养与单元整合式教学配套的各种习惯，阅读习惯是其中之一。

第三，通过阅读让学生建立篇章结构与已有知识的联系，提高阅读理解能力。篇章结构是文章的骨架，是内容表达的必需，也是重要的语文要素之一。通过文本的阅读学习，对于不同体裁不同内容、相同体裁不同内容、不同体裁相同内容的表达有基本的理解，学生能感受到篇章结构的作用及内在联系，能建立起结构与内容之间的逻辑对应关系。内容是随着阅读量的增加而变化的，但篇章结构是较固定的；阅读量越大，获得篇章结构上的信息量也就越大、越丰富，建立在篇章结构上的经验积累就越多，理解能力就会越来越强。

（二）高级目标

第一，学生能自觉、自主地学习语文，自觉、自主的学习不是天生就有的，而是需要后期的培养。这和陶行知先生关于教育教学自动化的观点是一致的。“生活、工作、学习倘使都能自动化，则教育之收效定能事半功倍。所以我们特别注重自动力之培养，使它贯彻于全部的生活工作学习之中。自动是自觉的行动，而不是自发的行动。自发的行动是自然而然的原始行动，可以不学而能。自觉的行动，需要适当的培养而后可以实现。故自动不与培养对立，相反的自动有待于正确的培养。”[①]方法习惯标准磨合课就是培养学生自觉、自主的学习习惯，形成学习自觉。

第二，学生能运用学习语文的方法去解决学习、生活中遇到的问题。“单元整合式”小学语文教学，对于教师和学生来说，就是在使用过程中通过固定的流程、标准，形成自己的方法、习惯，养成一定的思维逻辑。其核心就是流程、标准意识的形成，也就是具有解决问题的思维逻辑。这种思维逻辑不仅有益于学习语文学科，而且有利于提升学生的能力素养，进而使学生会解决学习、生活中遇到的各种问题。

四、“单元整合式”小学语文教学的整体思路

为了实现“轻负高质”的“自动化”课堂这一目标，我们从资源整合、教研、课堂教学、反思等一系列的教学活动流程中梳理出一些比较稳定且具有规律的东西，让语文教学趋于简单、易用、易学。因此，我们按“实施依据—教学研究—教

---

① 徐莹晖、王文岭：《陶行知论生活教育》，四川教育出版社 2020 年版，第 238 页。

学实施—反思完善—资源保存"这样的逻辑流程进行了设计。将一个单元的教学分成了五个模块,每个模块都有相对固定的流程、标准。这样既有利于教学实施,也有利于蓝本形成、资源保存,更有利于教师专业素养的提升。在处理单元的整个流程中,还要以现代信息技术、合作学习小组、习惯方法标准等作为辅助支持(见图 1-1)。

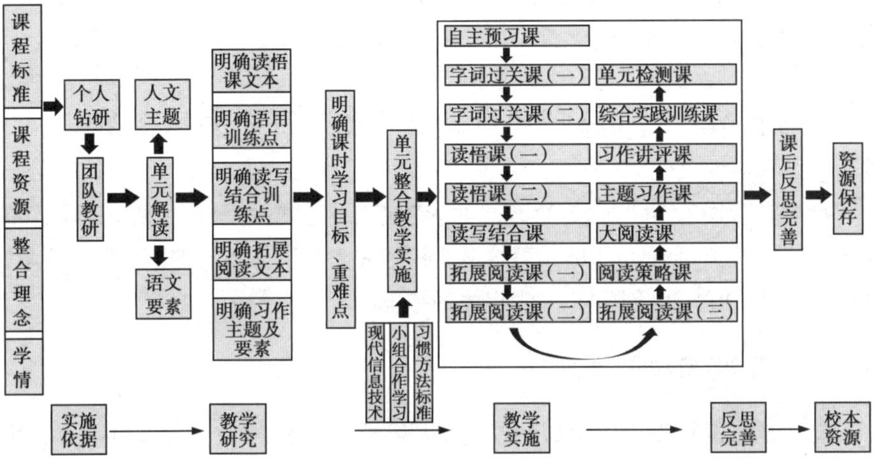

图 1-1 "单元整合式"语文教学整体思路

在简简单单教、学语文,人文性、工具性与实践性并重的前提下,为了扩大阅读量,增加学生的有效积累,实现学以致用、重点突出、目标明确的目标,改变当前语文课堂教学存在的问题,我们建立了以"学"为中心的教学课程体系。团队在整合课程与学习资源的基础上,把一个单元作为一个整体来处理,搭建起了课内与课外、教材内与教材外学习的桥梁,架起了积累与运用的桥梁,培养增加了学生学习语文的兴趣,减少了教师语文教学的随意性和盲目性,让语文教学也像数学教学一样,每单元、每节课、每个活动都有明确且具有指向性和针对性的目标任务,让语文教学更简单、明晰,从而实现教师少教,学生多学、乐学,甚至是教师和学生教、学的"自动化"。

"单元整合式"语文教学需要系统运行,协调发力,才能达到预期目标。团队教研是整合重组学材、设计教学流程的保底方法。团队教研强调的是团队成员知无不言、言无不尽,在大家的共同智慧下产生教研成果。这样,确保了教学的正确性,然后才是科学性。课堂教学执行标准按流程推进,确保了教学进度和教学一致性,既保证了教学的合理推进,也能充分反映出学生的个性问题,有利于教师及时修改反馈。每节课完成后都有学生达成标准,教师随时掌握学生学习的状况，做到学情清楚，实现了从容教学的目标，改变了原来师生焦虑紧张的教学氛围。小组合作学习实现了让学生在体验过程中成长学习的理念，培养了学生自主合作探究的能力，确保了语文课堂教学流程的推进。二次修订教研成果，做好资源保存，为以后的教学提供蓝本和依据。

“单元整合式”小学语文教学虽然是教学方面的改革，但又不是一项单纯的教学改革，而是涉及学校全方位的一项系统性变革，其推进过程需要配套的管理制度、考核评价制度等。

第五节　轻负高质“自动化”课堂研究的概念界定

我追寻着陶行知先生的教育思想，走过三十多年的教育历程，实践了单元整合的教育教学，形成了“单元整合式”小学语文课程体系，取得了课堂教学“自动化”的些许成绩，也创生了一些相关的概念。

一、陶行知“自动化”理念

追寻着陶行知先生的“自动化”“六大解放”“生活教育”“自动主义”等教育思想，我致力于寻找让教师能从容教、学生能轻松学，促进师生教、学自动化素养形成且负担轻、质量高的教学模式。在多年的探索实践中逐渐形成了“单元整合式”小学语文教学。“单元整合式”小学语文教学的主要特征是，在单元课堂的教、学过程中，教师按标准执行流程完成整合材料的教学目标，学生完成学习目标，形成师生教、学的“自动化”习惯，进而提升师生的素养。

陶行知先生提出：“生活、工作、学习倘使都能自动化，则教育之收效定能事半功倍。所以我们特别注重自动力之培养，使它贯彻于全部的生活工作学习之中。”[①]我们将此理念运用到教学实践研究中，致力于课堂教学的“自动化”。课堂的“自动化”包括以下两个方面：一是服务学生自主学习的自动化教学，教师的教围绕学生的学设计课程与教学，通过学习任务明确学生的学习目标、学习过程和学习资源，实现单元教学与学习活动自动化、课堂教学自动化；二是基于基本标准集体备课、团队教研，实现单元及课堂教学流程的自动化，形成教师的教和学生的学互动自动化的习惯。

单元整合式教学有较固定的课型流程及标准，每个课型也有较固定的课堂操作流程及标准。学生在教师的引领下，经过几个单元的学习，就会对单元、课

① 徐莹晖、王文岭编：《陶行知论生活教育》，四川教育出版社 2020 年版，第 238 页。

堂教学流程有较清楚的认识并形成自己的学习路径及标准、方法。单元整合教学流程、标准的执行，使得教师的教、学生的学有据可依，增强了教、学的可控性，从而使得教、学像自动化生产线一样：面对一个新的单元，教师和学生都明确地知道先干什么、再干什么，每项任务需要干到什么程度，一步一步地向前推进，直至一个单元的学习完成。长期往复使用，师生便形成了自动的单元学习习惯，从而使语文教学变得自动且简单。

二、轻负高质的基本含义

"轻负高质"①中的"轻负"是规范办学下的优化，"高质"是优化后的愿景。教师教研团队按照国家规定的时间，设计单元教学方案与学习任务，不再额外增加教师与学生负担，通过明确的标准和基本的流程高质量完成单元教和学的任务，达到师生从容教与学且质量向好可控的状态。

从学生层面来说，"轻负高质"的预期目标是通过减轻学生思想、作业负担，把学生从课堂、书本、作业中解放出来，使之有更多可以自由支配的时间并加以利用，养成良好学习习惯，乐学、善学并掌握学习内容的方法，以达到身心的全面发展。

从教师层面来说，"轻负高质"的预期目标，前期是学校层面强制减轻学生负担，倒逼教师加强团队教研；后期是提高教师教育教学水平，形成高水平的教师团队，通过高效课堂和有效作业来实现教育教学的高质向好，培养一批能够较好地践行"轻负高质"理念的教师。

从学校层面来说，"轻负高质"的预期目标是围绕该目标形成学校管理模式，通过健全学校制度、加强常规管理、推进师生科学评价，保障"轻负高质"理念能够得到长时间的落实和保持，使学校在较高水平上得到持续发展。

三、小学语文单元整合设计

基于课程标准要求和统编教材的单元编写理念，围绕单元人文主题与语文要素，以核心知识与育人目标取舍整合单元教学内容，并扩展10篇以上人文主题相同或语文要素相关的阅读文本，通过字词过关课、读悟课、读写结合课、拓展阅读课、单元习作课等十余种课型，提高学生语文学习的积极性和主动性，有效提升学生的语文核心素养。

---

① 参见王希锋：《"轻负高质"办学模式探索与实践》，《中小学校长》2021年第3期。

四、轻负高质"自动化"课堂的设计思路

轻负高质"自动化"课堂的教育路径与策略，既是我"追陶梦"的不竭动力，也是我十几年永不停歇实践研究的目标。在历经几个团队和学校的实践后，在多次的破壁重生中渐渐厘清了轻负高质"自动化"教学的路径(如图 1-2)：在陶行知"自动化""六大解放""自动主义"等教育思想的基础上，利用"单元整合式"小学语文教学这个载体，按标准执行单元、课堂教学流程，改变教、学的方式从而形成新的教、学习惯，在长期执行的过程中将师生的教、学新习惯内化为师生的教、学素养，达成师生双减负，教学质量向上、向好的效果。其间，师生教、学新习惯的养成就是师生课堂教学自动化的起始。

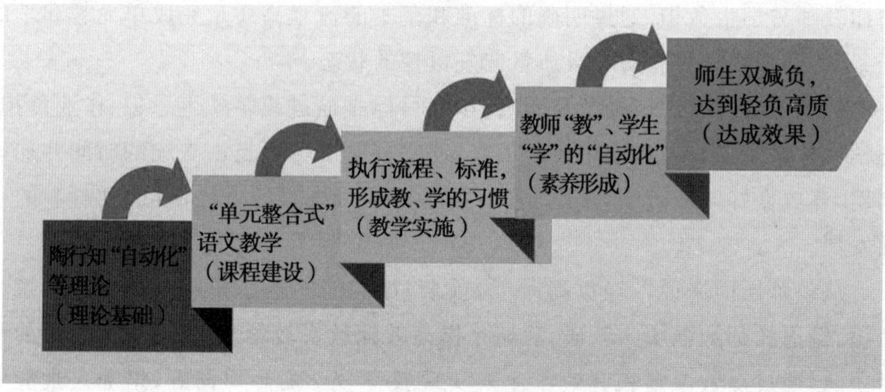

图 1-2　轻负高质"自动化"教学路径

第二章　让教师在减负中寻求职业幸福

教师是文化和知识的传承者，是文明的使者，是辛勤的园丁……一连串的美誉都在赞美教师，但少有人知道教师真正的工作状态。教师这个职业承载了国家和民族的希望，传承着文明、思想，注定是奉献与使命同在、付出与担当同在。进入21世纪，时值中华民族伟大复兴的历史时期，教师更具荣耀与使命。习近平总书记提出教师要做时代新人的表率，有自信、尊道德、讲奉献、重实干、求进取，在自己的实际工作岗位上为中华民族伟大复兴做出贡献，并分享中华民族伟大复兴进程中的成功与喜悦。教师是幸福的创造者和传播者，没有幸福感的教师培养不出幸福感的学生，教师的职业幸福与学校管理者以及全体教师教育情怀有关。随着时代的进步，学校分工越发精细，工作管理要求越发精细，教师的工作也越来越繁杂。我所在的学校始终追求精简教师的工作任务，让教师从容从教。

幸福是一个没有明确界限的动态词语，因不同的人、不同的经历、不同的境况、不同的成长历程等会有不同的幸福认同。教师的职业幸福是一种基于社会责任与自身修养的、更倾向于精神层面的价值认同。教师的幸福来自看到自己的学生成人成才，这种幸福是一种高尚的幸福。2018年1月，中共中央、国务院印发了《关于全面深化新时代教师队伍建设改革的意见》。该文件强调，教师承担着传播知识、传播思想、传播真理的历史使命，肩负着塑造灵魂、塑造生命、塑造人才的时代重任，是教育发展的第一资源，是国家富强、民族振兴、人民幸福的重要基石，要让广大教师在岗位上有幸福感、事业上有成就感、社会上有荣誉感，使教师成为让人羡慕的职业。[①] 学校管理者寻求提升教师职业幸福感的路径是一项长期的工作。

---

① 参见侯晓明：《我国现行中小学教科书制度研究》，武汉大学博士学位论文，2011年。

教师的职业幸福感从哪里来？教育人始终在寻找这一问题的答案。看当下的教育，教师的工作状态到底是怎样的，职业幸福指数又是百分之多少？大多数人认为教师的幸福指数很高，每天生活在活泼好动的学生之中，笑声不断、歌声不断，多好啊。其实不然。不同学段、不同教龄、不同学科的教师的职业幸福度存在着较大差异。“如果你想让教师的劳动能够给教师一些乐趣，使天天上课不致变成一种单调乏味的义务，那你就应当引领每一位教师走上从事研究这条幸福的道路上来。”[①]苏霍姆林斯基给教师职业幸福做出了答案——教育研究是教师职业幸福之路。这里的研究不是让教师成为专业研究者，而是指教师通过教研的方式来解决一些在教学过程遇到的问题，并从中体验或分享成功的快乐、成就等，有别于教育研究者的立足义务教育阶段实际教学情景中的教研。

第一节　破解教师教学负担重的密码

教师是教学任务的主要承担者，教师管理学生、教授知识、传承思想与文化，是国家教育意志的执行者。教师不仅要教学，还要承担一些其他相关工作。在这些复杂的工作中，有的是教育教学业务方面的工作，有的是临时安排的行政管理和考核方面的工作。虽然国家多次下发文件要减轻与教师教学无关的工作，但仍有一些工作是无法避免的，比如代收学生的医疗保险、负责学生的防疫任务等。如何给教师减负，让教师从容地执教，让学生从容地学习，是值得深思的问题。

一、杜绝教辅，真研真教

曾几何时，教辅资料充斥着整个课堂。学生书包里大部分是装得满满的教辅资料，课桌洞里也是满满的教辅资料。教师上课参照教辅资料，布置作业参照教辅资料，更有甚者，布置家庭作业时，拿起一叠教辅资料，一个学生一张八开大卷，几个学科下来，一个学生一晚上的家庭作业就有三五张甚至六七张八开大卷。学生能用四十分钟或一个小时的时间完成这么多的八开大卷吗？负担之重是可想而知的。反观之，直接用教辅资料替代有针对性作业的老师，其不分重难点布置的作业要批改起来，一是量大，二是效率低，这也极大增加了老师的负担。

教辅资料在产生初期确实给教师教学提供了很大的帮助和便利。那是20

① 魏智渊：《苏霍姆林斯基教育学》，漓江出版社2014年版，第304页。

世纪80年代初期，学校没有印刷机器，好的学校会配备一台用手推的刻版油印机，但是使用非常不方便。记得那时，我读书的学校是一所联中（周边多个村联合起来办的小学、初中一贯制的学校，就像现在的九年一贯制学校），从一年级到八年级，学校有二十几位教师，其中只有两三位是事业编的正式教师，其他都是民办教师或代课教师。在这种情况下，课堂教学后的练习就是最大的问题，没有题组，印刷极其困难，所以，谁要是有一本教辅资料那是相当令人羡慕。这时，聪明的商人就见缝插针倒卖教辅资料，各书店也迎合需求有了教辅资料。教辅资料虽然应运而生，但是由于当时的经济条件有限，不是人人都买得起。经销商为了多卖教辅资料，就免费给教师一本使用。这一本教辅资料就成了教师的法宝，依靠它和教学参考书就能顺利完成教学任务。教师让粉笔字写得好的学生把教辅资料上的题抄在黑板上，让全体学生做，这就解决了学生没有练习题组的难题。有了这本教辅资料就丰富了练习题组的形式与内容，依据此研究变式，就产生了新的训练题。自学能力好的学生也会根据教辅资料在家进行自学、反馈矫正，进而提升自己的考试成绩。当时，教辅资料确实解决了师生课后训练的大困难。

但是，随着条件的改善，教辅资料越来越多，种类丰富，训练题形式多样，老师和学生在眼花缭乱中有点无从选择。偶尔考试试题中会出现某一本教辅资料的原题，做过的学生就能够考高分。这种现象逐渐导致了老师和学生争相购买市面上售卖的尽量多的资料进行练习，以期刷到原题。这也就是题海战术在当前的真实写照，也是教师被教辅资料牵着鼻子走的开始。从此，教师备课不再先看课程标准和教学参考书，而是先将与上课内容相关的教辅资料上的试题看一遍。这就使得教研失去了本来的面目，教辅资料主导了教学的方向，影响了真实的教学目标的确定。

在20世纪80年代的背景下，县域内中小学教师的学历普遍较低，中师（中等师范学校毕业）、高中是最高学历，大多数就是高小（小学五至六年级）、初小（小学一至四年级）学历，没有足够的能力进行教学研究，也解读不了教材，所以教辅资料在当时确实帮助了教师进行课堂教学，起到了积极的作用。但是，时至今天，教师的学历得到大面积提升，最高学历已是研究生，本科学历更是普遍。教师有了进行教学研究的能力，再依靠教辅资料，让教辅资料“牵着鼻子走”，就愧对了教师的高学历。

除了存在被教辅材料“牵着鼻子走”的现象，目前制约学校学科发展的重要因素还有假教研，具体表现在以下几个方面。其一，教研室的作用弱化，机构形同虚设。学校里负责教学研究的具体部门或科室就是教研室。按常规来看，教研室的作用发挥得如何直接影响学校教研氛围。虽然教研室设置齐全，但是没有发挥作用，机构形同虚设。其二，教研形式化，成了教师公开的聊天会。教研活动能够按计划正常进行，教师也能按规定时间到规定地点集合，可是，没有真正地开展教研任务，大都是在简单的工作安排后，进入了老师们的聊天时间。规定时间一到，老师们就自动解散结束教研，也就结束了聊天。其三，教研评价只重活动开展不开展，没有考核评价教研实效。教研室在评价考核教研工作时，只是考核教研活动有没有开展、教学工作有没有安排，没有教研的实效与成果考核指标，这造成了低效甚至是无效的教研。其四，教研针对性不强，只局限于碰碰进度、通通单元重点、对对课后题。其五，教研停留在个人教研层面，没有真正深入集体或团队教研。个人教研实际上就是个人钻研，体现的是个人对教材的理解和把握，存在着很大的不足。只有把个人教研提升为集体教研或团队教研，才能集思广益形成较高水平的教研成果，让大家共享共用。

那么，学校如何实现真教研？基于上述讨论，要想减轻教师的教学负担，首先要把教师从教辅资料中解放出来，把老师们带入真教研的氛围中去。

一是认真研读课程标准。课程标准是规定某一学科的课程性质、课程目标、内容目标、实施建议的教学指导性文件。课程标准与教学大纲相比，在课程的基本理念、课程目标、课程实施建议等几部分阐述得比较详细、明确，特别是提出了面向全体学生的学习的基本要求。[①] 在教研活动中，老师们要明确课程标准的总目标和学段目标，了解每个年段学生需要达成的目标和要求。例如，在关于反问等修辞手法的教学上，小学阶段不需要让学生概念化地掌握修辞特点，而是要引导学生感受优美的语言，积累精彩句段。这一要求随着学段升高，不断递进：“初步感受作品中生动的形象和优美的语言”—“有自己的阅读感受”—“感受其表达效果”—“做出评价，并说明理由”。从这些分析我们可以看出，语文教学中涉及的修辞方法、句型转换重在充实文本体验，重在感受表达效果。

通过研读课程标准，明确学科学期标准、课时目标，进而设计教学进度计划。可以说，研读课程标准是备好课、上好课的基础性工作。

二是杜绝滥用教辅资料，倒逼教师真教研。教师教学负担重，不外乎是教研、上课、作业、反馈、检测等环节上的不停歇，并且效率不高、效果不好。教师在繁重的工作中找不到成功的喜悦，总是忧心忡忡，倍加焦虑。这是当前众多

① 参见王本陆：《课程与教学论》，高等教育出版社 2017 年版，第 55～56 页。

教师的真实状况，何以至此？无非是教材没吃透、教法不恰当、流程不合理、作业无目的，其源头就是假教研。教研是提高课堂效率的首要方式，其质量决定着课堂教学的效果、流程的科学、作业的针对性等一系列活动的质量。要想真正地提高课堂教学质量，就必须深入地教研。当前最有效的教研就是团队教研，团队教研是集体备课的一种高级形式。与集体备课的不同在于，团队教研要研出高质量的教学方案与流程、作业设计、检测量规等，供大家在课堂上执行。教学方案是最优化的，训练题组是具有针对性的，评价量规是适合全体学生的。

三是名师效应驱动，强化教研氛围。我认为，中国的教育不应该缺乏研究，学校的教学更不应该缺乏教研氛围。在学校读书时，充满热情与向往学习着"教师为主导，学生为主体""学生个性差异""因材施教"等教育理论，等待着实践的证明。可是，工作十几年回头看，发现这些理论并没有得到很好的落实。怀着自卑的心态去窥探他人，发现也是如此。为什么呢？再看成功的名师、名校长，分析他们成长的足迹和经历，找寻他们成功的秘诀，不难发现他们都在认真研究着工作，认真实践着探索，把最基本的原则与规律运用到实际工作中，解决实际问题。其中，对工作的研究是最主要的特质。教研氛围不浓、虚假教研影响教学改革的进行，阻碍教学质量的提高。我从 2010 年 3 月开始尝试进行语文学科单元整合教学法的改革，时至现在，已经走过了近 12 个年头，总是部分教师用、部分教师不用，课改进程缓慢，成效不显著。问题出在哪里，这是我近四五年来常思量的问题。教改理论依据正确、方向正确，课题研究成果显著，对教师、学生都有好处，能做到教师少教、学生多学，能够培养学生良好的学习方法和习惯，能够提高学生学习能力，可是得不到教师的普遍认可。在做了大量的数据采集与分析后，发现教师的教研氛围不浓不真，习惯于惯性工作，没有脚踏实地去研究的勇气。所以，学校教研的质量就成了学校教学管理中很关键的问题，真教研还是假教研、深教研还是浅教研、有效教研还是低效教研，就是需要解决的问题。

四是细化管理，精准教研。现在的教研，就是各学科教研组按规定的时间到指定的地点，通单元教材和题组，然后就是说东说西。没有落实教师个体的钻研，只是领头人介绍自己的做法，其他人附和，没有交流与讨论、碰撞与传播，没有真正暴露教师的问题，没有改变教师的执教思想。这就是假教研、浅教研、低效教研。为此，学校做出了新的教研规定及制定了新的流程，要求每位教师都要发表不同的意见，都要正确有感情地读教材，都要流利地读配套读本，然后才能确定单元任务与知识点，才能参与团队教研。教研的流程改为：朗读文本，个人发言，集体讨论，团队教研，形成教研成果，共享成果。这样，就将教研从表面推向深入，从低效到高效，从预设到实测，使教研活动真正落地生根。

五是合理安排，优化教研环境。教研活动发生了质变，那么，如何保持这种好的状况并使之长久呢？这就需要从教研环境建设上来考虑。教研环境建设实质上就是教研文化建设，也就是通过一定的路径，坚持一定的流程，经过相当长的时间，让老师们把一种工作形式内化于心，外化于行，习惯工作和形成工作习惯。每天上午前两节是语文数学教学，后两节是语文数学教研，分别反思当日课，研究明日课，确保了教学的正确与科学。我们分别建立了“钉钉数学交流群”“QQ 语文交流群”，利用课下时间在群里形成文本，交流上课反思与改进建议。老师们每天都交流到很晚，甚至晚上十点以后还在讨论课上的某个细节。互联网这种形式把老师们连在一起，让思想与方法的碰撞始终在线。长此以往，老师们都成了流水线上的工人，按程序自动地进行着工作，不自觉间原来的浮躁与焦虑不见了，取而代之的是“我教这么年的学，还不知道这个知识”类似的感慨。我们的老师已进入了真教研。

六是让老师充满自信，感受幸福教研。一位教育大师曾说过：教师的教育幸福之路就是走上教育研究之路。我们现在的教研不再是为了完成任务流于形式，做表面文章，而是上课之必需、工作之流程、习惯之动作。通过教研，老师们对所教知识与课堂设计有了足够的知识与理论准备，当面对众多学生与同行的提问时，能侃侃而谈，从容应对，洋溢着自信与幸福。真正的教研，是老师们的内驱力在发挥作用，是主动的工作。主动工作就是老师们内心追求的体现，是实现理想目标的过程，这个过程就是老师职业幸福的来源。

二、团队教研，形成教学流程

杜绝假教研，夯实真教研，就会产生正确、科学、优化的课堂教学设计与流程，认真执行、反思、完善就会使课堂教学设计与流程更加正确、科学和优化，经过几个学年的轮回使用与完善，就形成了基于学校自身教学改革的校本资源，这方是教师负担减轻的开始。减轻教师负担并不是减轻教师教研的负担，只有前期教研负担的加重才会有后期长效的教师负担的减轻。

以我校语文组为例，学校设语文教研大组，由语文教研组长把握教研方向，厘清教研思路，总体安排语文组内的教研工作。每个年级设语文备课组，设备课组长职位，负责年级语文教研工作，年级语文教师就是备课组成员。教研组长、备课组长和其他老师一样兼一个班的语文教学任务。在年级的工作安排上，总管负责行政及协调，教研组长负责具体学科教研任务。团队教研有其具体的操作流程。每单元集体教研的流程是：确定单元主题，确定单元教学任务，确定教学语文要素，确定读写结合训练点，确定拓展阅读篇目，确定习作主题，确定综合实践训练点，确定单元测验题目。每课型教研的流程是：确定课型，分析学情确定教学内容，分析学情确定教学目标，集体讨论确定教学过程，修改完善共享教研成果，集体实践共案共教，撰写个人教学反思。①

现以部编版小学语文四年级上册第四单元读悟课为例，详细解读集体教研的具体展开过程，内容如下（见例 2-1）。

【例 2-1】

环节一，确定课型。本次四年级语文组集体教研的课型是读悟课。

环节二，确定主题。本单元四篇文章都是神话故事：勇于献身的盘古开天辟地，坚忍执着的精卫立志填塞东海，面对残酷惩罚的普罗米修斯依旧不屈不挠，女娲拯救人类于水火的功绩代代相传。这些都是中国古代神话和希腊神话中的经典。因此，本单元主题确定为神话故事，组内交流对于神话故事这一题材的认识，如神话产生的原因、主要形式、神话主题、神话的结构特点等。对这些本体性知识的了解，有助于教师进行深入的文本解读。

环节三，定篇，确定语文要素。教师先通读了四篇课文，其中《精卫填海》是文言文，《盘古开天地》《普罗米修斯》和《女娲补天》这三篇课文都有较为清晰的篇章结构和故事情节，便于学生按照起因、经过、结果的顺序把握文章内容。《盘古开天地》是中国的创世神话之一，讲述了巨人盘古开天辟地、顶天立地、化为万物的故事，是神话中的华夏文化始祖，且教材课后题也围绕本单元语文要素精心编排，要求学生讲述盘古开天地的过程。综合考虑，我们集体决定选《盘古开天地》这篇课文为读悟课（一）例文，《普罗米修斯》《女娲补天》两篇文章作为读悟课（二）例文，以运用并巩固单元语文要素。同时以“了解故事的起因、经过、结果，学习把握文章主要内容；感受神话故事中神奇的想象和鲜明的人物形象”为语文要素展开整单元的教学。

环节四，确定教学目标。语文要素确定了，确立的精读课教学目标首先是“讲述盘古开天辟地的过程，了解故事的起因、经过、结果，学习把握文

① 参见朱淑娴：《小学语文单元整合教学模式的个案研究》，聊城大学硕士学位论文，2017 年。

章的主要内容,边读边想象画面,说出课文中你认为神奇的地方",还有就是正确流利有感情地朗读课文。

环节五,确定教学过程。为了达成目标,每位教师对《盘古开天地》这一课的教学过程设计展开讨论,从教学设计、重难点突破、课堂预设等各方面发表个人意见。在这过程中,教师先做什么、先说什么、怎么做、怎么说,学生读什么、怎么读,大家你一句提议、我一句补充地热烈讨论,考虑细致入微。为使学生更好地体会神话故事的神奇之处,更好地把握文章主要内容,还决定在教学中加入"让学生表演、模仿盘古顶天立地"的环节,并选取直观形象的图片辅以教学。在结合课文内容,让学生习得"了解故事的起因、经过、结果,学习把握文章的主要内容"这一语文要素时,考虑到对于刚上四年级的小学生而言,把握主要内容是难点,老师们巧妙设计了学习支架:一是熟读课文,梳理段落主要内容;二是整体感知,了解内容之间的关系,对起因、经过、结果有整体上的认识;三是借助插图、板书等形式,把握文章主要内容,小组合作,展示学习成果。同时,就"感受神话中神奇的想象和鲜明的人物形象"的处理,大家制定了"以读促悟、在充分的朗读中感悟"的教学策略。

环节六,共享教研成果。大致设计好教学过程后,备课组成员又整体过了一遍,完善细节,形成了集体的教研成果。备课组组长分配做课件的任务。上传共享后教师再根据个人情况做细微调整。比如,课件中没有打出课题,而有的班需要让学生看屏幕读课题。教师会根据实际情况在原课件中进行修改。

环节七,共案共教。各班用集体做好的课件,严格按照集体教研的教案进行上课。

环节八,撰写教学反思。教师撰写当堂课的教学反思,发到QQ群与其他教师分享交流。

通过这样的教研产生课堂教学方案、教学流程、作业设计、评价量规等,然后同年级学科教师将之拿到课堂上去执行,再进行反思、修订、保存,待来年重新研究、实践、反思。每学年的课程都是在前期校本资源的基础上进行修订、完善与优化,而不是每年都从头再来。经过几个学年的轮回,就形成了具有较高水平的教学资源。这也是确保课堂高效的根本所在。建立正确、科学、优化的校本资源,是提高课堂教学效率的前提,也是减轻教师负担的基础。

三、抽丝剥茧,形成配套训练资源

经过团队教研,形成单元、课时教学方案、流程,同年级、同学科教师分别按课程表到课堂上去实施。这里的课堂教学实施主要是指教师要按团队教研产生的课时教学流程去执行,强化的是执行,而不再是教师的任意发挥或个性化的课堂,只有这样才能保证教研成果在每个课堂上的落地,然后再反思完善。其中有一个问题,那就是如何解决课堂教学流程中的训练任务。既然强化的是教学流程,那么,流程的载体就要支撑流程的推进。流程的载体就是流程推进过程中的训练任务。

团队教研不单是形成单元、课时教学方案与流程,还有一个重要的任务就是要将课前预习、课中探究、课中训练、检测评价所需要的题组生产出来。这是"单元整合式"教学与传统语文教学不同的一个方面。传统语文教学的课堂大多是以教师解读为主,没有把学生的语文实践放在重要位置,大部分的训练都放在了课堂教学之外的家庭作业上,即除了写生字、完成课后作业之外,就是让学生漫无目的地做一些课外教辅资料的 8 开大卷。

经过团队教研生产出的配套题组,是适合语文教学特点和学生学情的,是与课时教学流程配套的,内容与环节都是为课时学习目标服务的。课前预习注重引导性,课中探究注重思维性,课中训练注重巩固迁移性,检测评价注重达标性。为了提高课堂效率,方便学生使用,我们分别按课前预习、课中探究、课中训练、检测评价、课后作业的顺序将配套题组进行分类印刷,胶装成本,使用时每人一张,撕下即可。统一印刷配套题组,使用 16 开或 32 开小卷,就是为了控量提质。用纸的大小来控制题目的多少,倒逼教师教研时要从质的标准上去组题,做到题少且精,每个题都有针对性,整张卷要具有基础性、层级性、迁移性等特点。这样的题组经过两到三年的反复使用与完善,就会形成具有正确、科学、优化等特点的高水平、高质量的配套资源。资源一旦形成,会极大程度上减轻教师的负担,更会助推教师实现更高层面上的提升。

四、制度保障,促进教学改革

任何一项改革都必须有相应的制度配套,才能确保改革顺利进行。制度配套就是要改变机制,任何一项改革必然会促进机制的改变与完善,丰奥嘉园小学进行的"单元整合式"小学语文教学改革也不例外。

"单元整合式"小学语文教学改变了传统意义上的语文教学概念,表面上是教学方式和教材使用的改变，其实质改变的是教师的学习方式、执教方式以及上课的固有模式，是思想意识的改变。这项改变撼动的是语文教学常态的底层意识，不只是行动层面的改变。所以，只有通过教学改革，产生配套制度，严格执行，让教师形成新的语文教学意识和新的教学习惯，才能将单元整合式教学落到实处。这也是减少教师改革焦虑、鼓励教师积极改革的具体需要。

学校语文组青年教师唐歌阳用"做勤快的'懒人'"来形容她在学校各项教育教学制度下的心得体会。在交流中，她这样分享：

> 在学校《作业布置与批改制度》《教学事故认定与处理办法》这两项制度的引领下，我受益匪浅。我是非师范生，没有经过系统、专业的师范教育，大学毕业后的最初几年也没有从事过与教育有关的职业，对我来说其实是跨专业、跨行业当上了老师，内心特别渴望有教师从业规范方面的系统指导，告诉我该做什么，不该做什么，怎样去做。以前我在别的学校虽然也有一些老师的指点和帮助，但都是碎片化的、零散的东西，不能形成系统和框架，大多数时间都是自己在摸索和感受，总感觉欠缺很多，却不知从何学起。《作业布置与批改制度》《教学事故认定与处理办法》这两项制度，让我有法可依，有章可循。
>
> 拿《作业布置与批改制度》来说，该制度既从基本原则、基本规范等大的方面提纲挈领地进行指导，又从细微处着眼。例如，每个年级应该布置哪些种类的作业，学生的坐姿、执笔姿势，不同作业的格式特点，教师批改作业应使用哪些符号，教师的作业评价语应如何去写，等等，具有非常强的可操作性，极大地规范了我的日常教育教学工作。
>
> 拿《教学事故认定与处理办法》这项制度来说，该制度明确了教学事故的类型，从教学运行、考试管理、教学管理三个方面对教师的行为进行规范，让我知道哪些可为，哪些不可为。比如，最初我并不知道上课前教师应提前到教室候课，要与上一堂课老师做教育教学的交接，经常是上课铃打响，才进教室。通过研习此项制度，我才明确了教师应提前候课，这样才能避免教室无人监管；教师上课前需要与上一堂课老师做教育教学交接，这样才能更好地掌握学生当下的学情和状态，才能更好地服务学生。
>
> 总而言之，学校这两项制度，让我这个非师范生接受了一次专业的洗礼，让我的工作"有法可依"，避免了很多无谓的探索和无效的实践。我深知，一个人在从业之初受到的规范和引导，将影响其一生的工作习惯和效率。我很庆幸，自己能在丰奥嘉园小学做一名教师，勤快之余，也要学会

“偷懒”。对于丰奥嘉园小学的老师来说，我们的“偷懒”就是不折不扣地执行学校规章制度，做一个听话的“懒人”。它们会让我们的工作事半功倍，会让我们的教学更加规范精进。

从唐老师真切的语言中，可以体会到一个学校、一个教研组的规章制度对于老师们，尤其是对于青年老师们来说，不仅不是约束，反而为他们的日常教学提供了很好的依据，让他们有章可循，不至于茫然无措。

五、蓝图引领，强化文化认同

蓝图是学校文化的一种，是凝聚大家力量、实现共同目标的引领和方向，是增加教师归属感和体现教师主人翁地位的有效路径。让教师参与学校的蓝图谋划与实施，就是在增加教师的职业幸福感。学校蓝图实际上就是基于学校现状，对学校未来的一种规划、期盼和对美好未来的描述，这也是在学校文化层面构建学校发展理念的一种方式。蓝图既是学校发展的目标，也是激励和引领教师树立工作理想和目标的依据。工作有了奔头，教师心中就有了希望，为了实现自己的希望而去努力工作，就是一种享受工作的幸福。幸福究竟是什么？幸福是一种感觉，是一种好的情绪的满足，是在付出劳动后自我感觉实现价值了的满足。例如，教师明确了学校的三年规划蓝图后，就会把学校蓝图转化为自己的奋斗目标，从而调整自己的工作节奏，去配合学校蓝图的实现，进一步积极努力的工作。学校的蓝图就像教师的个人规划一样，对教师起着激励作用，他们在实现个人规划或学校蓝图的过程中享受着努力的幸福。

“人民有信仰，国家有力量”，同理，“教师有信仰，学校有力量”。学校教师不仅要有中国公民的信仰，而且要有从事教育教学、完成本职工作、追求上进的信仰。这个信仰是教师对学校文化的理解与落实，也是教师学校主人翁地位的彰显。

教师的工作服务对象是鲜活的生命，是一个个有着不同个性的学生。教师要在高度理解国家教育方针与课标后，在学校办学理念、办学目标、培养目标、校训、校风的引领下，履行教育职责，培养学生，使学生成长发展。其中，教师是否理解学校文化关系到教师是否对学校有归属感，关系到教师是否有自觉自动工作的内驱力，以及是否能够围绕学校要求进行创新教育教学工作等。所以，提升教师对学校文化的认同度，在很大程度上能消除教师职业倦怠，提升教师职业幸福指数。

提升教师对学校文化的认同度，有两条路径。第一，在提炼学校文化时，遵循由下而上的程序。先让全体教师参与进来，充分发表自己对学校文化的认识与建议，然后逐级提炼升华，最后集体表决定稿。这样的过程本身就是提升教师文化认同度的过程，是增强教师归属感、确立主人翁地位的过程。第二，学校领导或专家设计顶层学校文化，然后召开不同形式与规模的会议，反复解读学习，并在具体的工作中及时回应，经过一段时间的理解后，教师会加深对学校文化的认同度。只有当学校文化成为教师工作的无意识和自觉后，教师才能积极主动地践行学校办学理念，才能发挥主观能动性，才能有良好的工作状态。

教育不同于其他任何一个行业，它不仅要传承思想文化、知识技能，更要践行国家教育意志，培养认同中国特色社会主义制度与支持中国特色社会主义发展、能承担中华民族复兴大任的接班人。基于此，学校文化的确定与形成，一定是在深度理解中华优秀传统文化、中国特色社会主义的发展历程、中国共产党领导中国从落后走向强盛的光辉历程的基础上，真正地服务于“立德树人”的根本任务，围绕学生发展核心素养，落脚于社会主义核心价值观的传播。学校文化是中国文化的一个小的组成部分，是学生价值观形成过程中影响时间较长又深远的文化。学校文化与中华优秀传统文化、社会主义核心价值观、中国精神是相融合的。教师只有用这些文化与精神来武装自己，才有对学校文化的认同与回应，才有完成教育教学任务后的责任感、使命感和光荣感，才能提升职业幸福感。

第二节　为教师插上专业发展的翅膀

济南高新区丰奥嘉园小学教师团队是一支充满生机和活力的团队，教师平均年龄为30岁。如何带领年轻团队成长，建立良性发展的教师梯队，为教师插上专业成长的翅膀，学校需要不断地实践并总结经验。丰奥嘉园小学的语文团队建设卓有成效，正是由于他们的不懈努力，学校入选济南市第二批学科（语文）教研示范校。

一、课题引领，打造专业发展共同体愿景

美国教育家沃伦·本尼斯（Warren Bennis）说：“在人类组织中，愿景是唯一最有力的、最具激励性的因素。它可以把不同的人联结在一起。”[①]共同愿景是

① 转引自马玉宾、熊梅：《教师文化的变革与教师合作文化的重建》，《东北师范大学》（哲学社会科学版）2007年第4期。

组织成员心中共有的愿望景象,能够激发出强劲的凝聚力、驱动力和创造力。而课题研究便是丰奥嘉园小学教师团队每一位成员的共同愿景。由我主持的、全体语文组教师进行实践研究的课题——《"单元整合式"小学语文教学课程体系研究》成功申报2019年山东省基础教育教学改革项目(编号:3701006);同年10月,经专家组审定,课题成功开题;2020年10月课题组进行了中期汇报;2021年6月,进行了结题答辩。山东省教育科学研究院李文军副院长、山东省小学语文教研员李家栋老师、山东师范大学魏薇教授等专家一致认为,该课题的研究选题有价值,以学生为主体,具有很强的实践操作性。该课题经过课题组大量的工作,从理论到实践取得了比较丰硕的成果。

课题研究犹如一盏明灯,指引老师们找到探索的方向。同时,这也成为教师团队专业发展的共同愿景。围绕该课题,老师们团队教研、开展活动、课堂实践……每个成员都能明白课题研究的价值与方向,在团体活动中不断证明自己存在的理由与意义,在教研活动中产生归属感和获得感,体验成就感。这既促进了教师专业发展共同体的构建,也是激活教师持续发展的最主要因素。①

二、团队教研,教师专业发展共同体路径突破

新形势下的教研组是促进教师专业发展的学习共同体。在美国教育管理学家托马斯·萨乔万尼(Thomas Sergiovanni)看来,"共同体是由于自然的意愿而结合的,并对一套共享的理念和理想负有义务的个人的集合体"②。教师专业发展共同体便是教师通过自愿地参与课题研讨与相关的教研活动,来研究和探讨有助于培育学生学习和成长的优良土壤的一种专业性学习共同体。丰奥嘉园小学教师团队正是在团队教研中,形成了有着一致目标的专业学习研究共同体。

团队教研,深入研读教材。学期初研读整册教材,每周二中午单元集体备课,每天办公室小研讨,是教研组每位教师的教研常态,也形成了教研组良好的教研氛围。统编教材理念解读、单元整合研讨、朗读技巧指导方法、学困生辅导等专题研讨按计划推进。

课例研讨,听评课高效进行。根据学科特点及教研组工作计划,教研组开展了扎实有效的专题课例研讨活动。识字课、读悟课、文体单元教学、策略单元

① 参见王希锋:《"轻负高质"办学模式探索与实践》,《中小学校长》2021年第3期。

② 转引自杨向谊、陆葆谦等:《互动·共享·创新——学校教研组建设的新探索》,上海教育出版社2009年版,第12页。

学习……磨课、上课、评课，周而复始的活动让每位老师都能上公开课，并享受课堂教学的乐趣。团队智慧在这里得到最大限度的发挥。

三、制度建设，为教师专业发展共同体打好制度保障

独行速，众行远。建立教师专业发展共同体，完善的规章制度是前提和保证。为了进一步保障教师专业发展共同体的健康发展，规范集体教研，提高教研质量，教师团队在实践中深思，在深思中凝练，制定了符合工作实际的《丰奥嘉园小学教师成长三年规划》（见本书附录六）、《丰奥嘉园小学教师教研组中长期发展规划》《丰奥嘉园小学教师教研组活动制度》《丰奥嘉园小学教师教研组学习培训制度》《丰奥嘉园小学教师教研组听课评课制度》《丰奥嘉园小学教师教研组集体备课交流制度》《丰奥嘉园小学教师学科作业布置与批改制度》等一系列规章制度。

青年教师赵秀娟在谈及如何看待学校的教育教学制度时，用“规范制度下的幸福教学”来形容。她从“习惯出实效”和“监督中成长”两点具体阐述了自己的想法。学校根据之前的办学经验，出台了《作业布置与批改制度》，严控每天的作业量，并且对于怎样批改都有很详细的规定。这项制度既培养了教师的规范批改意识，也无形中帮助学生形成了规范改错的能力。同时，学校根据教学中可能存在的问题，推行《教学事故认定与处理办法》。教导处的老师会不定时对学生的作业量以及教师的批改情况进行督查、打分，对需要改进的地方会及时提醒，如果出现情节严重的教学事故，绝不包庇，会对其进行通报并在千分制考核中扣除相应的分数。这就使教师心中常怀规则意识，敬畏规则，主动遵守规则，让自己的教学水平在规则的制约下稳步增长。

青年教师李琳则就“学困生辅导”谈了学校的制度建设对她的帮助。学校根据《作业布置与批改规定》建立“语数英作业汇总表”台账，实现各个学科作业量的动态平衡，使学生完成作业的时间得到有效控制。与此同时，学校还根据学生的具体情况设计分层作业，作业达成度高的同学有更多的时间去阅读、拓展，作业达成度低的同学则将重点放在夯实基础和培养习惯上。这就使得教师批改作业花费的时间减少了，能够把时间放在辅导学生身上，且更容易做到因材施教，准确高效地把握不同学力学生的困难点，“帮扶学困生”的工作变得更加轻松。

有制度，成规范；有计划，强落实。科学合理的规章制度及教学计划安排，使团队发展健康向上，使教师成长有章可循，使教师的教育教学工作有了指导

和规范，能够充分发挥团队在课程改革、提高学科教学水平和质量以及推动教师专业发展方面的积极作用。

四、榜样引领，以典型带动教师专业发展共同体

教师专业发展共同体需要榜样与引领。榜样的力量是无穷的，尤其是身边的榜样。同伴引领是教师专业成长的主要途径，同伴的示范作用往往可以打消教师的诸多疑虑，并激励其不懈努力。丰奥嘉园小学在教师专业发展共同体建设中，注重榜样引领作用，积极培育本校专家。

张军芳老师在课改过程中，始终承担攻坚任务。课题开题、中期汇报、结题报告，课型的突破与定位，配套读本材料、小卷作业的汇编与印刷，课题在各地的推广等，都有她忙碌的身影。也正是在一次又一次的任务完成过程中，张老师不断突破自我。近年来，为了充实自己的学识，她广泛阅读专业书籍，写下了400多篇20余万字的读书心得，带动身边的老师一起走上专业成长之路。十几篇教学研究论文、教学设计、教学实录等发表在《江西教育》《小学语文教学》《语言文字报》等杂志报刊上；先后在全国小学语文十大青年名师暨观摩课活动、第二届齐鲁论坛、济南市学科教研活动，以及赴西安、青岛、泰安、烟台、潍坊等地展示观摩课，做经验分享。作为一名本校成长起来的名师，张老师用实际行动影响着身边的老师，带领团队走向专业成长之路。

董娇老师于2015年大学本科毕业后入职丰奥嘉园小学，工作6年来获得第十八届全国小学信息技术与教学融合创新优质课二等奖，山东省“一师一优课、一课一名师”优课，济南市“一师一优课”一等奖等，并在省级活动中进行课例展示。董老师在专业成长的路上踏下了一个又一个坚实的脚印，每一个脚印都代表一节课例的精心打磨，都有团队力量的加持、外聘专家的指导、校长听评课的推动和团队教研的坚强后盾。同时，在每一次展示课上，董娇老师展示出的钻研精神与坚强意志也激励着青年教师。成为语文教研组领头雁的董老师更加努力工作，在业务能力上具有一定的引领性。她真心帮助身边的每位同事，特别是在业务上细致精心地帮助新教师。作为语文教研组长，董老师勇挑重担，以身示范，积极帮助新老师明晰工作流程，尽快适应新工作环境。在高新区小学语文新苗评选活动中，董老师更是竭尽全力，积极帮助参加比赛的新教师备课、磨课，积极发挥以老带新的“传帮带”作用。对于新教师来说，准备一节全区评选的新苗课压力不小，董老师充分体谅，主动加班，陪着新老师打磨课程，亲身示范细节的讲解方法，“手把手”教新教师处理每句话的语气，每一个教态、眼神。在日常工作正常进行的情况

下，董老师没有错过新老师的任何一次试讲，每次试讲完，都积极反馈，帮助其认真分析、改进，出主意、想办法。新老师评价：“董老师亦师亦友，无微不至地帮我雕琢每一个细节，真是我初为人师的领路人！”

学校语文骨干教师刘娜工作9年来，一直担任语文教学及备课组长的工作，她带领的备课组洋溢着团结协作、勤奋进取的精神。每一次的团体教研活动，组内老师都积极主动参与，努力把先进的课改教育教学理念落实到具体的课堂教学实践中。刘老师不间断地听、评课，辅助组内老师快速成长，不断学习，共同提升；备课组的工作也都有计划、有秩序地进行，创设了“互相信任、团结进取”的共研共享合作小组。刘老师也坚持阅读与写作，曾在《小学语文教学》杂志发表文章数篇。她积极承担磨课活动，曾到德州等地实地做报告、做研讨，也曾在线上与甘肃、云南等地区的老师进行经验交流，在学校搭建的磨课平台上逐步成长为一名经验丰富的语文教学能手。

优秀青年教师王溪萌的成长，则更加凸显了榜样引领下的教师专业发展。1998年出生的王老师，目前教龄只有两年。自从来到丰奥嘉园小学，王老师感受到了榜样和团队引领的力量。入职第一年，学校通过青蓝工程，即导师引路、师徒结对，帮助她在较短的时间内适应教育教学岗位要求。在一次次的评课中，她知道了自身的不足并明确了努力的方向；在一次次的听课中，她学到了骨干教师高效课堂的“秘诀”；在一次次的团队教研中，她更是感受到了深挖课标与教材的重要性。在团队的帮助与指导下，她从一个抓不准重难点的“新手小白”，成长为一位可以在本班课堂上自如授课的新教师。教学第二年，学校为进一步引领像她一样的青年教师成长，开展了一系列丰富的教育教学活动。在准备说课比赛时，学校的榜样教师从说课稿到课件，再到语调表情，都帮助她进行了细致的调整，在上台前，更是给予她信任与鼓励；在打磨“字词过关课(一)”课例的两周时间里，骨干教师们对她的每次试讲都进行深入的剖析并提出务实的修改建议，在团队的引领与带动下，她最终在“单元整合式”小学语文教学法研讨会上顺利执教字词过关课(一)。工作的第二年，在团队力量这束光的照耀下，她已经可以站在学校的讲台上，面向全省的教育同仁们授课了。在她工作的第三个年头伊始，学校更加注重教师专业发展共同体的构建，为进一步帮助青年教师获得专业的发展与提升，她被任命为年级备课组组长。成为年级备课组组长后，她深知自己的责任，既要做新教师的榜样，又要向骨干教师看齐。令她受益匪浅的是参与高新区展示课的经历，半个多月的课例打磨，教学详案的七八次修改，才有了最终的成果。虽然站在讲台上的是一个人，但是讲台下承载的是整个团队的努力与汗水。一次次深入高效的教研，一个个互相陪伴熬过的夜晚，培养了她的钻研精神，磨炼了她的坚强意志。榜样的引领，让一批批像王老师一样的“雏鹰”能够展翅高飞。

这些骨干教师不仅能教好课，更能做好教育教学研究。她们带领教师团队研读教育教学名著，撰写教育随笔，做好课堂分析，以“研究者”的姿态引领青年教师成长。也正是在这群“领头雁”的带动下，丰奥嘉园小学教师团队一批“雏鹰”振翅高飞，诸多教师获得专业的发展与提升，形成了人人能上区级以上活动示范课的良好局面。

五、搭建舞台，为教师专业发展提供充足机会

教师专业发展共同体的建设离不开教师成长舞台的搭建。丰奥嘉园小学尤为重视这一点。从2017年开始，教师团队在学校的大力支持下，每学期组织两至三次研讨会，全校80%的教师在区级规模以上活动中进行展示。这些活动也吸引了来自内蒙古、河北、安徽、贵州、山西及聊城、济阳等全国各省市县近30个教育部门及学校前来观摩学习。每一次推进会，学校的课题研究都得到进一步深化。从“单元整合多课渐进”到“单元整合式”，从“基础过关课”到“字词过关课”，从“精读课”到“读悟课”……课改的推进不仅是名称的改变，更是老师教学观念的提升。2020年6月，新冠肺炎疫情得到有效控制，同学们重返校园。为了让学生进行线上线下学习的衔接，教师组开展了“基于学情，精准衔接”主题研讨会，邀请济南市教育研究院主任武先玲等多位专家到校听课并进行专业指导。此外，学校承办了“2017～2018年度全国小语十大青年名师颁奖会”“第二届齐鲁教育论坛”等在全国范围影响较大的活动，并做了专题报告和课例展示。

除了对外层面的活动，学校内部方面，每学期开展的骨干教师示范课、新秀教师展示课、新苗教师汇报课、年级单元教学展示课、小课题研讨课等一系列活动，使得学校周周都有公开课，每名教师每学期至少上两节公开课，每名教师每周至少可以听到三节经过仔细打磨的课例，这样的成长平台对教师的成长可谓是卓有实效。教师团队多名教师高规格的讲座和公开课，对教师专业水平的提升起了巨大的作用。可以说，在教师专业发展共同体之中，老师获得了充足的发展机会。

借用英国学者齐格蒙特·鲍曼(Zygmunt Bauman)在《共同体》一书中的话：“共同体是一个温暖而舒适的地方，它犹如大雨时我们避难的房顶，又如寒冬中我们暖手的壁炉。”愿丰奥嘉园小学教师在课题引领之下，在全体教师的努力下，在教师专业发展共同体中，以梦为马，不负韶华，以热爱之名，做专业教师。

第三节 给教师加班加点设立“紧箍咒”

规范办学要求教师加班加点吗？没要求，这是很明确的答案。但是，综观整个学校工作，从学校行政角度来说，在规范办学的基础上，为了完成某一项临时工作或是应急任务，临时加班加点也是无可厚非，属于正常现象。有的老师勤勤恳恳，不辞辛苦，早来晚走，值得表扬。但是，如果大多数教师整天加班加点到疲惫不堪，就不正常了。因此，教育部出台文件给学生“双减”，给教师减负。这是基于对实际工作情况的了解而做出的正确抉择。既然要减负，就要设立实施规则。

一、规范教学行为，消除不当加班

规范办学是义务教育阶段的老话题，但真正做到规范办学却很难。按时上、下课，按时上、放学是非常简单的一个事项，但仍旧有部分老师拖堂不下课，拖堂晚放学。笔者认为，原因有二。一是教师做学生时，受当时老师拖堂行为的影响，自己当教师后，不自觉产生了拖堂行为。另一个关键原因是教师的行政意识较差，缺乏绝对执行的意识。在学校里有一个熟视无睹的现象，那就是拖一会儿不是犯错误，而是我要讲完。殊不知，你拖这一会儿就是没有执行时间表，要讲完就是没有在规定时间内完成规定内容的意识。

在应试教育仍占主导地位的形势下，在家长见面仍旧比考试分数的形势下，教师也深受影响，背后依旧以分数论高低，明面上不争不比，暗地里却在较劲、比分。所以，无形的加班加点随处可见，这也是办学乱象之一。为什么家长见面就比分数呢？其实很简单，学生在一个班里，两个家长一见面最容易聊的就是孩子，聊孩子最容易挂在嘴边上的一句话就是：你家孩子这次考试考了多少分？我家孩子考了 86 分；唉，我家孩子这次没考好，考了 83 分，我家孩子没你家孩子考得好。这样几句话就有了明确的比较。盼子成龙、盼女成凤的思想仍主导着家长，谁都不想让孩子输在起跑线上，所以，千方百计给孩子报辅导班、加作业、提分。家长和培训班的这种忙乱无形之中影响了校内的教师，使他们忘却了育人的根本，也将着眼点放在了分数上。

二、执行“两表”，强化制度管理

规范办学是有规范可依的。有 20 部左右的办学法律必须遵守，有 40 个左右教育部颁发的通知、规定、规程、条例等必须遵守，有二十几个省厅发布的规定、条例、通知等必须遵守，这样加在一起总共有近100个办学需要遵守执行的规范。真诚地问一下，校长对于这些规范了解吗？先不说执行。如果校长都不了解，更不要说教师了。规范办学难就难在现在的校长在做校长前后都没有系统学习过办学的规范，让校长规范办学，就只能基于他自己在教育成长路上积累的经验和认识，凭借他自己对教育的感受来对学校做出感性判断和管理。所以，现在的学校无论是名校还是弱校，都存在一个普遍的问题，就是不规范。

言归正传说教师拖堂。教师拖堂是校长不能规范办学的影子。在学校规范管理中，有“三表”上墙这样一个项目，“三表”是指课程表、时间表、值日表。上了墙的表和没上墙的表，特别是教室里的这“三表”有什么区别吗？区别是有的，且很明显。上了墙的“三表”从上墙之时起，就具有了“法”的效力，就成了学校依法办学的依据。学校依法办学除了执行上述所列的法律、法规、规程、规定、条例、通知外，还有学校的规章制度和习惯、风俗。上墙的“三表”就是教师要严格执行的办学规范之一，教师拖堂就是执行“三表”不力，是学校管理规范的缺失。规范办学就是在寻求规范的基础之上追求高质量，规范办学才能让教师从容执教。因此，规范办学是立德树人的首要基础。

要改变教师拖堂的现象，就是要严格管理，认真执行“三表”，加强教师行政意识，提升规范意识。“三表”中的课程表、时间表是规范教师执教的，是学校中的“法”。课程表规范开全课程，开足课时；时间表规范教师上课时间，不能早也不能迟，要在规定的40分钟时间内完成一课时的教学内容并且达标。课程表的设置要依据省级以上教育主管部门发布的课程设置计划，做到开全课程开足课时。有的地方根据学段或学科性质设置大小课时，大课时40～45分钟左右，小课时在30分钟左右。时间表的设置要依据省级以上教育主管部门的相关文件和区县域内教育行政主管部门的文件要求。学校在执行上级文件并结合当地实际情况做出安排时，要提前征询上级教育主管部门的意见，时间表确定后要向上级主管部门报备。

“两表”的执行。“两表”即课程表、时间表。课程表是国家教育意志的体现，是培养人的路径，是教育载体的具体设置，是具有法律效力的。它贯彻的是国家意志，不是校长或某个人的个人意志或意愿，所以必须严格执行。严格执行就要有规范所依，学校就要建立相关管理规范。丰奥嘉园小学的相关管理规范如下：(1)学校教学管理中心负责课程表的设置和执行；(2)学校教学管理中心和学生管理中心共同设置作息时间表(见附录四)并共同监督执行；(3)副校长负责“两表”落实。根据学校实际工作情况，制定调课规定及流程、教师交接班候课制度及候课规定等（详见附录五），来实际管控课程表和时间表的执行，切实做到按时上、下课，按时上、放学。

三、规范作业设置，优化教学设计

作业是整个教学流程中的一环，是巩固学生所学、延展学生能力的必要，也是教师掌握教学效果与学情的重要途径。作业乱是现在的教学乱象之一。从本质上来说，作业是课堂教学的延伸，是很重要的，布置作业没有任何错误。然而，社会经济发展，家长对教育越来越重视，社会培训机构层出不穷等，作业乱象也随之产生。多年来，从国家到省厅多次发文规范与控制作业布置与批改，但是具体到学校就有了执行的差距，有的学校做得好，有的学校做得差。真正能控制作业量的就是学校和学校教师，在学校和教师能控制作业的因素中，校长的办学理念、办学定力起了关键作用。

办学规范中就有关于作业的规范，为什么学校、教师不执行呢？究其因有以下几点：一是课堂效率低，当堂不能完成设计的教学目标，只有将课堂内应完成的教学任务拖到课后作业；二是不掌握学情，一堂课上完，对学生掌握到什么程度教师心中没底，所以就一味地用作业来强化，以期换取学生达标过关的效果；三是专业技术不高，从教研到上课没有严谨的流程操作意识，对于教学流程中的各个环节不能做到驾轻就熟，需要提高业务能力；四是效率意识差，缺乏单位时间内完成任务的能力；五是学校管理不规范，对于拖拉、随意布置作业、随意延长教学时间等管控不力，让教师养成了随意布置和随意延长学习时间的坏习惯；六是学习标准不明确，造成无目的布置作业。

“单元整合式”小学语文教学的整个教学流程对作业有明确的要求，最为突出的改变，就是将作业由传统的对“作业量”的把控，改变成对“作业质”的把控。

把控“作业量”最为明显的做法就是：今天晚上回家把学到的一类生字抄写5遍。学生放学回到家，自主能力较强的学生按老师的要求把生字抄写5遍，完成了作业；自主能力较差的学生在家长催促或第二天到校要接受检查的压力下也抄写了5遍，完成了作业；当然也会有学生完不成作业。基于上面这几种情况，无论是完成作业的还是没完成作业的，学生心里只有作业就是抄写5遍的标准，至于抄写5遍后生字会不会默写，学生自己不知道，教师也不知道。对于没完成作业的那部分学生来说，他们只是知道自己没抄写够5遍或没抄写，也不知道是不是会默写。这样的作业布置就是简单粗暴，没有考虑学生的差异和兴趣,只是用布置了作业来替代作业的实质。

把控"作业质"的做法是:今天晚上回家把学到的一类生字达到会默写,做到写得正确、工整,力求美观。这样的布置把作业的核心放到了会默写上,然后要求正确、工整,再然后是美观。作业呈现出三个层次:一是会正确默写,二是要求写得工整,三是要力求美观好看。对于每个学生达到会默写一类生字需要写几遍没有要求,所以不同的学生就会根据自己的实际情况进行练习,有的学生可能要抄写8遍才会默写,有的学生也可能抄写一遍就会默写,把作业的时间交给学生自己掌握。学习好的学生可以把三个层次都达到,既会正确默写,也能写得工整和美观,学习差的学生只要做到能正确默写就行了。

作业标准改变以后,重新审视作业的设计与布置就会发现,作业不用布置太多,关键是要具有针对性、层级性、迁移性、可评价性。作业标准改变,随之发生改变的就是作业量。原来是作业量控制不住,现在是作业想加也很难。作业布置具有了很明确的指向性,就是要根据课堂学习目标和课堂实际达成度来设计,不用再盲目地随手撕一张八开大卷发给学生当作业。会了的不重复训练,不会的有针对性训练,再适当加点延展性训练。

作业把控标准的改变,不仅仅是形式上的改变,更是工作意识标准上的改变;既改变了教师的工作思维,也改变了学生的学习思维。有了标准意识,学生自我评价方法与能力也随之提升。至此,作业布置规范了,教师、学生都轻松了,原来因为学生作业鸡飞狗跳的家庭也变得和谐温暖了。

四、控制作业,落实办学理念

为什么说校长的办学理念、办学定力是控制作业的关键因素?其一,每一所学校都有办学理念,其核心教育思想就是校长办学思想的体现,学校各层级在各自的岗位上围绕办学理念去设计、评估各项活动,以期实现办学目标。其二,校长的办学定力是校长在多年的教育实践中沉淀下来的管理学校、处理事务时所表现出来的教育价值取向,是比较稳定的一种教育价值观。外界因素不会对校长的办学定力产生太大的干扰,办学定力会下意识地去协调周边的各种矛盾与资源来确保校长的办学理念和教育价值取向的实现。其三,我所在学校的办学理念是:办适合的教育——让每个学生都有出彩机会;办学目标是:德立、善学、合作、担当;校训是:自律、自由、自觉;办学特色是:以"学"为中心理念下的"轻负高质"办学模式。这样,也就从学校的宏观框架下确定了我校规范办学、严控作业的基调。其四,建立作业管理运行机制。为了管控好作业,学校制定了一系列的作业管控措施，如作业布置与批改制度(见附录七)、作业审批过三关制度、学生独立听写方法等。这些制度的运行确保了作业的质和量。制定和运行制度就是校长管理作业力度的见证，校长想抓好作业，那就会号召管理人员和教师共商作业管控的方法与路径，出台制度，执行制度等，随之作业就会在合理的区间运行。

五、规范办学，实现“轻负高质”

一个好校长就是一所好学校，这是大家对校长在学校发展中重要作用的认可。一所好学校不仅要有好的办学绩效，还要有好的社会口碑、良好的信誉，更要有校长办学个性的体现——学校特色。[①] “轻负高质”就是济南高新区丰奥嘉园小学的办学特色之一。

(一)学校实行“轻负高质”的背景

减轻学生课业负担是多年来国家、省市县区教育行政主管部门常抓不懈的一项工作。2016 年 9 月，《中国学生发展核心素养》总体框架正式发布，标志着我国进入发展学生核心素养的时代。然而，学生课业负担过重这个老大难的问题依然是最大的拦路虎。自 2014 年至 2019 年，国家颁布了《关于印发小学减负措施的通知》等 19 项减负政策，特别是 2018 年连续颁布的减负政策高达 10 项。这一方面体现出学生负担过重问题的严重性和减负的紧迫性，另一方面也体现出国家对减负的“重拳突击”。[②]

通过分析学校的工作纵轴发现，义务教育阶段学校在减轻学生课业负担方面没有实质性的进展，现在学生晚上做作业仍做到十点以后，更有甚者有学生做到凌晨。同时，望子成龙、不让孩子输在起跑线、学而优则仕、高考一分干倒千人等论调作怪，让家长不辞劳苦、不惜金钱地为孩子报班，使得学生走出校门就得进辅导班，甚至一个学生放学后要上好几个辅导班。家长的这些疼爱与关怀加重了学生的负担，占用了学生的休息时间与自我生活体验的积累时间。学生疲惫、家长焦虑、老师着急、社会反映差就成了当前的教育顽疾。

针对这种教育现实，我们决心改变这种教育惯性：从学校层面积极践行国家政策，让学生和教师回归从容，让教育回归本质。办学不谈办学成绩，特别是家长关心的学生考试成绩，办学的关键是让学生取得好的成绩。通过什么方法

① 参见王希锋：《“轻负高质”办学模式探索与实践》，《中小学校长》2021 年第 3 期。

② 参见王希锋：《“轻负高质”办学模式探索与实践》，《中小学校长》2021 年第 3 期。

实现？是靠加大学生的学习强度，增加学生的学习时间，购买大量的教辅资料让学生刷题这种低效甚至无效的方法？还是靠教研、教师专业水平提升、规范办学、深挖学校内部管理潜力的方法？这是校长决策的核心。我们选择了后者，就是靠教研，靠学校内部管理激发出的办学活力，靠教师专业水平提升，靠"以学为中心"理念下的行动改变。[①]

基于以上思考，我们将"轻负高质"教育，这种体现素质教育思想，以促进学生的全面和谐发展为目标，以"轻负担、高质量"为显性特征的教育形态作为工作所追求的目标和境界。基于此，济南高新区丰奥嘉园小学严格按照国家规定开设课程，严禁教师加班加点，确保师生有足够的休息时间，学生在"轻负高质"的教育中幸福成长，教育教学质量稳步提升。

(二)"轻负高质"预期目标

"轻负高质"是一个相对概念，是和"重负低质"相比较而言的，是对我们规范办学过程中，通过一系列措施实现减轻师生负担、促进学生向好发展、保证办学水平提升的概括。"轻负"是规范办学下的优化，"高质"是优化后的愿景。

从学生层面来说，"轻负高质"的预期目标是通过减轻学生思想、作业负担和书包重量，把学生从课堂、书本、作业中解放出来，有更多可以自由支配的时间并加以利用，养成良好学习习惯，乐学、善学，并掌握学习的方法，以达到身心的全面发展。

从教师层面来说，"轻负高质"的预期目标前期是学校层面强制减轻学生负担，倒逼教师加强团队教研；后期是提高教师教育教学水平，形成高水平的教师团队，通过高效课堂和有效作业来实现教育教学的高质向好发展，培养一批能够较好地践行"轻负高质"理念的教师。

从学校层面来说，"轻负高质"的预期目标是围绕该目标形成学校管理范式，即学校制度、常规管理、师生评价等各个方面，能够保障"轻负高质"理念长时间落实和保持，使学校在较高水平上持续发展。

(三)全方位为学生减负

一是综合施策，减轻学生负担。书包减重，减轻学生身体负担。针对大书包现象精准施策，进行"书包革命"，破解大书包与书包乱装物品难题。更换书包能够培养学生筛选整理的习惯。学生每天能准确地知道书包里应该装哪些

---

① 参见王希锋：《"轻负高质"办学模式探索与实践》，《中小学校长》2021 年第 3 期。

物品，哪些物品是应该放在家和学校里的，这也从侧面反映出学生对当天的学习科目及任务是有清楚的了解和预知的，对于学生学习主动性的培养起了积极有效的作用。表面上是减轻学生书包重量，其本质是学生养成好的习惯，提升学习的目的性与主动性。丰奥嘉园小学低、中、高段学生的书包重量分别减轻了4斤、7斤、9斤左右，早晚上放学路上再也不见负重前行的学生身影(见图2-1)。

图2-1 济南高新区丰奥嘉园小学的孩子们拎着学校统一发放的布书包上学

二是作业减负，减轻学生课业负担。在减轻学生作业负担上，丰奥嘉园小学在不懈努力。学校制定并践行《丰奥嘉园小学作业布置与批改规定》，对学生作业种类、数量、完成形式等进行了严格的规定。减少学生重复机械的作业，转而追求有针对性、小题量、分层级的作业。每次作业布置，教师都要根据学情和学习目标进行针对性练习题命制，然后过"三关"(年级备课组关、学科教研组关、学校教导处关)，审核同意后，印刷发给学生。学生每天每科的作业由过去的8开大卷变成了现在的16开小卷，题目数量控制在5个题以内，类型为基本题、变式题等。

三是多措并举，减轻学生心理负担。学生个体的思想心理负担直接影响着学生学习的主动性与有效性，也是影响学生学习的较深层次和关键因素。我们通过习惯养成与丰富户外运动两条路径来减轻学生的思想心理负担。其一，习惯养成是减轻学生心理负担的突破点。良好的学习习惯助力学生学习成绩的提高。学校聚力研究形成"影响学生学习的关键习惯"，力争从行为层面上解决学生学习主动性、责任感、诚信等问题，让"轻负高质"有根本支撑，让学习成为规律，使得学生的学习有了从容的节奏，增强了学生学习的主动自觉性，明确了学生的学习目标，激发了学生学习的潜力，让减负的意义不仅停留在减轻学生过重的课业负担上，更加减轻了学生的心理负担。其二，开展户外活动让学生心理压力得到释放。户外活动是增强学生体质、激发学生活力、排解学生内心困扰与低落情绪，以及解决学生长时间在教室、在家等闭塞的环境中学习生活产生心理压力的有效手段。学生每天的室外运动时间不少于两小时,运动内容丰富、形式多样,大汗淋漓是学生运动后的常态。同时,坚持“夏练三伏、冬练三九”。这样,一方面,充足的运动促使身体合成血清素和多巴胺,促进快乐情绪的形成,从而帮助学生舒缓压力,提高记忆力和专注力,提高做事效率,另一方面,锻炼了学生的意志力和精神品质。

除了充足的运动,通过大声诵读和喊操活动,让学生在运动的同时,提高神经的兴奋性,提高注意力,发泄郁闷情绪。

(四)课堂增效的根本途径

一是杜绝教辅,倒逼教师研究课标、教材与学情。杜绝教辅资料,倒逼教师研究课标、教材、学生、学情,通过团队教研形成教研成果,然后在课堂上执行教研成果。二次教研反思完善,是课堂增效的关键,是从根本上逼着教师用自己的思考和逻辑去分析和研究,更加提升了教师对教材和学情的掌握程度,增加了教研和教学的针对性和有效性,提升了课堂效率。再者,学校充分发挥团队教研的优势,引导教师根据教学内容、学习目标、学情等,奔着拓展、探究、变式的前瞻性目标,自主命制习题作业,增强作业的针对性,避免重复机械性的作业,是课堂增效的延伸。

二是课题引领,打造专业发展共同体愿景。一所学校要想实现高质量发展,没有共同的教育教学发展愿景是不可能走得远的。如果减负只是减轻学生课业负担,单就“减负”谈“减负”,不在“高质”上下功夫,不提升教育质量,那么“减负”只能是昙花一现,没有任何后劲可言。为此,丰奥嘉园小学选择了以课题引领教研团队建设作为保证“高质”的有力手段。我校的课题“‘单元整合式’小学语文课程体系研究”成功立项 2019 年度山东省基础教育教学改革项目(编号:3701006)。该课题是基于统编教材的单元编写理念,结合语文学科特点及学生学习的内在规律,对单元教材教学内容和教材外资料进行大胆取舍、整合,用两周时间,通过字词过关课、读悟课、读写结合课、拓展阅读课等十余种课型的学习,完成单元教学任务,力求提升学生的语文学科核心素养。

从“轻负高质”的角度来说,该教学法完全达到了预期目标。学生两周完成一个单元的学习任务,单周每天只需巩固当天所学,晚上最多一张小卷作业;双周晚上回家只需朗读汇编的配套拓展读本,达到流利地朗读即可。在科学的教学模式下,学生的语文作业减至我校所属区域内的最少,而学生的学业成绩却一直在前列,真正实现了“轻负高质”。在课题研究过程中,每位成员都能明白课题研究的价值与方向，在团体活动中不断证明自己存在的理由与意义，在活动中产生归属感和获得感，体验成就感，促进了教师专业发展共同体的构建。

三是团队教研，聚力集体智慧，确保教学的正确性，追求教学最优化。课堂教学改革的重头戏是加强集体备课、团队教研，共享集体智慧和资源。学期初研读整册教材，每周学科教研组定时定点进行单元集体备课，每天年级备课组小研讨，这是丰奥嘉园小学每一位教师的教研常态。在团队教研的过程中，既有教研组组长、备课组组长的引领，又有青年教师的广泛参与。校长、教导处主任、年级总管等每周按计划加入各教研组的大组教研中，老师们在讨论中拿不准的、不确定的，可以互相讨论。同时，对老师们研讨出的教学方案及时进行指导，帮助其提升。在这样扎实高效的团队教研下，教研组达到统一进度、统一教案、统一练习、统一检测"四个统一"，在最低层面上，保证了每一位教师教学的正确性，在最高层面上，极力追求教学流程的最优化，为高效课堂打下了坚实的基础。

(五)规范优化教育教学行为

依法规范办学，是学校工作的起码要求，按计划开全课程开足课时，是教学工作的基本底线。执行"轻负高质"的教学常规，需要靠教师自律，更要靠制度制约。丰奥嘉园小学根据实际情况以及办学环境，先后制定《丰奥嘉园小学作业布置与批改规定》《丰奥嘉园小学课堂常规管理办法》《丰奥嘉园小学教学事故认定与处理办法》《丰奥嘉园小学课程设置实施方案》《丰奥嘉园小学团队教研制度》等一系列规章制度。这些规章制度严格按照国家、省市等规定，明确作业总量，倡导提高作业在课堂内的完成度；保证学生休息时间，禁止教师占用学生休息时间进行文化课加班加点辅导，不提早上课，不拖堂；要求学生在课间休息时进行适当活动，做到劳逸结合；严禁教师让学生订购教辅资料；严禁集体补课；保证学生平均在校有两个小时的体育活动时间；严格控制考试科目、考试形式和考试次数；严禁按考试分数给学生排队公布名次；等等。这些制度的制定和实施，切实减轻了学生过重的课业负担，确保"轻负高质"的目标落到实处。

健全的制度加上强有力的执行，使"轻负高质"的做法在学校和学生家长中同时推进，在长期的执行过程中，取得了良好的效果，得到了教师和家长的认可，扭转了家长普遍认为的学生不刷题不能考高分的错误看法。

(六)创新评价机制，保障长效运行

"轻负高质"教育理念的落实，需要与之相匹配的评价机制做长效保障。为

此，丰奥嘉园小学以《丰奥嘉园小学千分制考核》为抓手，引领教师规范执教，对端正办学思想、推进素质教育、提升学校品质起了积极的作用。对教师进行全面评价，落实“轻负高质”工作措施，彻底改变了以往主要以教学成绩考评教师的方式。在新的考核方式中，教师工作综合评价分为 1000 分，其中师德师风、考勤、教学规范、工作量、教学成绩、团队教研、教师发展、学生安全管理等各占分值，老师只有在规范工作的基础上，才能在学校考评中评优评先。

从以往考核个人为主改革为集体与个人考核并重，使得每位教师将自己置身于所在团队，心往一处想、劲往一处使，力促优秀教师发挥带动作用，激励新苗教师专业成长。对教师如此，对学生亦是如此。“高质”不等于考试分数高，而是促进学生德智体美劳全面发展，个性特长积极主动发展，知识能力、态度情感和谐发展。《丰奥嘉园小学学生评优评先办法》中，学生成绩只是其中的一个参考，思想品德、体育、特长等都是主要参考依据，引导学生成为全面发展的新时代好少年。

六、学生“轻负高质”，家长满意同行赞誉

“轻负高质”办学不是一朝一夕，但长久的坚持一定会换来良好的成效。

一是学生身体素质逐年提升。自“轻负高质”理念实施以来，学生的负担轻了，有了更多的时间去运动。在校每天运动时间最低保证在两个小时。在家里，学生有更多的时间完成体育打卡作业。充足的运动时间，培养了学生的体育兴趣爱好，提升了学生的身心健康水平，肥胖率、近视率逐年降低。

二是学生养成了良好的行为习惯。我们发现，现在的丰奥学子越来越有精气神，越来越会思考，越来越受到家长和老师的认可。随着“轻负高质”理念的深入落实，我们发现学生也逐渐养成了良好的行为习惯，如按时作息、不挑食、懂礼貌、坚持整理书包等，最为重要的是养成了诚信学习的好品质。现在，在精准、精练、少量的作业下，学生面对作业更加诚信，对每一项作业都能认真思考并完成，反而提高了学习成绩。同时，学校主要采取小组合作学习的方法，学生的团队意识、同伴协作精神、集体荣誉感等也得到了充分提升。

三是提升了学生的阅读水平。丰奥嘉园小学的“轻负高质”办学理念，为每一位学生留足了阅读时间，每天晚上到家都可以轻松拥有自由阅读的时光。这使得每位学生的课内阅读量 6 年内达近 600 万字，古诗词和文言小短文约 461 篇，评书《岳飞传》《杨家将》《三国演义》6 学年最少要听两遍。

四是社会、家长及同行对于“轻负高质”理念的认同。丰奥嘉园小学卓有成

效的工作得到了社会各界人士的一致认可，引起全国各地领导、教师的关注，一批又一批教育同仁来到学校参观学习，在全国产生了一定影响，并在省市内形成了一定的带动作用。学校围绕“轻负高质”理念采取的扎实有效的措施也得到了家长的高度认可，他们通过感谢信、校长信箱、面对面交流等形式及时与学校进行交流。

五是形成了学校办学水平提升范式。从一所名不见经传的新建小学，到一所有着较高知名度的特色学校，丰奥嘉园小学走出了一条“轻负高质”道路，具有借鉴意义的学校办学范式应运而生，为兄弟学校提供了强有力的技术支撑。

综上所述，给教师加班加点设立的紧箍咒就是规范办学。在规范办学的过程中，规范了教学管理，规范了后勤管理，规范了学生管理，规范了办学过程。规范的过程就是教师提升专业素养、学生养成规则习惯、学校提高办学水平的过程。在规范办学的过程中，规范了教师的执教行为，杜绝了违规现象，最终加班加点在丰奥嘉园小学销声匿迹。“轻负高质”是提升教师专业水平、促进学生全面发展的有效途径，是解决当前教育焦点问题的实践方法，是符合教育规律、切合儿童成长规律的。其不仅确保学校办学水平高质向好提升，还促进学校管理制度创新与办学水平提升，形成良好的学校文化。

第三章　还给学生自主发展的成长空间

减轻学生学业负担，是多年来教育部门常抓不懈的一项工作。从学校工作中发现，义务教育阶段学校在减轻学生课业负担方面虽有所努力，但在范围和力度上有所欠缺，没有真正落到实处，导致现在学生课业负担依旧较重。义务教育小学阶段的学生大都是每天放学背着大书包回家，回家后还要完成大量的作业，从小就在众多试题中度过，没有了童年的快乐。学校进行课改便有还给学生自主发展空间的目的。按逆向思维推导，学生要自主发展，就必须有足够的时间和空间，之后就要有自己喜欢的事情。这就给我们提出了努力的方向：一是要给学生提供自主发展的时间；二是要有物理空间，或者是学生活动、发展的场所；三是要了解学生喜欢的事、物、活动等。如何满足这些条件？一方面规范办学给学生减负，让学生有时间；另一方面结合学生的兴趣，协调学校、家庭、社会，寻找满足学生兴趣的空间场所。这两个方面，最主要的就是要有时间。本章只谈如何规范办学给学生减负，让学生有时间。

第一节　先给学生的书包减减重量

目前市面上的书包琳琅满目，不少书包挺括有型，造型别致，这些“创意”的背后是增加了书包自身的重量。孩子还处于生长期，骨骼的特点是富于弹性，易变形，柔软、弹性大，如果长时间背较重的书包，易导致肩周炎；而且书包太重的话，孩子一般会往前倾斜，容易导致轻微的驼背，对孩子的身体造成严重伤害。如何破解大书包难题，学校从管理层到老师，开始了一系列探索。

一、书包重量与学习习惯的“魔法”

要想给学生的书包减重量，就要深入分析书包重的原因。经过一段时间的观察与分析，我们发现主要存在以下三个方面的问题。一是书包本身重量较大。部分家长和学生追求功能强大、款式新颖的书包，而这种书包本身的重量就较大。二是学生课业负担较重，书包内教辅材料较多。以四年级为例，学生书包内每天要来回装的物品有文具、语数英三科课本、语数英三科的教辅材料，再加上一些其他的物品，书包的重量自然会增加。三是学生的整理收纳习惯较差。经过观察，我们发现，相当一部分学生会把学习用具一股脑儿地放在书包里，对各科教材等也不加选择，使得自己变成大书包的搬运工。

针对目前普遍存在的学生“大书包”问题，济南高新区丰奥嘉园小学实施“书包革命”。自 2017 年 9 月底开始，历经三次变革，才演变到今天的 2.0 版的小双肩背书包。2017 年 9 月刚开始控制书包重量的时候，只是向家长发出倡议，通过培养学生良好的整理书包的习惯，剔除书包里不必要装的东西，提倡学生拎着方便袋或手提袋上学。执行一段时间后，发现学生拎着方便袋或手提袋上学不好看也不方便，所以通过充分的市场调研、家长学生调查后，学校出资为每一名学生免费定制了轻便小布书包(见图 3-1)。

图 3-1　学生背着轻便小布书包上学

经过一年多的时间实践，我们发现学生使用轻便小布书包有诸多不便之处。例如，虽然书包小了，重量减下来了，但没有放水杯的地方，外层没有放随时可用东西的地方等。于是，2021 年 7 月又对小书包进行升级，定做了 2.0 版的小书包(见图 3-2)，免费发给学生使用。为学生定制的轻便书包，从物理上减轻了书包本身的重量。无论是轻便小布书包，还是 2.0 版的书包，都只有二三两重。

图 3-2　学生展示 2.0 版小书包

二、落实生本观念，完善减重减负措施

“减负小书包”这一表象的背后，是学校办学理念的更新、升级。减负不等于降低课程难度，不要学生刻苦学习，让孩子无节制地玩耍，而是指减去违背教育教学规律和学生身心发展规律，超出教学大纲、额外增加的“负担”。因此，减负之后，有些东西还是要“加”，比如学生良好的行为习惯。学校给书包减轻负担的同时，教师和家长可以携手训练学生筛选整理的习惯。学生通过训练知道书包里应该装哪些必需物品，如课本、练习本、铅笔、纸巾等，也可以知道这些物品该如何放置会节省空间且利于寻找使用。如我们一般把课本放在书包最外层，便于拿取；把要上交的作业放在最里面的夹层，清晰明了；把纸巾、口罩等用品放在小侧包，节约空间。学生通过训练还可以知道哪些物品是分别放在家里和学校里的，如今天不需要的书本用品等是可以不用放在书包中的。这就要求学生对当天的学习科目及任务有清楚的了解和预知，这对学生学习主动性的培养也起了积极有效的作用。

三、以减负助自尊，以习惯化自主

美国心理学家威廉·詹姆斯(William James)说：“播下一个行动，收获一种习惯；播下一种习惯，收获一种性格；播下一种性格，收获一种命运。”[①]就是说习惯可以决定一个人的命运。教育家叶圣陶也说：教育就是培养习惯。可见，习惯培养的重要性毋庸置疑。做事是否有条理是判断一个人做事严谨度高低的标尺。做事有条理对一个人来说，不仅是一种做事的习惯，更是他的做事态度，

① 转引自李晓丽：《小学生学习习惯的调查》，西南大学硕士学位论文，2008 年。

也是他取得成就的重要因素。

学生做到有条不紊、循序渐进，在学习、生活各个方面养成有条理、讲效率、不拖拉的好习惯，在学习上就不会浪费时间，学习效率也会提高。相反，一个东西乱放、生活无序、思维混乱、学习缺乏条理的孩子，不仅学习的效率不高，还常常会产生不必要的麻烦。例如有的学生早晨起床找不到袜子，做完作业不整理书包，上课时找不到学习用品等，都是做事缺乏计划性和条理性的表现。究其原因，主要是从小没有养成做事情有条理的良好习惯。学校教育不仅要传授学生科学文化知识，更重要的是要培养学生良好的学习、生活习惯和高尚的道德品质。

书包减重更是倒逼教师减少作业的有效手段。书包轻了，里面的东西自然就少了。除非必要就不会在学校和家之间来回运输东西。要是教师再像以前那样布置很多的作业，有时候从书包上就可以发现。学生是天真的，作业少，书包轻，就会高兴满满；一旦再有很多作业，不但书包会鼓，学生的面部表情就会告诉你，今天作业太多了。通过小书包倒逼教师要布置精准、有效、分层的作业，不求多而求精，这样，才能发挥小书包的作用。

第二节　合作学习小组人人有角色

合作学习是许多国家都在使用的一种被普遍认同的高效学习方式，是班级授课制下的最有效的学习方式，在我国也被普遍认同与使用。合作学习是以小组方式进行的，组员以4～6人为宜，大多数采用同组异质、异组同质的组成方式，通过组内分工合作，突出学生学习的主体地位，实现共同进步的合作目的。在组内人人有角色，人人有任务。

一、厘清合作学习的“身世”

合作学习作为一种学习方式，其历史悠久，并不是近代才出现的。《论语·述而》：“三人行，必有我师焉。”《礼记·学记》：“独学而无友，则孤陋而寡闻。”古代的教育思想中就已经体现了合作学习的思想。18世纪英国牧师兰卡斯特(J. Lancaster)提出的“导师制”的教学方法，实际上也是早期的合作学习。在教学过程中，教师以教授年龄大的学生为主，然后他们当中成绩优异的学生再去教授其他年龄较小的学生和成绩待优的学生。陶行知先生提出的“即知即传人”理念，认为学生在向其他人传授知识的时候，需要思考如何将知识构建得更加符合历史与逻辑的需要，以及如何将语言表达得更加清晰、明了。[①]

尽管历史悠久，但作为一种教学理论与策略，合作学习的兴起还是在20世纪70年代的美国。经过近50年的研究与实践，合作学习已经成为班级授课制下的一种常用的方式。我国在20世纪80年代末90年代初，也开始了合作学习的实践与研究，并取得了一定的成效。新课改后，为了改变"满堂灌""满堂讲"的现象，合作学习在全国范围内的课堂得到了推广。

关于合作学习的概念，目前普遍认为是指学生为了完成共同的任务所进行的小组互助性学习。而合作学习小组是合作学习的平台、基本组织形式，是合作学习质疑、探究、释惑过程的载体，涉及的核心要素有三个：一是分组的方式，二是小组的合作方式，三是小组合作学习的评价。目前，关于小组合作学习的研究已经得出了一些基本的结论，例如小组合作以3～15人为宜，以生成性、达标性内容较为适宜，小组合作学习的速度不宜过快等。这些基本结论当然可以作为我们组织小组合作学习的理论依据，但是不同的教学情境下，这些基本结论能够并且应该得到灵活运用。

在语文学科教学中，合作学习也被普遍应用。《义务教育语文课程标准(2011年版)》中指出："语文课程必须根据学生身心发展和语文学习的特点，爱护学生的好奇心、求知欲，鼓励自主阅读、自由表达，充分激发他们的问题意识和进取精神，关注学生个体差异和不同的学习需求，积极倡导自主、合作、探究的学习方式。教学内容的确定，教学方法的选择，评价方式的设计，都应有助于这种学习方式的形成。"[②]合作学习的方式有助于学生在语文课堂上得到充分的发挥，根据学习内容的不同，通过承担相应的合作任务，实现语文能力的提升。

二、认清假合作学习的弊端

小组合作学习作为新课程倡导的一种学习方式，在课堂教学中起着重要的作用，甚至在一线课堂教学评比中，小组合作环节已经成为评价的重要一环。它极大程度上改变了教师教学"满堂灌"的现象，调动了学生学习的积极性。但如果我们从一线教师的课堂调研出发，也会发现，小组合作学习真正走向高效，还需要解决以下几个方面的问题。

第一，为合作而合作，注重合作的形式，而不是学生的发展。在课堂教学

---

① 参见李卓群：《奏议合作学习》，《辽宁行政学院学报》2013年第10期。

② 中华人民共和国教育部：《义务教育语文课程标准(2011年版)》，北京师范大学出版社2012年版，第3页。

中,哪个环节适合设计小组合作,该小组合作环节的目标是什么,小组合作以什么样的形式开展,小组内分工如何设计,小组合作需要达到什么效果……这些都需要老师们在教学设计中进行重点思考。如果仅仅是为了合作而合作,对教学任务不做任何解析,任由学生漫无目的地活动,那么,不仅浪费了课堂学习时间,学生更是没有任何收获。如我曾经听到的一个课例,一位青年教师对《为中华之崛起而读书》的教学。该单元的语文要素是关注主要人物和事件,把握文章的主要内容。根据这一要素,安排学生小组合作无可厚非,但是,老师在课堂上仅出示要求:小组合作,概括文章三件事情的主要内容,没有给学生搭建应有的学习支架,学生在小组合作过程中漫无目的,结果可想而知。

第二,小组合作中的"边缘人"现象。小组合作的初衷是让每一个学生在合作学习中获得成长和收获。但是,如果不对小组合作进行精心设计,不对小组内成员任务进行合理划分并根据具体学习任务不断调整,很容易让在班级学习中的"边缘人"成为小组合作的"边缘人"。这些同学或是一直被分配承担最为简单没有任何挑战性的任务,或是不能融入小组合作学习过程中,思维结果不被小组接收。

第三,合作学习有分工无合作。合作学习的价值很多时候体现在不同学生的思维在小组合作中得以碰撞,并得到不同程度的提升。但是,目前课堂上的小组合作学习还存在着以分工为主要形式的合作。很多学习任务更多地是由老师或学生进行分工,没有经过高阶思维的讨论,直接合成后呈现学习结果。这样的合作学习是一种假合作学习的体现。

三、创设单元整合合作学习情境

单元整合式语文教学的小组合作学习所面对的教学情境有自己的特点。首先,其运用的科目是以言语实践为主要活动形式的语文课;其次,它运用于班级授课中;最后,它是对以"学"为中心教学理念的运用,更多地体现出生教生、生帮生(小先生)的特点。

"单元整合式"小学语文教学模式经过实践选择了四人制合作学习小组。分组原则是:同组异质、异组同质、定时轮换。大多数教室,一般都是按纵 8 列、横 5~6 行来安排学生座位。把从左至右每两列分为一个大队,命名为 A 队、B 队、C 队、D 队……每队按从前向后每两行为一个小组,命名为一组、二组、三组、四组……每小组四名学生,分别命名为 1 号、2 号、3 号、4 号……在组内 1 号与 4 号结对、2 号与 3 号结对形成互助对子。这样，就产生了 A 队一组 1 号至 4 号……B 队一组 1 号至 4 号……C 队一组 1 号至 4 号……D 队一组 1 号至 4 号……(如表 3-1)

表 3-1　四人制合作学习小组

	A 队		B 队		C 队		D 队	
1 组	1	4	1	4	1	4	1	4
	2	3	2	3	2	3	2	3
2 组	1	4	1	4	1	4	1	4
	2	3	2	3	2	3	2	3
3 组	1	4	1	4	1	4	1	4
	2	3	2	3	2	3	2	3

小组内的 1 号同学是小组长，负责组织安排小组合作学习，负责小组得分统计，负责帮助 4 号同学学习，在学习标准的执行上起示范作用。2 号同学是副组长，协助 1 号同学工作，与 3 号同学互相帮助，共同学习。4 号同学的掌握程度是衡量学生达成度的标准。

这种编排方式既好记又好用，既有利于组间对抗又有利于组内合作探究。例如，在读悟课上，教师想检查文本的朗读预习情况，找优秀生范读，就这样下达命令：请 A 队各组 1 号同学起立开火车读，每人读一段。接收到指令后，1 号学生就自动起立并按要求朗读。又如，在字词过关课上，教师想了解各队对一类生字的掌握情况，就这样下达指令：请各队三组 4 号同学到前面来进行听写板演。学生接收到指令后就快速来到黑板前进行听写。这种方式不仅指令简单，而且也培养了学生的注意力。

四人制合作学习小组，顾名思义就是一个小组有 4 名学生，每人有对应的号码，有明确的分工和职责。比如，在探究问题时，1 号首先进行任务分工和问题讲述，说明要求，在发表意见时，4 号先进行汇报，然后 2 号、3 号同学提出补充意见或新的问题，1 号进行总结，共同探究解决问题，形成合作学习成果。2 号、3 号同学也可以承担记录任务。在一个同学汇报时，其他同学认真倾听。

这样,小组合作学习的过程中人人都有角色,人人都有任务,每个人既是学习者也是教授者,主动性和积极性汇聚于每位学生,真正地突出了学生是学习的主体。金字塔学习理论中效率最高的学习方式就是教授他人,合作学习小组形式下的小组合作学习就是学生学习和教授他人的过程,所以合作学习小组是高效学习的载体和平台,小组合作学习是适合于班级授课制形式下的高效学习方式,是人人共同进步的有效学习方式。

小组组建好后,小组的评价在使用过程中尤为重要。在实践中,我们摸索出了小组评价的有效方式,平常课堂采用加分制,如在小组对抗朗读课文时或在检查过关时,各队三组 4 号起立朗读,这时对能正确流利朗读的各队加 1 分,不能达到标准的不加分等。每两周计算一次总分,选出优胜小组、优胜大队。每获得三次优胜小组奖励一个笑脸印章,每三个笑脸印章发一封表扬信,每三封表扬信发一张学校的奖状(见图 3-3);每次的优胜小组轮流做班级多媒体大屏幕的屏保等。

图 3-3 小组奖励情况

四、明确合作学习任务的关键点

为了避免合作而合作,我们充分利用了团队教研的力量。不仅从形式上让小组合作发挥应有的效应,充分激发学生的积极性和主动性,还通过对文本进行细读和深入解析,从而保证“单元整合式”小学语文教学法在实际教学中能够根据学生学习的规律,找出适合学生小组合作学习的关键点来。

其一,小组合作让学生实现语文知识与能力由习得到运用。“单元整合式”小学语文教学法从整体课型结构的设置上来说,符合学生语文知识与能力由习得到运用的规律,如读悟课上习得语文要素,读写结合课上由读到写建立读写之间的桥梁,习作课上进一步运用。设置每节课的学习环节时,老师们要对文本进行充分的挖掘,帮助学生实现语文知识由习得到运用,找出最适合学生小组合作的突破点。如部编版小学语文四年级上册第七单元的语文要素是:关注主要人物和事件,学习把握文章的主要内容。把握文章主要内容对于四年级的学生来说，是重点也是难点。如何突破呢？老师在对四年级上册第七单元进行教学设计时，先是带领学生学习概括第一件事的主要内容，教会学生在概括时关注主要人物周恩来、魏校长，对次要人物、其他同学则可以在概括时进行省略。有了第一件事的学习，文章中第二件事、第三件事的概括，则可以通过小组合作的形式，放手让学生来进行。具体课堂教学安排见表 3-2。

表 3-2　四年级上册第七单元小组学习关键点

	时间、地点	主要人物(做什么)
第一件事	新学年开始了 修身课上	魏校长(问) 周恩来(回答)
第二件事	十二岁那年 奉天	伯父(告诉) 周恩来(疑惑不解)
第三件事	一个星期天 被外国人占据的地方	周恩来(看见，体会) 中国妇女(受欺负)

小组合作任务：

刚才的学习中，我们通过抓住主要人物和主要人物做了什么，把第一件事概括清楚了。请大家小组合作，运用这种方法，借助大屏幕的提示，试着概括第二、三件事的主要内容。

其二，合作学习促进学生在读写前进行小组合作设计。在写之前的交流讨论环节，学生能够通过平等和谐的交流，围绕学习生活中印象深刻的环节表达感受说出想法。在实际课堂应用中，学生与学生之间的互通效果要大于老师和学生之间的互通效果，这样的小组合作交流让学生有效突破了“写什么”的难题。

其三，设计小组合作有效的互评环节。传统的写作评改方式是以老师为主导的评价，但我们发现，这样的评价往往注重高度，距离学生的最近发展区较远。在读写结合课上，我们的小组互评主要采取小组合作的形式开展，学生写，学生评，然后根据小组修改意见进行修改，实现了习作片段的即评即改(见例 3-1)。

【例 3-1】

读写结合课 · 点面结合写场面

一、小组合作学习

(一)任务一

师:下面咱们进行小组合作,小组四人讨论交流这样几个问题:(出示课件)

(1)选择什么活动?(运动会、联欢会……)

(2)活动分为哪几个部分?哪个环节给你留下深刻的印象?

(3)活动过程中,整个场上的气氛是怎样的?参与者和观众的表现是怎样的?

(4)在这个过程中你有什么样的体会?

教师巡视。

根据小组汇报结果,教师小结:对重要或者令人印象深刻的过程、环节,要详写;对印象不深刻的或者不重要的环节、过程,要少写或不写。还要综合运用语言、动作、神态等多种描写方法,运用点面结合的写作方法具体生动地再现重点环节或过程的情景。

(二)任务二

师:思考,小组交流,完成表格:

活动内容(共性特点、场景气氛……)	
主要人物(感受、语言、动作、神态……)	
其他人物(语言、动作、神态……)	

(1)要详写的这个环节的活动内容是什么?整个场景中人们的活动有什么共性特点?这个场景的气氛是怎样的?

(2)参与活动的主要人物是谁?他有什么活动?如果核心人物是“我”,“我”有什么感受?

(3)其他人在活动中有什么表现?他们的神态、动作、语言是怎样的?

教师总结:场面描写是展开详写的重要手段,一方面要关注整个场景,另一方面要关注细节,把特定人物的具体表现写具体,把两者结合起来进行描写,点面结合既能把整个场景的活动和气氛讲清楚,又能使具体的人物、具体环节的描写充实具体。

二、小组合作学习评价表

学校：　　　　班级：　　　　小组：　　　　姓名：

评价内容		自评	互评	师评
参与态度	1.认真参加每一次活动，对每一次活动始终保持深厚的兴趣	☆	☆	☆
	2.积极学习和他人交流自己的想法	☆	☆	☆
	3.小组成员间能认真倾听，互助互学	☆	☆	☆
目标完成	4.运用了点面结合的方法	☆	☆	☆
	5.描写时抓住人物的动作、语言、神态	☆	☆	☆
	6.语句通顺书写美观	☆	☆	☆
总体体会	我的收获是：			
	我的感受是：			
	我还需努力的是：			

A 等：五颗☆。B 等：四颗☆。C 等：3 颗☆。D 等：二颗☆以下。

在这样的合作学习中，小组内每一位同学都能根据自己的生活经验、知识背景说出自己的想法，同时在小组合作任务的引导下，获得不同程度的提升。设定小组合作学习评价表则让学生以自评的方式，关注自我在小组合作中的表现，关注个人的成长。

第三节　课后作业单周每天一张纸

从 2010 年开始，我就致力于作业的管控，至今十几年时间从没有停歇。控制作业的量、管控作业的质不是面子工程，而是学校规范办学内涵发展的需要。作业管控涉及学校内部管理、教学管理、课堂教学改革、教研实施等多方面工作的协调推进，是一项综合性的工作。

一、教辅资料

20世纪80年代初期，教辅对当时学生的学业成绩是起了积极的促进作用的，本书第二章第一节已介绍，在此不再赘述。但是，教育发展到今天，我们需要重新审视教辅的作用和使用情况。现在的教师，基本学历是本科，最低学历是专科，甚至小学都有了一定比例的硕士研究生。丰奥嘉园小学有68名教师，其中，硕士研究生就有7人，占全体教师的10.29%。现在的教师学历，已经与20世纪80年代的教师学历有了明显的变化，已经具备了独立解读教材的基础与能力。笔者认为，现在的教师只要是学透课程标准，认真研读教材，认真分析学情，都能独立地设计出适合本班学情的教学流程和训练题组，无须依靠教辅。

教辅既然存在就有它的必要性，但是纵观小学、初中学段，横观各年级的各测试学科，无不充斥着教辅的身影，甚至一门学科不止一种教辅。学生在课下利用空闲时间做一下也无可厚非，但是让教辅走进教学的全过程，成为教师和学生的依靠这就不正常。教师不认真钻研教材，而是研究教辅和另类的题目；教师不研究课程标准和教学参考书，而是让教辅资料牵着鼻子走；教师不研究学生的个性差异，而是死缠硬磨地搞题海战术。学生也是被教辅资料霸占了时间，而没有时间去认真地学习教材。教辅乱了教师的教，乱了学生的学，乱了学校的正常教学进度和秩序。有的学校利用两个月的时间将全册教材学完，然后利用两个月的时间进行刷题打靶，这样反而让遵行正常教学进度的学校有点茫然。

二、作业量与课堂教学效率

作业主要是指学校教师依据一定的目标布置给学生，由学生利用非教学时间完成的学习任务，俗称“家庭作业”。本定义包含以下基本内涵：(1)作业主要是指学校教师布置给学生的学习任务；(2)作业不仅仅包括学生个人完成的，也包括学校布置的团队性任务；(3)作业强调一定的功能和目的，即强调教师有意识、有目的的设计；(4)作业完成的时间主要是指非教学时间，包括学生回家后的时间，以及在学校的休息时间、图书馆开放时间或者其他非教学时间。[①]

因此，我们认为，作业是教学必要的环节，是不能去掉的。当然，作业也是可调控的，作业的质决定着课堂教学效率，决定着作业量，同时也影响着学生学习的状态。

---

① 参见王月芬：《重构作业：课程视域下的单元作业》，教育科学出版社2021年版，第9页。

课堂作业与教学流程联系密切，环环相扣，课堂教学流程紧凑，再加上评价到位，学生课堂达成率高，教师就不会对课堂授课效果产生疑虑，那么布置家庭作业时就会有精准的目标，会有针对性地布置作业，作业量就不会很大。反之，教师对整堂课的达成有疑虑，就想通过家庭作业来弥补课堂教学的不足，就会以大量的作业来抵消课堂低效教学带来的疑虑。反复几次后就形成了布置大量作业、无效作业的习惯。因此，学生作业量大的最根本原因是教师课堂效率低，教师对课堂教学存在着疑虑。教师课堂效率低，知识点不明确，就想通过刷教辅资料来弥补自己教学的不足。因此，对教辅资料的依赖也是学生作业量大的主要因素之一。

学校教学管理层面严控作业，不仅要把控作业的量，更要把控作业的质，通过把控作业的质量来促进教师专业成长，提高课堂效率。课堂教学流程中，不论是课前的预习作业，还是新知识的探究作业，抑或是课中的巩固变式作业，或是课堂教学的评价作业，都要紧密配合，服务于课堂教学目标和学生达成，更要照顾到学生的个性差异，争取实现课堂学习目标人人过关。每一节课，都应是朝着人人过关的目标而努力和改进的。只有教师专业素养提升，课堂把控能力提升，课堂教学流程设计能力提升，课堂作业设计能力提升，课堂教学效率才能提升。所以，课堂作业量不在多而在于少而精、有针对性、有迁移性等，使学生能达到举一反三的效果。

作为课堂教学的延伸和巩固的家庭作业，与课堂作业的区别在于家庭作业重点在掌握基础、巩固拓展，家庭作业的设计要围绕如何实现这个目标来进行。我们是这样要求的：一是总题目数一般情况下控制在三道题以内，其中基础知识掌握为两道，另一道是带迁移、变式或拓展性质的题目；二是作业要全年级统一，由教研组长和教务处共同把关或抽检；三是统一印制，不能随意布置；四是作业要全批全改。

通过对作业的把控，增强了教师教研的主动性，既提升了教研效果也提高了课堂教学效率。把控作业使作业有设计、有目标、有针对性，杜绝了随意的作业，实质上是避免了教学的随意性和盲目性，使得课堂更趋于优化和精准，从而提高了课堂效率。作业量的减少促进了课堂效率的提高。

三、设计作业反映课程意识

新课改以来，课程一词越来越受到教育者的关注。谈及学校的特色与发展，课程建设无疑是其中最重要的一环。但是，课程究竟是什么，它的内涵与外延是什么，相信大部分的一线教师没有太多的概念。课程意识的缺失可以说是制约着小学语文教师无法从宏观角度把握教学的最主要因素之一。

那么，一名教师应该具备怎样的课程意识呢？至少包括以下几个方面。第一，有明确的目标意识。如教什么，教到什么程度，教完后孩子的变化等。第二，一切回归学生发展的意识。如学生到底需要什么，学生的起点是什么等。第三，整体把握结构的意识。整体把握学科教学内容的结构，在教学中既能让学生接触片段知识，又能让学生了解这些片段知识与学科整体知识结构之间的关系。第四，生成意识。能够站到一定高度，对教材进行一定的批判和改造。第五，资源意识。创造性地使用教材，充分发挥教材的作用，并且能引入恰当的课程资源。第六，反馈意识。能够敏锐洞察到学生的学习状态，判断自己的教学能否满足学生的学习需求，思考怎样让孩子学得更好。[①]

我们的作业设计，契合了该课程意识的理念和要求。为了实现学生轻松学、自动学、简单学且质量高的目标，我们进行了课堂教学流程化设计和作业精准化设计，实现了作业的精准、分层、变式、迁移，进而实现"轻负高质"的目标。济南高新区丰奥嘉园小学要求老师们全面压减作业总量和时长，低年级没有书面作业，中高年级学生在校基本完成学习任务，回家完成少量预习、复习、探究任务。要求教师合理控制作业的结构，分类明确作业的总量，提高作业设计的质量。学校重视作业的精准设计，减少学生重复机械的作业，追求有针对性、小题量、分层级的作业。教研组通力合作，建设适合本校学生需要的练习资料库。年级备课组通过精心研究，随时调整，优化随堂练习，作业布置实现弹性化，每天一张练习单，达到因材施教的学习效果。

学校教学管理部引导各年级备课组通力合作，研究教材、教学参考书，根据学生学情，建立适合本校学生的练习题库，并在使用过程中不断完善。例如新六年级备课组在使用原六年级练习题时不是照搬照抄全盘接受，而是授课前先把练习题下水做一遍，并通过教研商定练习题的内容、难易程度，对练习题做全面的调整与完善。我们的作业根据教学进程分为课前预习单、课堂练习单、课后巩固单，三类作业相互配合，并且根据学生水平设置基础型题目和拓展型题目的分层练习，力求运用精当的题目使学生达到巩固练习、掌握知识、提高能力的目标。学生拿到手的只有一张 16 开或 32 开大小的单面小卷，与其他学校的题海战术相比，切实减轻了学生的作业负担，同时还提高了学习的效率。

作业设计一般涉及课前预习、课中练习、课后巩固三个层面，而这三个层面

① 参见王伟：《课程的力量》，华东师范大学出版社 2017 年版，第 175 页。

的作业都离不开当堂教学(复习作业除外)。课前预习的目的是“以学定教”,在学生正式开始课堂学习之前进行预习,老师也可以通过预习作业的完成情况,了解学生的学情,进行有针对性的教学;课中练习主要是对当堂内容进行及时的练习,实现知识的转化;课后巩固是教师针对当堂学生学习的内容,设计合适的习题进行巩固性练习。无论是课前、课中、课后,都和课堂教学息息相关。如果对作业设计提出更高一层要求的话,那么一定是要反映课程意识,实现通过作业提升学生的学科素养的目的。这一点在很多时候被忽视。以小学语文学科为例,我们把学生每天的学习时间进行划分,会发现有一节 40 分钟的课堂,根据实际情况大约还会安排 20 分钟的早读,或者还有 20 分钟左右的午练时间,学科学习时间为 1 小时 20 分钟左右;然后是每天必不可少的作业,根据年级的不同,小学阶段三到六年级的作业时间在 10～30 分钟,再加上第二天老师一般会用 10 分钟左右的时间进行反馈或者面批后让学生订正,学生作业时间为 20～40 分钟。单就时间上来看,作业其实已经差不多占据了学生学科学习时间的 1/3。因此,反映课程意识的高质量的作业设计在提升学生学科素养方面一定起着重要的作用。

这就要求教师在设计作业时一定要对课程有着深层次的了解。例如,在设计阅读与鉴赏类作业时,如果没有语文课程意识,往往就会陷入刻意解析文本的泥沼中,而不重视学生的感知以及语文核心素养的提升。因此,在设计这类作业时,我们要根据学生年段特点、课程标准,设计能够提升学生语文核心能力的作业。高年段的此类作业注重让学生在阅读实践中学习掌握根据阅读目的选择浏览、快速阅读、反复阅读的方法,同时根据教材内容引导学生初步建立文体意识。如叙事性作品,题型设置考查学生了解故事梗概,关注场景、人物、细节等;说明性文章,题型设置考查学生抓住要点以及对说明方法的了解;诗歌类文章,题型设置考查学生对韵律、节奏的初步感知,以及想象意境和体会情感;非连续性文本,题型设置考查学生提取信息、处理信息的能力。另外,作业设计注重阶梯性和拓展性,引导学生由浅层阅读逐步走向自我感知的深度阅读,从而对文本中的内容初步产生共情,简单说出对文本人物的看法,交流自己的阅读感受。

此外,语文作业的设计还要考虑该学科的整体性意识,使课前、课中、课后作业融为一体,既给学生的成长搭建阶梯,同时也能够让学生通过作业的完成看到学习的成果。

例 3-2、例 3-3 是部编版小学语文五年级上册第四单元《圆明园的毁灭》一课作业及设计理念。

【例 3-2】

走近圆明园·课前预习作业

喵~~亲爱的小伙伴们大家好，我是小喵，来自《如果历史是一群喵》。在这一系列书中我们十二只喵演绎了从华夏诞生以来各个朝代的历史故事。现在让我们一起穿越回清明，回顾圆明园的辉煌与毁灭。

一、书声琅琅，初探课文

本篇课文我读了(　　)遍，我能够做到 A.正确 B.正确流利 C.正确流利有感情(选择自己达到的朗读水平)地朗读这篇课文。

二、笔墨横姿，美观书写

我能借助温馨小提示，正确美观地书写“毁”“奉”。

毁			

奉			

咳咳~~提个醒啦！

毁：“白”字里面是两横，第四笔是横折。

奉：上半部分的三横间距相等，长短不同，撇和捺不要相交，要舒展地覆盖下半部分。

我还发现(　　)(　　)在书写时容易写错，我要和同学们在课上交流。

三、知悉领略，整体感知

圆明园的毁灭		
	第一部分 第(　)自然段	写了圆明园的毁灭是巨大损失。
	第二部分 第(　)自然段	写了______内容，具体写了______、______、______三方面内容。
	第三部分 第(　)自然段	写了________________。

四、心悟神解，明词达义

我能借助下面图示，标注三园及周围小园，理解众星拱月的意思。

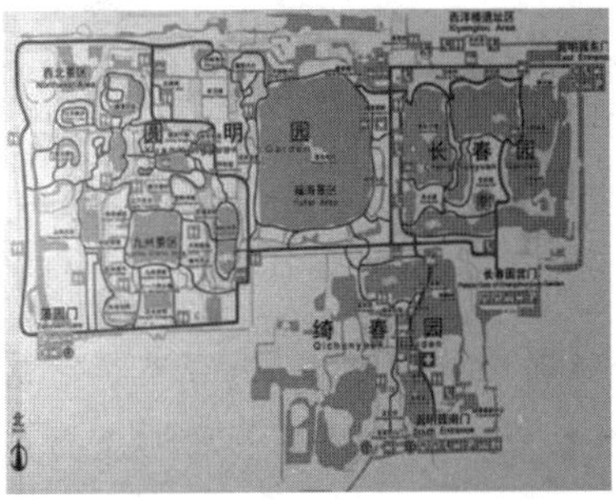

众星拱月：____

五、旁搜博采，收集资料

我们在四年级下册学习过“根据需要收集资料，初步学习整理资料的方法”，接下来让我们从布局、建筑风格、文物三个角度收集信息并进行整理，切磋一下谁收集资料、整理资料的本领强吧！

我会查找圆明园内文物和建筑相关资料，并完成表格。

名称	年代	我能写一写我的感受

六、学贵有疑，善于发问

读完课文，提出 1～2 个问题，标记值得思考的问题，并尝试解决。

____

____

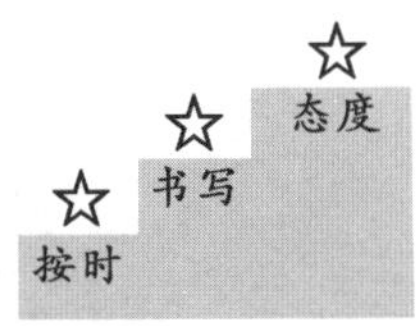

勇于攀登　自我评价

走进圆明园·随堂练习作业

通过课前预习，同学们对于圆明园有了初步的了解，接下来让我们走进圆明园去领略它的独特魅力吧！

七、忆往昔百舸争流

圆明园中，有金碧辉煌的殿堂，也有玲珑剔透的亭台楼阁；有象征着热闹街市的“买卖街”，也有象征着田园风光的山乡村野。园中许多景物都是仿照各地名胜建造的，如海宁的安澜园、苏州的狮子林、杭州西湖的平湖秋月；还有很多景物是根据古代诗人的诗情画意建造的，如蓬岛瑶台、武陵春色。园中不仅有民族建筑，还有西洋景观。

1.圆明园的建筑可以分为哪三类？在文中用“______”画出来。

2.漫步在圆明园，作者运用了________________关联词语介绍圆明园的建筑，结合课前收集的资料，运用关联词语尝试表达，并且谈谈自己的感受。

____

____

八、叹辉煌可怜焦土

材料一：上自先秦时代的青铜礼器，下至唐、宋、元、明、清历代的名人书画和各种奇珍异宝。

材料二：1860 年 10 月 6 日，英法联军侵入北京，闯进圆明园。他们把园内凡是能拿走的东西，统统掠走；拿不动的，就用大车或牲口搬运；实在运不走的，就任意破坏、毁掉。为了销毁罪证，10 月 18 日和 19 日，三千多名侵略者奉命在园内放火。大火连烧三天三夜，烟云笼罩了整个北京城。我国这一园林艺术的瑰宝、建筑艺术的精华，就这样化成了一片灰烬。

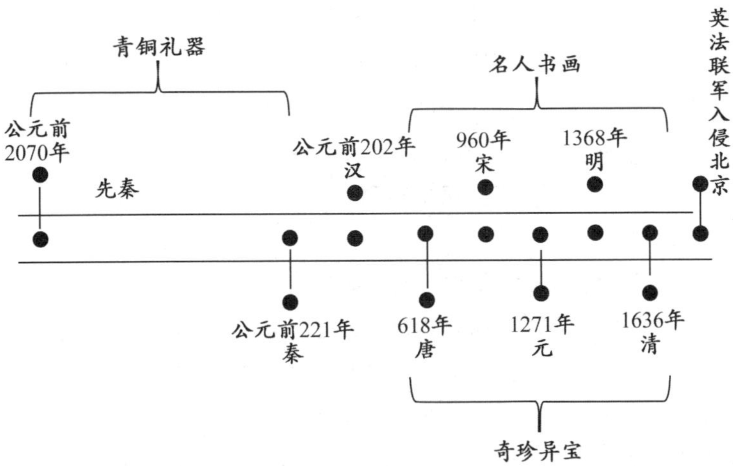

1.给材料一加上恰当的标点符号。

2.阅读材料，圈画出两则材料中有关时间的词语，联系全文，说说自己的感受。

____

____

九、惜昨日岁月峥嵘

七子之歌（节选）

闻一多

澳　门

你可知"妈港"不是我的真名姓？
我离开你的襁褓太久了，母亲！
但是他们掳去的是我的肉体，
你依然保管着我内心的灵魂。
三百年来梦寐不忘的生母啊！
请叫儿的乳名，
叫我一声"澳门"！
母亲！我要回来，母亲！

香　港

我好比凤阙阶前守夜的黄豹，
母亲呀，我身份虽微，地位险要。
如今狞恶的海狮扑在我身上，

啖着我的骨肉，咽着我的脂膏；

母亲呀，我哭泣号啕，呼你不应。

母亲呀，快让我躲入你的怀抱！

母亲！我要回来，母亲！

和平宣言（节选）

冯亦同

巍巍金陵，滔滔大江，钟山花雨，千秋芬芳。

一九三七，祸从天降，一二一三，古城沦丧。

侵华倭寇，掳掠烧杀，尸横遍野，血染长江。

三十余万，生灵涂炭。炼狱六周，哀哉国殇。

结合上面的材料，回顾《少年中国说》梁启超强国梦的内容，再读《圆明园的毁灭》一课，我有了更深刻的感受。

____

____

结合资料我们可以更好地体会课文所表达的思想感情，还可以把这种方法运用到以后的学习中哦！

乐学向上　小组互评

走出圆明园·课后实践作业

伙伴们，课文学完了你一定有很多收获，下面给大家展示自己提升能力的机会啦！请你根据自己的兴趣完成1+X练习题吧！

十、跬步千里

（一）言语积累

1.圆明园中有 jīn bì huī huáng（　　　　）的 diàn táng（　　　　），那些数不尽的 qí zhēn yì bǎo（　　　　），都在英法联军 chuǎng jìn（　　　　）圆明园

后，化为 huī jìn(　　　　)。侵略者为了 xiāo huǐ(　　　　)罪证 fèng mìng(　　　　)在园内放火造成了不可估量的损失。

2.以下词语加点的字读音正确的一项是(　　)。

A.安澜(lán)园　　　众星拱(gòng)月

B.灰烬(jìn)　　　不可估量(liàng)

C.销毁(huǐ)　　　玲珑剔(tī)透

D.掠(lüè)走　　　武陵(lín)春色

3.下列各组词语中两个加点字意思的说法正确的一项是(　　)。

A.一举成名　风景名胜(意思相同，都是“名字、人或事物的称谓”)

B.引人入胜　不胜其烦(前者指“优美的景物或境界”，后者指“能承担或承受”)

C.奇珍异宝　异国他乡(前者指“有分别，不相同”，后者指“另外的”)

D.诗情画意　意想不到(意思相同，都是“心愿、愿望”)

4.我国这一园林艺术的瑰宝、建筑艺术的精华，就这样化为一片灰烬。(缩句)

____

(二)言语探究

材料一：他们把园内凡是能拿走的东西，统统掠走；拿不动的，就用大车或牲口搬运；实在运不走的，就任意破坏、毁掉。

材料二：有一天，两个强盗闯进了夏宫，一个进行抢劫，另一个放火焚烧。他们高高兴兴地回到了欧洲，这两个强盗，一个叫法兰西，一个叫英吉利。

1.根据上述材料，联系加点词语，我体会到什么？我应该用________语气读出自己的理解与体会。

2.时光倒流，当站在金碧辉煌的圆明园面前，我想说________________，见证到烈火中的圆明园，我想说________________，见到成为一片灰烬的圆明园，我想说________________________________。

十一、扶摇直上(选做题，二选一)

(一)妙笔生花

资料一：1860 年英国《泰晤士报》称：“据估计，(圆明园)被劫掠和被破坏的财产，总值超过 600 万镑。”实际上，被英法侵略军抢走和破坏的物件，有很大一部分属于无价之宝。

资料二：2009 年 2 月，巴黎时间 25 日晚，在法国巴黎大皇宫举办的“伊夫·圣洛朗与皮埃尔·贝尔热珍藏”专场拍卖会上，圆明园流失文物鼠首和兔首铜像被拍卖。26 日，圆明园管理处发出郑重声明，“对无视中国人民正当要求，严重损害中国人民感情的行为，表示强烈愤慨”。

请结合上面两则资料，针对拍卖圆明园文物鼠首、兔首铜像的行为，写一写自己的心声。

____

____

（二）躬行实践

喵~亲爱的小伙伴，圆明园之旅结束了，让我们走进山东博物馆领略中国五千年的灿烂文化，开启一段新的旅程吧！

请大家走进山东博物馆，参观 2 号展厅“汉代画像博物展”、7 号和 8 号展厅“山东历史文化展”，关注“十大镇馆之宝”的介绍，回家后与家人交流自己的参观体会，回校后分享给自己班的老师和同学们。

【例 3-3】

入情入境巧设计　聚焦要素促提升

——部编版小学语文五年级上册第四单元《圆明园的毁灭》作业设计理念

语文课程是一门学习语言文字运用的综合性、实践性的课程，而作业是落实语文课程的重要一环。在“双减”背景下，设计基于语文要素落实、落实语用训练、助力学生发展的作业是我们团队的不懈追求。

一、聚焦核心要素

统编版小学语文五年级上册第四单元的人文主题是：爱国情怀。语文要素是：结合资料，体会课文表达的思想感情。四年级下册综合性学习单元对此有所涉及，语文要素是“根据需要收集资料，初步学习整理资料的方法”，中段目标侧重于资料的收集与分类整理;五年级侧重于运用相关资料,体会作者所要表达的思想感情。螺旋上升的编排方式有助于学生思维品质的提升。

《圆明园的毁灭》承担着突破单元语文要素学习的重任,本课的作业设计旨在让学生有目的地整理资料,加深对课文的理解,从而落实语用训练,提升语文素养。

二、导向学习目标

基于本单元的语文要素和学情分析,我们将《圆明园的毁灭》的学习目标定为以下四个:

(1)认识"估、煌"等10个生字,会写"毁、估"等15个字,会写"毁灭、不可估量"等24个词语。

(2)默读课文,理解课文内容。借助关键词句,体会课文的思想感情,并有感情地朗读,读出情感的变化。

(3)领悟课文的表达特点,能结合相关资料,理解"圆明园的毁灭是中国文化史上不可估量的损失,也是世界文化史上不可估量的损失"等句子的含义。

(4)能结合相关资料,体会《七子之歌(节选)》《和平宣言(节选)》与课文表达的情感的相似之处。

三、亮点推动实施

(一)亮点一:聚焦要素

语文要素是统编版教材内容的重要特色,我们力求通过聚焦语文要素来提升教学工作的科学性以及创意性,以此培养和提升学生的学习积极性,使学生深刻体会语文学习的意义。

(二)亮点二:趣味情境

苏霍姆林斯基认为:"所有智力方面的工作大都依赖于兴趣。"练习题目中选取历史故事漫画书《如果历史是一只喵》中的小喵作为学习伙伴,开启"走近圆明园—走进圆明园—走出圆明园"之旅。学习伙伴不仅指导学生逐步落实语文要素的学习,还承担总结、梳理学习方法的重任。

(三)亮点三:多元评价

本次作业设计采用学生自评、小组互评、教师总评等多元多向评价方式,让学生感受到学习的温度,激发学习的热情。

四、研创优质作业

有效的练习包括课前预习、课堂练习、课后复习,这三部分是一个有机的整体,互为补充,构成一个完整的练习系统。我们根据学习目标,以"走近圆明园—走进圆明园—走出圆明园”为线索进行了如下设计：

(一)走近圆明园·课前预习作业

课前预习作业的设计是“以学定教”的开始，是保障课堂教学顺利进行的前提。题目的设置层层递进，兼顾了学生朗读、书写、理解、观察、收集等各方面能力的培养。第一题：书声琅琅，初探课文。本环节为课堂教学的朗读及语言表达做准备，并初步感知课文内容。第二题：笔墨横姿，美观书写。借助温馨小提示让学生正确美观书写汉字。第三题：知悉领略，整体感知。学生在阅读中梳理课文结构，初步理解课文。第四题：心悟神解，明词达义。“众星拱月”一词比较抽象，借助示意图，化抽象为形象，不仅便于学生理解词语，还能让学生直观感受圆明园建筑布局。第五题：旁搜博采，搜集资料。课前搜集历史资料，落实课堂教学环节，落实语文要素。第六题：学贵有疑，善于发问。作业的设计不能仅仅停留在解决问题上，应让学生善于发问，引导学生在理解课文的基础上，大胆质疑，培养学生善于发问及解决问题的能力。

(二)走进圆明园·随堂练习作业

随堂练习是课堂教学的抓手，意在帮助学生掌握知识，理解文本，体会情感。为了实现目标，突破重难点，本部分设计了三个题目，力求在课堂教学实施中逐渐渗透人文主题和语文要素，实现知识掌握、情感表达和方法渗透的有机融合。第七题：忆往昔百舸争流。本题设计意在通过对举手法来感受圆明园昔日的辉煌，锻炼学生表达能力，实现学生和文本的对话，进而强化语文要素的渗透，实现语文学科工具性和人文性的统一。第八题：叹岁月可怜焦土。《义务教育语文课程标准(2011 年版)》指出：“在阅读中揣摩文章的表达训练，体会作者的思想感情，初步领悟文章的表达方法。”学会顿号的用法，运用“借助关键词语”“结合资料”的方法突破本节课重难点的学习以达成第二个、第三个学习目标。第九题：惜昨日岁月峥嵘。本题设计沿袭了“培养学生结合资料理解文章，体会情感”的主线。借助课本中的“阅读链接”进行拓展阅读，扩大学生的阅读视野，加强单元整合，让学生在读中感悟，使学生的目光逐渐从文本过渡到实践，在实践中升华情感。

(三)走出圆明园·课后实践作业

课后实践作业为提高学生语言文字应用能力、巩固学习效果而设计。这一部分的作业设计采取“1+X”形式进行，“1”是指学生必做题目，重在考查学生基础知识的积累和语言水平的提高。“X”可以满足不同学生的不同需要，是对学生综合能力的考查。第十题：跬步千里。以多样化的题目类型考查学生对基础知识的掌握，做到了题与题之间、知识与知识之间的融会贯通。题目的设计注重横向延伸和纵向挖掘，以此提高学生迁移运用的能力。第十一题：扶摇直上。新课标指出，在教育教学中要体现语文的实践性、综合性、学科融合性。学生可根据自己的兴趣选做 X 中的三个题目。第一版块“妙笔生花”结合资料进行“小练笔”训练以此提高学生的语用表达能力；第二版块“躬行实践”，让学生融入生活，提升学生在实践活动中运用语言的能力。

五、反思助力前行

基于单元语文要素和学习目标设计的作业，需要让学生在真实的学习环境中进行检验。利用本作业设计和常规作业设计，我们用同年级的两个班进行了对比实施，实践证明该作业设计有助于让学生在充满乐趣的情境中完成本节课的学习目标，落实语用训练，让学习更加扎实有效。

通过本次作业设计探索，我们认识到减轻学生作业负担的关键是提高学生作业质量。只有不断解读教材、挖掘教参，以《义务教育语文课程标准(2011 年版)》为抓手，以学生的“学”为核心精心设计练习，才能让轻负高效之路越走越远。

第四节　自主阅读自选运动享童年

学生个体的心理负担直接影响着学生学习的主动性与有效性，习惯养成与丰富户外运动两条路径对减轻学生的心理负担至关重要。习惯养成是减轻学生心理负担的突破点，良好的学习习惯助力学生学习成绩的提高。小学生如果没有养成良好的学习习惯，不能做到上课认真听讲、按时完成作业、及时进行复习、自主阅读等，就无法取得良好的成绩。这种未达到期望的学习结果无疑会增加学生的心理负担，导致学生更加被动的学习，缺乏学习兴趣，变得焦虑、不自信、抗挫折能力差。

一、教是为了不教：学生自主性的重要性

著名教育家叶圣陶先生提出“教是为了达到不需要教”，这一思想对老师们产生了深刻的影响。而再认真探究“教是为了达到不需要教”的顶层理念，则会发现，陶行知先生的“先生的责任不在教，而在教学，而在教学生学”这一理念和我国目前教育教学改革的思路不谋而合，教知识的同时，更重要的是教能力，提升学生的综合素养。

其一，我们理解的“教是为了不教”，是通过让学生习得能力的同时，养成自主学习、自主发展的能力，为学生的一生成长奠基。现在的学生，在物质上得到了极大的满足，知识大爆炸的时代也让他们身处各种资讯当中，家长、老师、朋友无不向他们灌输着各种各样的知识以及信息，甚至不用他们自动求索，就会有一群人想尽办法让他们学习，以至于出现了这样的现象，面对学生的学习，似乎家长和老师更加着急，在旁边不断呐喊助威，而作为学习主体的学生仿佛是事不关己，这是当今学生学习最可怕的现象。

其二，对学生自主性的培养，又需要教育者做出哪些努力，是教育的重要命题。从教知识到教能力，再到教习惯、教素养，学校从校长到每一位老师都要认真研究。老师们要从一个个琐碎的知识点中解脱出来，不能看到学生后脑海中浮现出来的是这个学生没有掌握哪些知识点，而是要深入知识的背后探究学生学习习惯的养成，探究学生核心素养的培养。

其三，培养学生自主性，很大程度上要给学生以成长的空间，这是目前来讲最为重要的。家长和老师们的严格把控，使得学生犹如提线木偶般亦步亦趋，看似完美的学生，其实只是符合教师评价体系的学生，而不是自我发展的学生。因此，给予学生自我发展的空间尤为重要。要让学生有时间、空间思考与成长。反思传统的“填鸭式”教育模式，培养的是不顾学生个性需求、追求整齐划一的目标节奏、符合成人标准的听话的“好孩子”，而不是充满个性、极富创造能力的人才。这在信息化、全球化的竞争环境中，是无法跟紧时代进步的节拍的，是不符合现代化发展的要求的。因此，我们的教育应当是能够促进学生全面、自主、有个性地发展的教育。

如前文所述，学生自主发展在于给予学生足够的时间与空间，这也承载着古人管理的智慧:“文武之道，一张一弛。”学校对于学生的发展与管理，既要让学生养成遵守一系列规章制度的习惯，又要让学生在严肃、紧张、团结、活泼的氛围中学习与成长，同时还要让学生有充足的自我发展空间，有充分的自主性。

二、促进自主的民主:教会学生聚焦计划地自主学习

越来越多的教育实践告诉我们，学生的健康成长需要有充足的时间和空间。但学生自我发展的时间与空间并不是无序的、无目标的、无计划性的。济南高新区丰奥嘉园小学在尊重学生发展的基础上，为学生提供更多成长的可能，这一切都基于学校的办学目标:办适合的教育——让每个孩子都有出彩机会。为此，学校以“全面+兴趣”为纲领设置学校的课程体系，“全面”即严格按

照国家课程标准，开全课程开足课时，为学生的全面发展奠定基础；“兴趣”则是根据学生的需要、学校的情况、师资的配备等，为学生提供各种兴趣课程。

(一)艺术课程延伸化

济南高新区丰奥嘉园小学每周三的丰雅课程让学生根据自己的兴趣爱好选课学习，学校为学生提供了丰富的学习内容，完善了活力课堂体系，让学生旺盛的生命力得以体现，使学生在思想、内容、行为和表达上洋溢着生机与活力。为了丰富学生的生活，提高学生的综合素养，丰奥嘉园小学围绕音乐、体育、美术课程开展了丰富多彩的校本课程，涵盖古筝、合唱、趣味音乐、葫芦丝、健美操、轮滑、篮球社团、足球社团、扇面画、仿铜浮雕、五谷粘贴画等。丰雅课程的设置拓宽了学生的学习内容。

(二)特色课程融合化

为了丰富学生们的课余文化生活，培养学生的创造力，激发学生捕捉身边的美景胜事，提高学生的综合素养，学校组织了丰富多彩的活动。每年 2～6 月举办杏花节，开展“杏诗润年华”“妙笔绘杏花”“雅文赞杏花”等活动；每年 10～11 月举办菊花节，开展“巧手育菊”“诗中诵菊”“妙笔赞菊”等活动。在这些活动中语文老师、综合实践(劳动)老师、美术老师等多个学科的老师对学生进行悉心指导，让学生得到全方位的发展。

(三)上课地点灵活化

为保障“全面＋兴趣”课程的有利实施，学校采取固定教室与走班教室相结合的方式实施，比如语文、数学、英语课程在固定教室上课，音乐、信息技术有专门的固定的功能室，而每周三的丰雅课程则实施走班制的教学方式。每学年开始之前，学校老师会根据自身专业、特长以及教学需要，制定课程实施规划上报学校，审核通过后，学校借助选课软件或者采取线上报名的形式，组织学生进行选课。学校会根据实际情况及选课情况，同时综合学生及家长的意见，略加调整，重新编制教学班级，安排实施该门课程。

(四)活动时间满足实际需求

针对义务教育“课后三点半”难题，学校充分利用资源优势，切实发挥好学校开展课后服务的主渠道、主阵地作用，有效实施各种课后育人活动，利用课后时间指导学生完成作业并进行指导反馈，认真分析学情，进行作业讲评与辅导。开展丰富多彩的文体活动、阅读活动、社会实践、劳动实践、兴趣小组、社团活动，满足学生的多样化需求，给孩子充分体验和发展的空间。拓展课后服务的渠道，做优质免费的线上服务，积极创造条件组织优秀教师开展免费的在线互动交流答疑。

三、在规则意识下进行兴趣自选择达成全面发展

为学生提供满足兴趣的社团活动，是丰奥嘉园小学办学始终坚持的理念。当然，学生在享受这些社团活动带来的成长乐趣的同时，也需要遵守一定的规则秩序，这也契合了我校“自律、自觉、自由”的校训。

(一)“兴趣＋特长”的阶梯性选拔

学校的社团活动向所有学生开放。每年 9 月份开学后的第二周，学校开放兴趣社团超市，学生根据个人兴趣进行选择，学校尽量满足不同学生的需求，如有个别社团人员较多，则进行合理分流。同时，二到六年级的学生每周一到周五分别参加一个下午的阅读社团，进入阅览区域后自由选择图书进行阅读。除了兴趣社团可以满足学生的兴趣发展，对于一些有专项特长的学生开设专业校队，进行专项培养，形成二级培养模式。目前学校的足球、篮球、健美操、管乐、合唱校队均有梯队建设，校队达到一定专业水平。

(二)遵守规则是社团发展的前提

遵守规则，养成习惯，是丰奥嘉园小学培养学生一以贯之的原则。在社团建设上亦是如此。我们在减轻学生负担的同时，为学生提供了大量自由发展的空间。但这些自由发展的空间绝不是无序的，而是让学生在团队活动中将规则和秩序内化于心、外化于行。如每周的阅览时光是每个学生最为期待的，在这里他们可以恣意畅游在书海之中。

(三)维护保证阅读效果的秩序

语文组的老师们在让学生充分阅读的基础上，和学生一起制定了阅览室读书相关规定，以保证良好的阅读秩序。如果违反相关规定，则会被取消一定时间的阅览权限。例 3-4 是丰奥嘉园小学学生阅览室使用规定。

【例 3-4】

丰奥嘉园小学学生阅览室使用规定

为加强阅览室管理，规范阅读课流程，做好图书借阅工作，更好地为读者服务，特制定本制度。

一、各年级按课程表规定时段开展阅读课。上课班级于下午两点五十前带入阅览区，队列整齐，保持安静。不准带书包、水杯和其他物品进入阅览室。

二、将随身物品整齐放置在阅览室外橱柜上，有序进入阅览室。进入阅览室后，依次坐好，严禁抢座、占座等。爱护室内设施，不乱涂，不乱画，不损坏。维持室内卫生，不乱扔纸屑杂物，不随地吐痰，保持整洁、优美的环境。

三、沉浸式阅读，充分利用时间，不做与阅读无关的事。保持室内安静，不交谈，不喧哗。翻书、走动，脚步要轻，尽量不发出声响。阅读过程中爱护图书，保持图书整洁，严禁在图书上画线、圈点、批注，以免损坏图书，影响别人借阅，更不得污染、撕毁。

四、借阅图书时，可用尺子替代“代书板”。抽取图书的同时将代书板放置在图书空内，阅读完毕将图书放回原处，并将代书板取回。

五、读者阅毕离开阅览室时，将座椅、凳子放回原处，做到轻放、轻走。各班离开前应全面检查阅览室卫生，关好门窗、灯盏、空调等方可离开。

六、不遵守阅览室制度者可酌情停上阅览课一次，多次不遵守制度甚至打扰其他阅读者，情节严重者可禁止进入阅览室。

四、自主才有解放：享受校园里的自主童年

通过长期的努力和坚持，丰奥嘉园小学的学子们在校内实现了自主阅读、自选运动享童年。

其一，学校努力营造阅读氛围，加强学校图书馆的建设和管理，充分发挥学校图书馆的作用。济南丰奥嘉园小学的图书馆有满足各个年龄段学生的书籍。学校建立健全的规章制度真正地让书架上的书流动起来，让书籍走进师生中，走进课堂间，成为我们的良师益友。为了让学生在校有充足而又深入的阅读体验，学校开辟出 300 平方米的阅览区，每个年级的孩子每周有一个下午的时间可以待在阅览区里看书。为了保证每个学生都有足够的时间去阅读，我们还采取让书籍走进教室、建立班级图书角、学生自主管理的阅读形式，使学生的阅读

取得了良好的效果。

其二,学校图书馆通过各种优秀读物,对学生进行潜移默化的教育,让学生在思想道德方面得到有益的启迪。通过阅读英雄人物传记、著名科学家的模范事迹等,为学生树立起正向的榜样,使学生在学习的过程中,树立正确的人生观、价值观,学习崇高精神和高尚的道德品质。

其三,学校“以体育人”的办学特色也通过多种活动得以体现。2017 年 8 月 27 日,习近平总书记在会见全国体育先进单位和先进个人代表等时强调:“体育承载着国家强盛、民族振兴的梦想。体育强则中国强,国运兴则体育兴。”如何在小学阶段,通过体育教学和体育活动,帮助学生在体育锻炼中享受乐趣、增强体质、健全人格、锤炼意志,学校进行了不懈的探索和努力,形成了以体育人的办学特色。无论是炎炎夏日,还是寒风凛冽,学生们总会在每天上、下午的大课间准时出现在操场上,跑步、做操、大声背诵《中国少年说》……身体素质提升了,“精气神”提上去了,家长们再也不用担心“身体和心理共同健康发展”的问题了。每天下午 4 点各个社团的活动就开始热烈地进行,操场上有短跑的,有踢足球的,有打篮球的……看着孩子们飞扬的身影,既青春又热血。以体育人,就是要让学生在充分的运动中锻炼出健康的体格、顽强的意志。足球与篮球班级联赛、春季田径比赛、秋季全员运动会、跑操比赛……全学年不间断的校园体育赛事,既给了孩子们充足的展示空间,更是让他们在比赛中学会遵守规则,凝聚团队精神,感受集体力量。

近年来,学校里的“小胖墩”现象越来越少,换季时节感冒的孩子越来越少,孩子们的体质得到了较大提升。体育锻炼带来的学生意志力的增强也逐渐凸显出来,家长们明显感觉到丰奥学子的耐压能力和勇于挑战的精气神出来了。

第四章　以单元整合打造“轻负高质”课堂

“单元整合式”小学语文教学最大的特征就是两个流程：一是单元课型流程，二是课时流程。流程的每个环节都有相应的标准，按标准执行流程形成习惯，习惯成自然就成为自动化。既然自动化了，就有序、从容了，也就实现了轻松、愉快的工作节奏，没有了过重的额外负担。教师围绕学生学得轻松、学得明确、学得高效进行教学设计，精准配套练习，在规定的时间内完成教学任务。教学评价也在原来单元检测的基础上改变为每堂课是否达标加单元检测，这样学生对于自己的学习状况十分清楚，也就明确了学习方向，增加了学习动力。

第一节　基于课程标准校准单元目标

部编版的语文教材，每单元按人文与语文要素双线组成教学内容。每册依据不同年级设六到八个单元不等，单元教学是语文教学的基本单位。原来传统的语文教学是一篇一篇教课文，每篇文本都会有不同的教学目标，整个单元的语文要素多而凌乱，学生会有些盲从，不能专注地学习单元核心目标，造成学习效率低下。因此，要想解决语文教学效率低的问题，首先就要解决单元目标问题。“单元整合式”小学语文教学正好是解决这个问题的有效方法。要想实现明确的单元语文要素学习，突出目标的针对性，实现一单元一得或两得，就要结合课标和单元内的语文要素重新确定单元学习目标及课时学习目标，也就是首先要清楚单元课型流程、课型定位及课时流程。

“单元整合式”小学语文教学是围绕单元导语和单元文本，确定本单元要学习的语文要素后，重新整合单元学习材料，根据具体需要确定单元教学课型流程和课时流程,对单元学习目标和课时学习目标进行重新修订,以适合学生学习。要精确地确定单元和课时学习目标,就要明确单元课型流程和课时流程以及各课型的定位,这样才能结合课标重新校准单元学习目标。

一、"单元整合式"小学语文教学的单元课型流程

"单元整合式"小学语文教学的单元课型流程是在"单元整合式"小学语文教学法课型流程的基础上,根据单元具体要求选择,重新组成。"单元整合式"小学语文教学课型流程主要的组成课型有:习惯、方法、标准磨合课,自主预习课,字词过关课,读悟课,读写结合课,拓展阅读课,高效阅读课,语用实践课,单元习作课,习作讲评课,单元检测反馈课,语文综合性学习等(见图 4-1)。

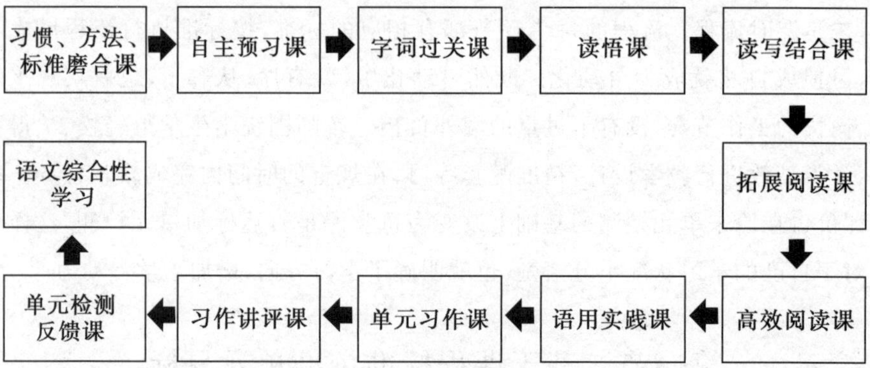

图 4-1 "单元整合式"小学语文教学法课型流程

整个流程有十二种课型,课型之间有前后的顺序,使用时可根据单元文本的不同,在十二种课型中依前后顺序选择适合的课型,组成单元教学实施课型流程。在教师组织下,用两周的时间,按各环节的标准执行流程进行学习,完成学习任务。其中第一周用于处理教材文本,第二周用于拓展阅读、习作、检测反馈。以部编版小学语文四年级上册第七单元为例,根据单元导语和具体单元文本,经过教研确定了本单元的课型流程,见图 4-2。

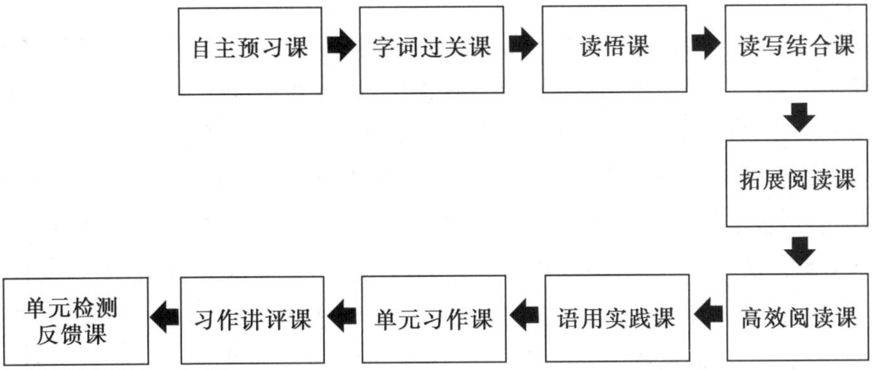

图 4-2　部编版小学语文四年级上册第七单元课型流程

从图 4-1、图 4-2 不难看出单元课型流程和教学法课型流程的不同。单元课型流程是从教学法课型流程中选择了十个课型，去掉了习惯方法标准磨合课和语文综合性学习两个课型。根据四年级的语文课时计划和具体的语文教学，我们将第七单元的课型流程合理地安排了两周的教学时间(见表 4-1)。

表 4-1　部编版小学语文四年级上册第七单元课型安排

前一周周六周日	第一周		第二周	
自主预习课	周一	字词过关课(一)	周一	拓展阅读课
	周二	字词过关课(二)	周二	拓展阅读课
	周三上午	读悟课(一)	周三上午	拓展阅读课
	周三下午	习作讲评课	周三下午	拓展阅读课
	周四上午	读悟课(二)	周四上午	拓展阅读课
	周四下午	语用实践课	周四下午	单元习作课
	周五	读写结合课	周五	单元检测反馈课

二、“单元整合式”小学语文教学的课型定位

“单元整合式”小学语文教学法的所有课型分别承担着不同的任务和目标，聚合在一起就是一个单元的任务和目标。基于此，只有明确各个课型的定位，才能明确各个课型在“单元整合式”小学语文教学法中所起的作用。也只有这样，才能校正单元的学习目标。

习惯、方法、标准磨合课是一种动态的训练过程，不是集中在 40 分钟时间

内完成的。它主要是指在语文学习的过程中对需要的一些诸如习惯、方法和标准的训练，是一种长期的过程。之所以将“习惯、方法、标准”放在课型名称中，是想强化它的重要性和必要性。在该课型中，所有教师对同一个学习内容的要求要同一化，以确保预习、检查等结果真实相当。如一位教师刚接了一个新班，在课前用2分钟时间练习给学生下达指令：请A队各组4号起立，请各队4组3号起立，请各组1号起立等，这就是为课堂上小组合作检查评价做磨合，是课堂操作习惯的磨合，以确保课堂效率。为了落实上级减轻家长负担，不让家长教生字、检查作业的要求，结合“单元整合式”小学语文教学中“方法、习惯、标准磨合课”的宗旨，我们创造了“自己听写生字词”的方法。学生回家做作业之初，打开手机上的录音功能，对着手机正确朗读课本上的一二类字词，朗读时按听写的朗读要求，朗读完成后关闭录音。学生先照着课文后的一类生字词进行练写，待自认为能达到默写要求后，闭合课本，再打开刚才的录音，听着录音进行听写，听写完成打开课本生字表进行比对检查，找出错误的生字，然后再进行巩固练习。这样就独立完成了“自己听写生字词”。这种方法就是要在平时做作业的过程中进行磨合训练，包括其他一些习惯和标准等的训练。

自主预习课就是学生按预习要求和标准自己学习，在老师的组织、协调、检查下来完成。自主预习是先学后教的起始，是学生自主学习、诚信学习的检测。自主预习的效果直接影响字词过关课的成效。预习效果直接反映学生需要改进的习惯、方法，以及对学习标准的认同度。方法、习惯、标准磨合课是自主预习课的基础，只有通过方法、习惯、标准磨合课的长期训练让学生具备了必要的学习方法、习惯和标准，自主预习才能取得好的效果。

字词过关课是处理教材内容的第一课时，是整个教学课型流程中的基础课型。其主要任务就是检查学生对一二类生字词的掌握程度，要求全体学生全部掌握一二类字词，并通过该课的学习对以前没掌握的字词进行查漏补缺，达到正确地朗读课文，理解重点词。该课型的重点任务就是字词过关，会识读识记，能正确美观地书写一类生字。这是单元整合式教学模式中最具保底作用的一种课型。

读悟课是在学生解决了生字词后进行的，是让学生在有感情地朗读课文的基础上，读中悟情、悟法（语文要素）。语悟课强调的是以学生为主的感悟，而不是教师的强加解读。在这个过程中，教师适时点拨，引导学生在感悟人文的同时感悟表达方法，学习语文要素。其作用是通过读感悟表达内容，学习表达方法或结构、语法、修辞等知识点，并达到悟法、学法、用法的效果（这里的法就是语文要素)。读悟课是理解字词的延续、读写结合的储备。与传统教学相比,这个课型虽然也是以感悟文本为主,但强调的是让学生在读中去悟,而不是去听教师分析文本;是在教师引领下去读,在读的过程中自己主动体悟文本的人文情感,然后去学习这种情感的表达方法,进而掌握语文要素。这也正是单元整合式教学所期望达到的改革目标之一。在读的过程中教师只是发挥引领和点拨作用,及时地发现和抓住学生的生成,进而点拨学生去感悟。读悟课安排两个课时:第一个课时是以整篇文本为学习内容,不失语文教学的整体性,但其重点是要突破语文要素的学习与感悟。第二课时要围绕单元语文要素去处理两到三篇文本,其重点是选择文本中的能体现单元语文要素的核心段去学习感悟。通过这两个课时的读悟课达到落实单元语文要素的学习目标。这样做的目的就是让学习目标明确具体化,解决语文教学内容模糊的问题。

读写结合课继读悟课后,是前面学习到语文要素后的初步运用。读写结合课就是用读悟课上学习的语文要素,以段为主进行练写,组织学生学习运用实践。读写结合课是从信息的输入到信息的输出的转折,是后面习作课的前奏。

拓展阅读课就是围绕单元文本人文主题和语文要素在达到流利地朗读的基础上进行扩量阅读,丰富学生的语感语系,增加语言实践机会。

高效阅读课是拓展阅读课的延伸,拓展阅读课是对同主题近似语文要素的文本进行扩量阅读,而高效阅读课是对学生阅读方法和获取信息、处理信息方法的专门训练,以提高阅读速度为主要目的。

语用实践课聚焦单元语文要素及核心语用训练点,指向语文园地中的词句段运用、交流平台等栏目,通过精心设置专项题组,进行精讲精练,帮助学生突破从学到用的语言学习路径。

单元习作课就是运用读悟课上学习的语文要素进行练习写作,是更进一步的语文实践。该课型主要强调的是整篇的结构与单元语文要素在整篇文章中的作用,与读悟课上的目标相呼应。

习作讲评课是通过习作点评、优秀习作展示、典型习作分析等方式,师生共同梳理本单元习作的要点。同时,通过小组讨论、个人修改等形式进一步修改学生的单元习作,提升学生写作水平。

单元检测反馈课是对整个单元学习达成的一个检测与反馈,主要任务就是通过检测发现教学问题及时进行反馈及补救,是学生二次达标的依据,更是教师反思的载体。

这些课型在单元语文要素的引领下,按各自的定位与作用,逐步实施,逐步渐进，最终完成单元教学任务。下面是部编版小学语文四年级上册第七单元的课型具体任务：

前一周周六、日：自主预习课。学生根据预习标准，自主学习单元字词、读课文，达到会识读所有二类字及组成的词语，会识读、识记所有一类字及组成的词语，能达到正确地朗读所有文本。

第一周周一：基础过关课（一）。单元一二类生字、多音字、词语表中词语过关检查，听写一类字。

第一周周二：基础过关课（二）。查漏补缺，对单元易错字词进行二次巩固，生字书写教学。学习园地中四字词语，扩充学习关于人物品质的四字词语。

第一周周三上午：读悟课（一）。有感情地朗读《为中华之崛起而读书》，感悟通过“主要人物和事件”把握文章主要内容的方法。

第一周周三下午：习作讲评课。对学生第三单元的习作《记一次优秀》进行讲评，学生修改，并誊写在作文本上。

第一周周四上午：读悟课（二）。有感情地朗读《难忘的一课》《苏武牧羊》，进一步学习通过“主要人物和事件”把握文章主要内容的方法。

第一周周四下午：语用实践课。正确认读形容人物高尚品质的词语并能举例说出词语形容的人物；能体会陈述句和反问句的不同语气并在具体情境中运用。

第一周周五：读写结合课。片段描写：突出主要人物的语言、动作、神态等描写，把一件事写具体。

第二周周一：拓展阅读课。朗读过关《精忠报国》《华罗庚的故事》《文天祥忠烈千秋》。

第二周周二：拓展阅读课。朗读过关《补鞋记》《吉鸿昌：做官不许发财》《徐悲鸿画马的故事》。

第二周周三上午：拓展阅读课。

第二周周三下午：拓展阅读课。

第二周周四上午：拓展阅读课。结合语文园地，学习相关内容。

第二周周四下午：单元习作课。写一件事，重点刻画主要人物，写清楚事情的起因、经过、结果。

第二周周五：单元检测及二次过关。

三、"单元整合式"与综合性的关系

语文综合性学习是"综合性"的语文实践活动，主要体现为"语文知识的综合运用、听说读写能力的整体发展、语文课程与其他课程的沟通、书本学习与实践活动的紧密结合"。从这里可以看出，语文综合性学习的"综合性"可以分为三个层次：一是基于听说读写能力的综合，二是语文课程与其他课程的综合，三是书本学习与生活实践的综合。然而，在实际教学中，很多老师对语文综合性学习的"综合性"认识不够清晰，或体现不足，或过于充分，以致偏离了语文学科的应有轨道。[①] 语文出版社社长王旭明对语文综合性学习提出过明确的论点：语文综合性学习重点培养学生的综合语文素养，包括听、说、读、写能力和查找资料、综合概括、展示表现等能力，因此，要紧密结合学生生活实际，突出语文教育的实践性，激发学生学语文、用语文、爱语文的认知与情感，语文老师必须要上并且要努力上好综合性学习课。

"单元整合式"小学语文教学法将整个单元的教学进行整体设计，整合性是其最显著的特点。同时，我们在整合的过程中也特别强调语文学习的综合性。语文知识的学习和运用与生活密不可分，校园生活、家庭生活、社会生活为学生提供了一个丰富的语文学习空间场。"单元整合式"小学语文教学法的单元课型实现了语文知识由习得到运用的闭环，而将生活融入其中则是让语文知识生动鲜活的法宝之一。例如，"观察"单元，老师们带领学生一起赏杏花、菊花，一起发现校园中一点一滴的变化；"书信"单元，老师带领学生和云南、内蒙古的小朋友一起联谊，了解不同地域的文化；"科技"单元，老师和学生一起探索学校里的科技小奥妙，如刷脸进出校门禁系统、楼梯防踩踏提醒装置、自动测温热成像仪等，用文字的形式表达自己的想法；等等。

四、"单元整合式"小学语文教学的单元目标

从上文各个课型的定位和安排不难看出，每个课时对应的课型都有非常明确的任务和目标，这些任务和目标是单元任务和目标的分解。那么单元目标和课时目标是怎样确定的呢？

单元目标的确定主要依据课程标准和单元导语，其次参考语文园地、交流平台、习作练习等。每单元需要进行校对认定的目标不是字词，是语文要素的具体训练点。"单元整合式"小学语文教学对于单元目标的确定有这样一个理

① 参见徐飞：《读写共生：语文综合性学习的一种视角》，《语文建设》2017 年第 28 期。

念:在流利朗读的基础之上,感悟人文情感,体悟和学习语文要素(一个单元一至二个语文要素)。一个单元有时会有多个语文要素,这时就要根据单元整合的理念结合课程标准,深入研究单元和配套文本,确定出单元语文要素,作为本单元的主要发力点。有的单元的习作题目和学习的单元语文要素不太搭配,这时就要细致研究,确定出一个既能运用本单元所学语文要素,又能完成习作任务的具体可行方案。

以部编版小学语文四年级上册第七单元为例,该单元的单元导语阐明了两个方面的任务。一是以“天下兴亡,匹夫有责”为核心内容,明确了本单元的人文主题是“家国情怀”,编排了《古诗三首》《为中华之崛起而读书》《梅兰芳蓄须》《延安,我把你追寻》四篇课文。课文表现了不同历史时期的人们在家国大义面前的不同风采:有戍边将士建立军功、保家卫国的情怀,有个人与国家民族共存亡的精神气概,有周恩来为中华之崛起而读书的远大志向,有梅兰芳蓄须罢演的民族气节,还有在我国社会主义革命和建设时期发挥了巨大作用的延安精神。这些都是思想感悟方面提高人文涵养的,只要让学生达到流利地朗读,通过自悟就可以不同程度地受到这些情怀的影响。

二是语文要素,《义务教育语文课程标准(2011 年版)》明确指出,第二学段的习作任务是能用简短的书信、便条进行交流。本单元的单元导语是这样的:“关注主要人物和事件,学习把握文章的主要内容。学习写书信。”这是单元导语对本单元语文要素的要求,表现在两个方面:一是学习把握文章的主要内容的方法——关注主要人物和事件;二是学习写书信。第一个语文要素是“通过《为中华之崛起而读书》引导学生通过先弄清每件事情讲了什么,再把几件事情连起来的方式把握文章的主要内容”,是把握文章主要内容的一种方法,是在本册第四单元学习了“了解故事的起因、经过、结果,把握文章主要内容”的基础上的又一次提升。为此,我们就把“‘先弄清每件事情讲了什么,再把几件事情连起来’把握文章主要内容的方式”作为本单元的核心语文要素训练点。本单元涉及的陈述句、反问句就不作为训练点,而是将其整合到与其相关的内容中去训练。接下来,围绕这个单元的语文要素训练点确定读悟文本和拓展阅读文本、读写结合任务、习作任务。

然而,本单元暴露了一个教材实际编写与“单元整合式”教学的矛盾。教材课后习作题目是“写信”。写信的主要任务是让学生掌握书信及信封的书写格式及邮寄方法,而不是运用“‘先弄清每件事情讲了什么,再把几件事情连起来’把握文章主要内容的方式”。这种矛盾在其他各册教材中也都存在,这就是如何依据课程标准校准单元目标的问题。第二个语文要素“学习写书信”是与第一个语文要素不匹配的，根据单元整合式教学的理念，可以有两种处理方式。一是把课后的习作任务“写信”换成与单元语文要素相匹配的题目。把学习写书信的内容作为一个专门训练项目放到语用实践课中去完成，或是作为语文综合性学习来完成。二是把学习写书信与“‘先弄清每件事情讲了什么，再把几件事情连起来’把握文章主要内容的方式”做深度融合，既完成学写信的任务，也完成“‘先弄清每件事情讲了什么，再把几件事情连起来’把握文章主要内容的方式”的任务。这个融合比较难，特别对于学习能力差的学生更难。难在既要学习信及信封的格式，还要运用“‘先弄清每件事情讲了什么，再把几件事情连起来’把握文章主要内容的方式”来写信，所以不建议采用这种方式。

经过这样一个整合校对过程，就有了明确的单元学习目标：一是认识 31 个二类字，正确工整书写 21 个一类字，读准 3 个多音字，结合课文理解词意；二是学习“先弄清每件事情讲了什么，再把几件事情连起来”把握文章主要内容的方式；三是完成拓展阅读文本流利朗读的任务；四是背诵古诗《别董大》；五是感受不同时代不同人物的家国情怀。

“单元整合式”小学语文教学法从三年级开始使用，依据课程标准和单元整合式教学理念，需要对整合单元的学习目标进行重新校对和认定。这种校对和认定是对小学段语文要素的系统整理，既要符合课程标准的要求，又要遵循螺旋上升的原则，还要突出一单元一二得、一课一得的学习特点。

由于单元的人文主题及语文要素不同，单元选编的文本不同，所以每个单元的目标也不尽相同，依据课程标准校准单元目标的方法也不相同。下面就谈一下在进行部编版小学语文三年级上册第三单元教研时，校准单元目标的做法。

我校的“单元整合式”小学语文教学法课型丰富，每一种课型都各具特色，课课之间精准衔接，每节课学习目标的确立是这些课型得以实践的关键因素。学习目标具体而精确地表达了教学过程结束时教师和学生须共同完成的教学任务，因为它是预先设定的，所以是衡量教学任务完成度的标准。

(一)字词通关，合作共学

根据《义和教育语文课程标准(2011 年版)》第二学段识字与写字的要求，结合“单元整合式”小学语文教学法对基础字词的整合要求，我们在开展三年级上册第三单元教研时，结合课程标准和整合要求，很快确定了本单元的基础字词的学习目标：认读 46 个二类生字及组成的词语，采用多种方法讲解了“挣、喷、答、应、处、稍、晃”在不同语境下的正确读音，正确书写 26 个一类生字，对“焰”的笔顺进行重点讲解。

《义务教育语文课程标准(2011 年版)》在识字与写字这一层面对学生的要求是：对学习汉字有浓厚的兴趣，养成主动识字的习惯以及有初步独立识字能力。这一课型完全契合课标这一要求，注重小组之间的合作，充分激发学生的独立预习识字能力，通过生生合作、互帮互学，以及组词、字源查找、语境、归类等方法牢记整个单元的生字词语，激发了学生课堂学习汉字的积极性。为了充分发挥学生个体及学习小组的优势，在组建小组时尽量使成员在个性特征、学习成绩等方面保持合理的差异，突出他们的异质性。每小组由 4 人左右组成，每人在组内有不同的角色，如组长、记录员等。组内成员不定期互换角色，保证每个学生参与的积极性。

字词的学习看似简单，实则任务艰巨，这是整个单元的基础部分，只有打好了地基，后面的学习才更加稳固。

(二)不断研磨，精准定位

主题读悟课可谓是一个单元的精华课型，也是实现单元双主题的重要途径。本单元主题是“童话故事”，我们刚开始定位读悟课(一)教研时，从三年级学生的实际学情出发，考虑到学生虽然有了一定的字词积累，但是对较大篇幅的阅读仍有很大难度。为了降低孩子们的阅读难度，避免孩子们对童话学习产生畏难情绪，在确定主题读悟课(一)的篇目时，我们舍去了篇幅较大的童话《卖火柴的小女孩》，而选择了篇幅适中、学生可能更有阅读兴趣的《在牛肚子的旅行》这篇科学童话。在研读这篇课文时，根据三四年级学段阅读教学中“初步感受作品中生动的形象和优美的语言，关心作品中人物的命运和喜怒哀乐”的要求，我们感觉文中描写青头勇救自己的朋友红头时的动作和语言的段落，可以供学生仔细品读。因此，在进行课文研读时，我们把想象青头帮助红头时“蹦”“摔”“爬”“喊”等一系列动作的画面、红头与青头的对话设置成重点讲解内容。

然而，在我们后续反复研读课标、教参教材的过程中，落实一课一得的整体目标是什么？以学生为中心的课堂，联系学生的实际情况，哪些语文要素和目标更容易习得呢？这一系列的问题接踵而至。尤其是确定了读写结合课以及本单元习作的课型目标之后发现，仅让学生单一地学习语言动作的描写，只能让孩子们在语言表达上有一定的提高，想要完成完整的童话情节的写作显然是不可能的。这样不仅实现不了“试着自己编童话、写童话”的习作要求，也不符合教学参考中“阅读铺路，由读到写”的教材编排理念。这说明我们确立的主题读悟课的目标是片面的，不能实现学生通过读童话故事(读)，到“感受童话丰富的想象”(悟)的转化。而这与“单元整合式”语文教学法的要求是背离的。经过反复斟酌与不断讨论，最终确定了“学习作者运用反复结构编写童话故事的方法，感受童话的丰富想象”这一目标，读悟课(一)的主题也最终变更为《卖火柴的小女孩》。

(三)基于篇幅，设计预习工具

篇幅过大仍然是我们需要克服的一个大问题，因此，我们精心设置了预习单。预习单以表格形式呈现，梳理了小女孩五次擦燃火柴的主要线索，解决了课文比较长、学生不容易梳理文章内容这一难题。预习单是学生预习时梳理课文的有效抓手之一。在课堂教学中，预习单的使用使学生的思路清晰了很多。通过预习单这种形式，我们清晰地展示了小女孩五次擦燃火柴时想象到的画面，以表格反射故事内容，清晰呈现了童话故事“反复结构”的特点：情节相似、反复出现。这样的梳理让孩子们更容易理解，更便于学以致用。学生在由读到悟的转化中，体会到了作者对小女孩的同情可怜之情，也实现了“关心作品中人物的命运和喜怒哀乐”的课程标准的要求。

(四)习得方法，尝试表达

为了更好地落实“阅读铺路，由读到写”这一目标，让学生切实将所学内容运用到自己的写作中，并为其真正编写童话打下基础。我们围绕“使用反复结构编写童话”这一单元的语用训练要素，设计了本单元的读写结合课。

读写结合课明确了“尝试使用反复结构续写童话情节”的具体目标。首先，充分朗读，感知反复结构。出示《那一定会很好》的部分章节，这篇略读课文是典型的反复结构，通过指导学生有感情地朗读，让学生进一步感受使用反复结构编写童话的好处，明确反复结构的语言特色，学习并模仿这种编写的方法。其次，出示例文，搭建写作框架。如《逃家小兔》的学习，这是一篇具有反复结构特色的童话故事，由小兔子与妈妈之间的多次对话构成，故事充满童真童趣：“小兔想变成什么，妈妈又能相应地变成什么。无论小兔怎样变化，都逃不出妈妈的手心。”学生会从对话中体会兔妈妈的关爱。最后，通过让孩子们充分想象，积极讨论，积累相应素材，尝试补充写作，如完成《逃家小兔》的后续故事创编。这样设计读写结合课,降低了使用反复结构编写故事的难度,给学生建了搭手架,让学生有的放矢;学生初步尝试使用反复结构进行写作,获得乐趣,激发灵感,为下一步更好地运用反复结构创编童话故事打下基础。

(五)学以致用,达成目标

在"初步尝试使用反复结构续写童话情节"的读写结合小练笔的基础上,我们确定本单元的习作要求是"试着借助反复结构发挥想象编童话、写童话"。习作内容与本单元课文联系紧密,体现了阅读与习作的相辅相成。编写童话是练习习作的一个重要形式,选材灵活,写法相对自由,学生可以无拘无束地发挥想象。本单元的习作编排,意在引导学生依据课文,结合自己的生活经验,对童话故事做出合理、多元的推想。本单元习作教学承接读悟课(一)、读悟课(二)、读写结合课中"学习反复结构及体会童话丰富的语言动作"的教学任务,落实了编写童话的教学目标。

(六)反思反馈,精准引导

三年级的学生正处于习作的起步阶段,把故事写清楚还有一定的难度。教师通过问题引导进行细化指导,降低难度,帮助学生厘清思路,把故事写清楚。首先,引导学生回顾本单元课文,明确童话故事里充满了丰富、奇特的想象。回顾课文的同时,引导学生回忆读过的童话故事中令人印象深刻的人物或情节,通过重温课内外读过的童话,唤起学生的阅读兴趣,发现童话想象丰富的特点,为学生学习编写童话奠定了良好的基础。其次,引导学生仔细观察课本中出示的词语在排列上有什么特点。这可以使学生知道角色、时间、地点是构成童话故事的基本要素,每个童话故事都离不了它们。通过观察发现、补充词语、自由组合、大胆想象等环节对童话要素进行梳理,打开学生的童话编写思路,降低童话编写的难度。最后,引导学生进一步发挥想象。通过语言、动作描写,写清故事是怎样发展的,结局如何;还可以像我们本单元学过的童话一样,关注角色的心情、动作等,让故事更有趣、更吸引人。在写作时,鼓励孩子用学习过的"情节相似、反复出现"的"反复结构"来安排情节,实现由读到写的自然过渡,真正落实本单元的学习目标。

教学时难免出现与学生的"学"相矛盾的观点,我们也会及时调整思路,借助《义务教育语文课程标准(2011 年版)》对照三四学段的实际要求,及时校准确定学习目标,实现学以致用的初心目的。"无论走多远,都不要忘记为什么而出发。”我们的研学之路就像一次旅行，沿途可能会遇到惊喜、困难、挫折，但这些都是我们的收获，是助力每位教师成长的基石。

第二节　基于单元整合的学习目标

“单元整合式”小学语文教学的着眼点是整个单元，而不是传统语文教学意义上的单篇文本，所涉及的人文及语文要素也是在单篇的基础上从整体上突出和扩大了的。整合后的学习材料的“根”是教材，“枝叶”是配套的相关资源。所以，单元整合教学的学习目标也就与传统意义上的语文教学目标有了区别，它是在整合学习材料与课程标准要求之后产生的，是系统的，不是单一的。

一、根据教材内容初步确定单元学习目标

现行部编版小学语文教材册与册、单元与单元之间的知识都有着关联与延续，呈现由浅入深、由易到难的螺旋式上升形式。

（一）基于全局定位单元

在初步确定某一单元的学习目标时，教师要有全局意识，要明确此单元在整个语文教材知识体系中的位置。如四年级上册第一单元“边读边想象画面，感受自然之美”，这一阅读方面的语文要素就与二年级下册第二单元“读句子，想象画面”，以及三年级下册第一单元“试着一边读一边想象画面”相互承接，既是前面学习的巩固，又在此基础上有所提升。三年级下册要求学生边读边想象画面，而四年级上册则鼓励学生调动视觉、味觉、嗅觉、听觉、触觉等多种感官边读边想象画面。从三年级开始，教材中每个单元最开始的单元导引页，帮助教师明确了单元人文主题及语文要素。单元导引页中提出的语文要素仅涉及阅读及书面表达两个方面，对于字词句及口语表达方面的语文要素，则需要教师根据单元内的分散版块内容来明确。

（二）字词句学习目标的确定

关于字词句方面的学习目标的确定，教师可以从“识字表”“写字表”“词语表”“课后习题”“书写提示”“识字加油站”“词句段运用”“日积月累”版块进行分解。

以四年级上册第一单元为例进行分析。根据“识字表”“写字表”“词语表”

版块，确定第一条字词句学习目标，即“认识30个生字，读准一个多音字，会写30个字，会写28个词语”。根据第2课《走月亮》课后第3题“读一读，再从课文中找出其他优美生动的句子，抄写下来”确定第二条字词句学习目标，即“能从文中找出优美生动的句子并抄写下来”。根据语文园地的“写字提示”版块，确定第三条字词句学习目标，即“整行书写时能做到把字的中心写在横格的中线上，保持水平，注意字距均匀，养成提笔就练字的良好习惯”。

(三)阅读学习目标的确定

每单元的单元导引页中明确的一到两条阅读方面的学习目标，只是本单元最主要的阅读学习目标，在确定单元阅读学习目标时，不能笼统地照搬，还应结合“课后习题”、部分“日积月累”、略读课文“导读”及“快乐读书吧”等进行丰富和完善。

以四年级上册第四单元为例进行分析。根据第13课《精卫填海》课后第1题“正确、流利地朗读课文，背诵课文”，第14课《普罗米修斯》课后第1题“朗读课文，注意读好众神的名字”，以及语文园地的“日积月累”确定第一条阅读学习目标，即“能正确、流利地朗读课文，背诵《精卫填海》《嫦娥》”。根据单元导引页第一条语文要素，确定第二条阅读学习目标，即“了解故事的起因、经过、结果”。根据单元导引页第二条语文要素，确定第三条阅读学习目标，即“感受神话中神奇的想象和鲜明的人物形象，能总结交流对神话的认识”。根据本单元的“快乐读书吧”版块，确定第四条阅读学习目标，即“能掌握读神话的方法，阅读中外神话，感受课外阅读的快乐，乐于与大家分享课外阅读成果”。

(四)口语表达学习目标的确定

口语表达方面的学习目标，主要根据“口语交际”版块确定。如四年级上册第三单元的口语表达学习目标为“在小组讨论时注意音量适当，有序发言。不重复别人说过的话，想法接近时，先认同再补充”。

(五)习作学习目标的确定

根据单元导引页书面表达方面的学习目标及单元内“习作”版块的相关内容，四年级上册第三单元的书面表达目标应确定为：

1.能进行连续观察，用观察日记记录观察对象的变化，并整理观察日记。

2.能在小组内分享观察日记，并做出评价。

前者是根据单元导引页内容确定的关于习作方法层面的学习目标，后者则是根据“习作”版块提出的关于习作习惯层面的目标。

综上所述，在初步确定统编教材某一单元的单元学习目标时，需要教师对整个单元的内容进行详细的解读与研究，切忌将单元割裂开来，绝对独立地看待每一课及每一个版块。

二、根据“单元整合式”教学明确各课型学习目标

根据教材内容初步确定单元学习目标后，再对照单元整合式各课型的功能，明确各课型的学习目标。

“单元整合式”教学是基于统编教材的单元编写理念，结合语文学科特点及学生学习的内在规律，围绕单元人文主题与语文要素，对单元教学内容(课文、拓展阅读材料、口语交际、综合性实践学习、习作、语文园地等)进行取舍，即取能够在教学中让学生感知该单元人文主题、习得语文要素的教学内容，舍其他的教学训练点，进而达到高质量地突破核心知识点的目标。同时每单元扩展10篇人文主题相同且语文要素相关的文本进行阅读，以加大学生课内阅读量。单元内设置字词过关课、读悟课、读写结合课、拓展阅读课、单元习作课、综合实践课等十余种课型，力求提升学生的语文核心素养。

下面以四年级上册第四单元为例，对本单元的字词过关课、主题读悟课、读写结合课、拓展阅读课、单元习作课、综合实践课六种课型进行分析。以下六种课程是以上一环节初步确定的单元学习目标为基础的。

(一)字词过关课

字词过关课旨在落实本单元字词方面的学习目标，对单元的生字词语进行整合，重点关注易错字词以及重点词语理解与运用等。

在教学时字词过关课分为两课时，分别为字词过关课(一)、字词过关课(二)。

字词过关课(一)旨在认读二类生字、识记一类生字。由于本单元语文园地“识字加油站”版块中编排了与“花”有关的8个词语，基于单元整合式教学，我们将这部分词语的认读也整合到了本课型中。由此我们就确定了第四单元字词过关课(一)的学习目标：

1.正确认读23个(将一类字除去，同时加上“识字加油站”中的生字之

后的个数)二类生字及组成的词语。

2.正确识记34个一类生字及组成的词语。

字词过关课(二)旨在查漏补缺字词过关课(一)的易读错词及易写错词(每个班级都有所不同),并引导学生掌握本单元多音字的不同读音。字词过关课(二)结束后将开启本单元课文的学习。为扫清学生的阅读障碍,我们也将本单元除一、二类字词之外,文本中出现的、难读的词加入本课进行认读处理。由此我们就确定了第四单元字词过关课(二)的学习目标:

1.查缺补漏,能够正确认读课文中的所有词语,会默写所有一类字。

2.能区分“少”“还”“脏”这三个多音字的不同读音。

(二)读悟课

读悟课旨在通过“读”来落实本单元的人文感悟及语文要素目标。在教学时,读悟课分为读悟课(一)与读悟课(二)。四年级上册第四单元的语文要素是学习“通过‘了解故事的起因、经过、结果’把握文章主要内容”的方法,人文感悟是“感受神话中神奇的想象和鲜明的人物形象”。

读悟课(一):通过学生的精读,老师引领学生学习单元语文要素,感悟人文气息。四年级上册第四单元选定《盘古开天地》一文作为读悟课(一)的文本,用这篇文本做例子,在教师的引导下,学生习得“通过‘了解故事的起因、经过、结果’把握文章主要内容”的方法,借助起因、经过、结果复述故事,并体会神话的神奇以及鲜明的人物形象。由此我们确定了读悟课(一)的学习目标:

1.学习“通过‘了解故事的起因、经过、结果’把握文章主要内容”的方法。

2.能按起因、经过、结果厘清故事情节,简要复述故事。

3.能结合具体词句,感受神话故事的神奇,以及盘古的伟大形象。

读悟课(二):以学生的学习实践为主,老师的指导为辅,通过两篇文本来帮助学生进一步习得单元语文要素。四年级上册第四单元选定《普罗米修斯》《女娲补天》作为读悟课(二)的文本,引导学生以自主朗读和小组合作为主,进一步巩固厘清起因、经过、结果的方法,以把握文章主要内容。由此我们确定了读悟课(二)的学习目标:

1.有感情地朗读课文,感受神话神奇的想象和人物形象。

2.能借助起因、经过、结果,把握文章的主要内容。

(三)读写结合课

读写结合课旨在结合单元语文要素和学生生活实际,通过让学生练写一个片段,初步运用读悟课学习的方法,以达到降低写作难度的目的,为下一步学生习作打下基础。四年级上册第四单元是神话单元,通过读悟课的学习,学生已经感受到了神话的神奇之处。那么,本单元的读写结合课,学生可以在教师的引导下,展开想象,扩写课文的一个场景或一个片段。学生在初步体验编写神话的乐趣的同时,也为写作“我和__________过一天”打下了基础。由此我们确定了读写结合课的学习目标:

展开想象扩写《女娲补天》,体验编写神话的乐趣。

(四)拓展阅读课

拓展阅读课旨在让学生在课堂上进行朗读过关,提高学生课堂阅读量,增强学生语感。四年级上册第四单元我们配套 10 篇与神话主题相关的文本,课上通过多种形式朗读过关,以达到增加学生阅读量及提高阅读能力的目的。由此我们确定了拓展阅读课的学习目标:

流利地朗读文章,感受神话的神奇。

(五)单元习作课

在进行了读写训练并阅读了大量文本的基础上,学生再进行单元习作时,难度就大大降低了。四年级上册第四单元的习作为“我和__________过一天”。在读写结合课上,学生已经扩写了《女娲补天》的细节与片段,掌握了编写神话的方法。单元习作课上,要求学生选择自己喜欢的神话或童话人物,运用读悟课学习的语文要素和读写结合课习得的方法,展开想象,写一个有趣的故事。由此我们确定了单元习作课的学习目标:

选择一个自己喜欢的神话或童话人物,围绕“我和__________过一天”展开想象,写一个故事。

在单元习作课的下一周,我们会进行习作讲评课。对于学生书面表达能力方面的培养,除了方法的习得,还有写作习惯的养成。习作完成后,还要学会分享与修改,好的习作并非一气呵成,而是不断地修改,这会放在习作讲评课上进行。四年级上册第四单元的习作讲评课,学生将在课堂上分享自己创编的故事，并修改誊抄。由此我们确定了习作讲评课的学习目标：

根据同学的意见认真修改习作并工整誊抄。

(六)语用实践课

语用实践课主要是处理前面课型中未涉及的单元语文园地中的知识点。四年级上册第四单元语文园地的“词句段运用”及“日积月累”版块，在前面的课型中未涉及，由此我们确定了综合实践训练课的学习目标：

1.积累8个四字词语，能联想到相关的人物或故事。

2.读句子，能感受神奇的想象，并说出其他神话故事中神奇的地方。

3.朗读、背诵古诗《嫦娥》。

三、根据特殊单元及实际教学情况微调学习目标

“单元整合式”教学不是一刀切，有时候也要根据学情以及特殊单元承担的不同教学任务而做出变化。“单元整合式”教学不包括习作单元、阅读策略单元以及每个单元文言文与古诗词的学习，如四年级上册第四单元《精卫填海》一课，我们就单独运用一课时进行教学。在确定学习目标时，我们需要考虑一个问题：是不是每篇课文都要落实本单元的语文要素呢？四年级上册第四单元语文要素提出“了解故事的起因、经过、结果，学习把握文章的主要内容”的目标要求。在教学中要落实本单元的语文要素，只有让学生了解故事发生的起因、经过、结果，他们才能把握文章的主要内容。所以，对于《精卫填海》这样一篇很短的文言文，以及教材中其他的文言文和古诗词等，就没有必要紧扣单元语文要素了。由此我们确定了《精卫填海》一课的学习目标：

1.能正确、流利地朗读课文，背诵课文。

2.能结合注释，用自己的话讲述精卫填海的故事。

3.能说出自己心中的精卫形象，与同学交流。

再如四年级上册第二单元——阅读策略单元。在制定本单元识字与写字学习目标时，仍然可以贯彻“单元整合式”教学的理念，利用字词过关课(一)、字词过关课(二)两种课型完成课后一类字词的识记以及课后、语文园地二类字词的认读。而在指定阅读方面的学习目标时，则需要一课一课地进行。本单元阅读方面的语文要素是“阅读时尝试从不同角度去思考，提出自己的问题”，主要是培养学生的问题意识，教给学生提问的方法。教材中编排了四篇课文，《一个

豆荚里的五粒豆》《夜间飞行的秘密》《呼风唤雨的世纪》为精读课文,《蝴蝶的家》为略读课文。第一篇课文《一个豆荚里的五粒豆》旨在引导学生既能针对课文局部内容提问,还能针对整篇文章提问,初次拓宽学生提问题的思路。第二篇课文《夜间飞行的秘密》旨在引导学生学习从内容、写法、启示等不同角度来提问,进一步拓宽了提问题的思路。第三篇课文《呼风唤雨的世纪》旨在引导学生甄别问题的价值,提高提问的质量。第四篇课文《蝴蝶的家》则是对前面四篇课文学习中学到的提问策略进行综合性自主运用,帮助学生在阅读实践中养成思考提问的习惯,提高提问题的水平和能力。综上所述,每篇课文都在培养学生提问能力上承担着不同的任务,由此我们根据特殊单元的实际教学情况,将阅读方面的学习目标进行调整,如表 4-2 所示。

表 4-2　四年级上册第二单元课文学习目标

课题	学习目标
《一个豆荚里的五粒豆》	学习针对课文内容和全文进行提问,并借助问题学习课文、理解课文。
《夜间飞行的秘密》	能从内容、写法、联系生活经验三个角度提出问题,并在尝试解决问题的过程中,理解课文的内容。
《呼风唤雨的世纪》	能给问题分类,小组合作解决问题,读懂课文内容。 能发现所提问题是否有助于理解课文,学习筛选对理解课文有帮助的问题。
《蝴蝶的家》	能在阅读过程中提出自己的问题,能筛选出最值得思考的问题,并尝试解决。

在“单元整合式”教学理念下,制定学习目标时要有单元全局意识,首先根据教材内容及编者意图初步确定单元学习目标,其次按照不同的课型明确学习目标,最后根据特殊单元及实际教学情况对学习目标进行调整。

第三节　嵌入学习目标的学习任务

在单元整合式语文教学各个课型的授课环节中,第一环节都是出示本节课的学习目标。学习目标既为学生明确了本节课的学习方向,也为教师设计本节课的学习任务提供依据。教师课堂上布置的学习任务应紧扣本节课的学习目标，这样才能为学生的学习正确导航，使学生完成既定的学习任务。

下面将以最具代表性的三种课型（字词过关课、读悟课、读写结合课）为例，阐述每种课型中嵌入学习目标的学习任务。

一、字词过关课

第一周周一、周二进行字词过关课（一）和字词过关课（二）两个课型的教学，聚焦处理单元生字词语，通过小组检查、易错点处理、学困生重点帮扶等学习任务，达到“字字过关、词词过关、人人过关”的“三过关”目标。其中，字词过关课（一）重点在于全面检查，字词过关课（二）重点在于查漏补缺，为课文的学习奠定坚实的基础。

以部编版小学语文四年级上册第四单元字词过关课（一）、字词过关课（二）课型为例进行分析。

本单元字词过关课（一）的学习目标为：

1.正确认读23个二类生字及组成的词语。

2.正确识记34个一类生字及组成的词语。

在授课之前教师会提前3～4天（前一周周四、周五、周六、周日）布置学生完成预习任务，为字词过关课做好准备，预习任务为：

1.通过多种方法识读一、二类生字词和其他不认识的字词；通过多种方法识记一类生字词，达到正确工整地书写一类生字词。

2.达到正确地朗读本单元的课文。

3.能正确地给长句子断句。

在字词过关课（一）的课堂上，出示学习目标后，先请每组的1号或2号同学起立范读本单元的二类字词，对1号、2号同学的识读要求是：识读正确不加分，识读错误给小组扣一分。范读结束后，所有组的3号同学起立过关识读，对3号同学的识读要求是：识读正确且声音洪亮可以给小组加一分。之后是所有1号换组检查非本组4号同学的识读，对4号同学的要求是：识读正确给小组加一分，在此基础上声音洪亮共可以给小组加两分。互查结束后，1号同学汇报检查情况，教师对识读错误的同学进行纠错，并抽查两到三组4号同学的识读情况。以上是以“人人起立识读”形式为载体的学习任务，旨在引导学生正确识读本单元一、二类字词。对于完成“正确书写34个一类字”这一学习目标，我们设置了“易错字提醒”及“课上听写”两大学习任务。学生首先根据自己的预习情况及书写经验，提示其他同学容易写错的字；之后教师进行补充和点拨，巩固易错字的书写；最后通过课堂过关听写查漏补缺，检验学生的掌握情况。课下布置"组内互助纠错"这一学习任务，进一步落实"一类字的书写"这一学习目标。

本单元字词过关课（二）的学习目标为：

1.查缺补漏，能够识读课文中的所有词语。

2.能区分"少""还""脏"这三个多音字的不同读音。

嵌入第一个学习目标的学习任务同字词过关课（一），分别为"课前预习""人人起立识读""易错字提醒""过关听写"及"组内互助纠错"。这里重点分析嵌入第二个学习目标的学习任务。

课堂上嵌入"区分多音字的不同读音"这一学习目标的学习任务是"自主总结方法"。具体做法是，教师首先出示这一多音字在字典上不同读音下的不同含义（见图 4-3），比如，"少"这一多音字，教师会引导学生关注两个读音下含义的个数，并提出问题："在读 shǎo 时，含义这么多，记忆起来太麻烦，同学们有什么好方法，能不记这么多含义，就能轻松区分读音？"学生思考后，提出只记读 shào 时的三个含义，运用排除法就能确定 shǎo 这一读音。这时，教师顺势给予肯定并介绍"记少余多法"，然后给出"比赛的选手中有不少青少年"这一例句，引导学生运用这一方法确定"少"的读音。

少 shào ❶ 年纪轻（跟"老"相对）：～年｜～女｜老～｜青春年～。❷ 少爷：恶～｜阔～。❸（Shào）名 姓。

少 shǎo ❶ 形 数量小（跟"多"相对，下②同）：～量｜～见多怪。❷ 动 不够原有或应有的数目；缺少：账算错了，～一块钱｜全体同学都来了，一个没～。❸ 动 丢；遗失：屋里～了东西。❹ 动 亏欠：～人家的钱都还清了。❺ 副 暂时；稍微：～候｜～待。❻ 副 别；不要（多用于命令或祈使）：你～来这一套！｜我忙着呢，你～烦人行不行！

图 4-3 "少"字在字典上不同读音下的不同含义

再如，"脏"这一多音字，同样，教师会出示字典上的这一字不同读音下的不同含义（见图 4-4），接着出示"每天在脏兮兮的地方生活，不益于我们的脏器健康"这句话，提出"让学生根据字在句中的含义，比对字典中的含义，确定多音字的读音"

这一学习任务。待学生回答正确后，教师接着介绍“据意定音法”，学生在教师的引导下自主思考，水到渠成，习得了区分多音字的不同读音的两种方法。

脏（臟） zàng 内脏

脏（髒） zāng 形 有尘土、汗渍、污垢等；不干净：～衣服◇～话。

图 4-4 “脏”字在字典上不同读音下的不同含义

课堂上教师将“自主总结方法”这一学习任务细化为多个子任务，让学生在一个个小任务的驱动下，最终完成“区分多音字的不同读音”这一学习目标。

二、读悟课

第一周的周三、周四进行读悟课(一)和读悟课(二)，分别在课堂上处理一篇和两篇文本，通过完成“小组合作”“以读促悟”等形式的学习任务，让学生在自主学习与反复朗读中感悟人文主题，习得语文要素，从而完成读悟课的学习目标。其中，读悟课(一)重在老师的引导与点拨，读悟课(二)重在学生的自读自悟。

以部编版小学语文三年级下册第三单元的主题读悟课(一)为例进行分析。

本单元的人文主题是中华传统文化，《赵州桥》这篇说明文介绍了赵州桥这一历史悠久、设计独特、造型美观的桥梁艺术佳作，从建筑成就角度生动展示了我国宝贵的历史文化遗产的魅力。

本单元要落实的语文要素是“了解课文是怎么围绕一个意思把一段话写清楚的”，这一语文要素与三年级上册第六单元曾学习过的“借助关键语句理解一段话的意思”这一语文要素相关联。前者指向理解内容方面，而本单元语文要素则指向学习表达方面，进一步提升学生的语言学习能力。

本单元读悟课(一)的学习目标为：

1.能正确流利地朗读课文。

2.理解第三自然段是怎么把“桥的美观”写清楚的。

3.能用上“世界闻名”等词语向游客介绍赵州桥的设计以及这种设计的好处，感受我国古代劳动人民的智慧和才干。

下面重点介绍嵌入后两条学习目标的学习任务。《赵州桥》这篇文章第二、三段都是围绕一个意思来写的，想要学生理解第三自然段是怎么把“桥的美观”写清楚的，可以先引导学生理解第二段是怎么把赵州桥雄伟、坚固的特点写清楚的。

课堂上，学生通过回忆三年级上册学过的寻找段落关键语句的方法，可以顺利找出第二、三段的关键语句。在教师的点拨下，学生明确了第二段介绍了赵州桥雄伟、坚固的特点，第三段介绍了赵州桥美观的特点。

之后的学习任务都围绕表 4-3 所示内容展开。第一环节，师生合作完成表格中的“1.2.3.4.”，理解课文第二段作者是怎么把赵州桥雄伟、坚固的特点写清楚的。

表 4-3 《赵州桥》第二、三段学习任务

桥的特点	体现的方面	怎样写清楚
雄伟、坚固（第二段）	1.	
	2.	
	3.	
	4.	
美观（第三段）		

第一个学习任务是要求学生带着问题默读第二段，思考“本段围绕雄伟、坚固写了赵州桥的哪些方面？你是从哪里读出来的，用横线画出来”。学生可以通过文中的语句（见图 4-5），总结出桥长、桥宽，材料，外形，设计好处四个方面，当学生分享答案时，教师板书到表格中（见表 4-4）。

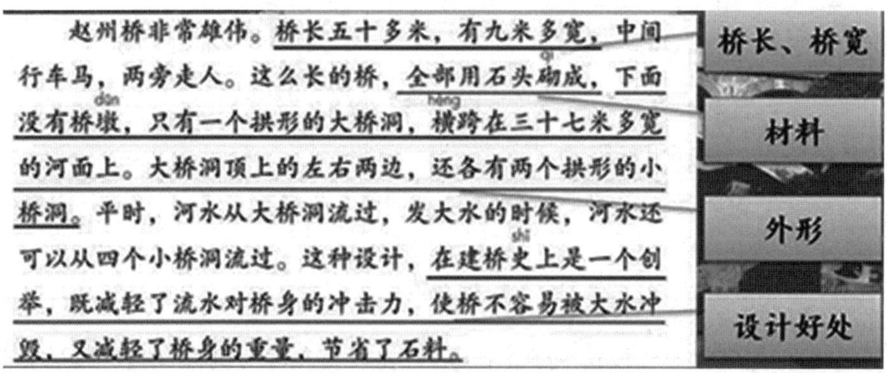

图 4-5 《赵州桥》课文（部分）

表 4-4 《赵州桥》第二、三段学习任务教师板书

桥的特点	体现的方面	怎样写清楚
雄伟、坚固（第二段）	1.桥长、桥宽	
	2.材料	
	3.外形	
	4.设计好处	
美观（第三段）		

在学生朗读相关语句时，教师要指导学生通过重读“五十多米、九米多”读出桥体之大，体会赵州桥的雄伟；通过突出“全部”“没有……只有……”“各有……”“创举”“既……又……”读出材料与设计的独特之处，体会赵州桥的坚固。在学生进行朗读的同时，教师和学生一起补充表格（见表 4-5），并引导学生体会作者是通过列举桥的长度、宽度写清楚了赵州桥雄伟的特点；通过借助“全部”“创举”等词语，以及“没有……只有……”“各有……”“既……又……”等句式描写了桥的材料、外形及设计好处，从而写清楚了赵州桥坚固的特点。

表 4-5 《赵州桥》第二、三段学习任务表格补充

桥的特点	体现的方面	怎样写清楚
雄伟、坚固（第二段）	1.桥长、桥宽	五十多米、九米多
	2.材料	全部
	3.外形	没有……只有…… 各有……
	4.设计好处	创举 既……又……
美观（第三段）		

带着问题默读第二段这一学习任务，旨在以第二段为例，借助表格，引导学生学习作者是怎样把赵州桥的“雄伟、壮观”写清楚的。以此建构学习模型，为学生自主学习第三段作者是怎样把赵州桥的“美观”写清楚的做铺垫。

第二环节，学生自主学习第三段，理解第三段作者是怎么把“桥的美观”写清楚的。在学习本段时，教师会布置第二个学习任务，即通过小组合作，将表格剩余的部分补充完整。

在小组合作的过程中，教师进行巡视指导，调动学生学习第二段的经验，引导学生去发现作者为了写清楚"美观"这一特点，详细介绍了桥面石栏上精美的图案，通过运用"有的……有的……还有的……"句式以及"相互缠绕、相互抵着、回首遥望、双龙戏珠"这些词语，把栏板上雕刻的龙的各种姿态描绘得栩栩如生。在指导小组合作时，利用图片及动作演示，帮助学生理解"相互缠绕、相互抵着、回首遥望、双龙戏珠"等词语。通过组内交流和教师指导，学生能够顺利完成表格填写（见表 4-6）并进行小组成果展示，小组展示后教师及时给予评价。

表 4-6 《赵州桥》第二、三段学习任务完成表

桥的特点	体现的方面	怎样写清楚
雄伟、坚固（第二段）	1.桥长、桥宽	五十多米、九米多
	2.材料	全部
	3.外形	没有……只有……各有……
	4.设计好处	创举　既……又……
美观（第三段）	图案	有的……有的……还有的…… 相互缠绕、相互抵着、回首遥望、双龙成珠

"合作探究完成表格"这一学习任务，充分体现了以"学为中心"的教学理念以及语文学科的工具性，同时也很好地结合了现代化教学手段，将抽象的事物形象化、直观化，让学生更好地感受赵州桥的美观。

上文分析的两个学习任务都是围绕完成第二条学习目标"理解第三自然段是怎么把'桥的美观'写清楚的"开展的。

最后分析嵌入本节课第三条学习目标"能用上'世界闻名'等词语向游客介绍赵州桥的设计以及这种设计的好处，感受我国古代劳动人民的智慧和才干"的学习任务。课堂的最后环节，教师将布置第三个任务"我是小导游"。

教师出示表格、图片及"世界闻名"等词语（见图 4-6），并进行引导：

建造于 1400 多年前的赵州桥能如此雄伟、坚固已实属不易，没想到它还这么美观，真让人不由得赞叹古代人民的智慧和才干。作为中华儿女，我们感到无比骄傲与自豪。让我们怀着敬佩与自豪的心情当一次小导游，向游客们介绍赵州桥。

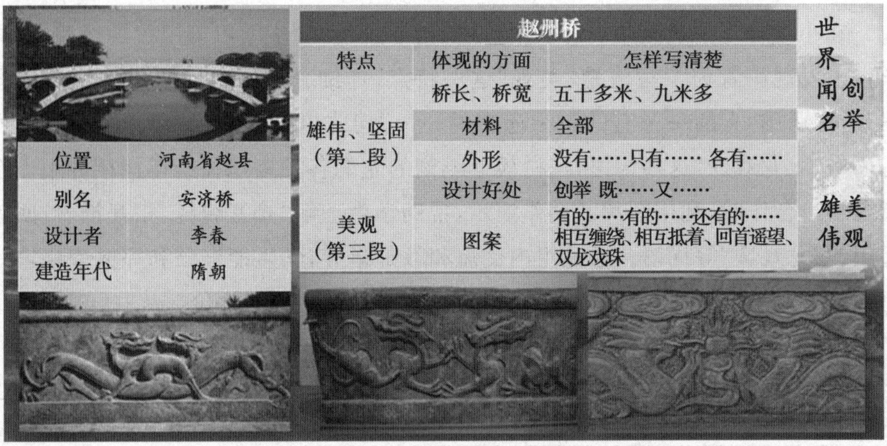

图 4-6 《赵州桥》相关信息

在学生上台介绍之前，先明确导游介绍和复述课文的区别。比如，导游要先进行自我介绍，说欢迎词，然后要把赵州桥的基本信息做一个大概介绍，最后要说明它的特点和地位。待学生准备好后，指几位学生扮演导游，利用图片，借助黑板上的表格，用上"世界闻名"等词语，上台介绍赵州桥。学生介绍结束后，其他学生可进行补充，最后大家一起评议。

在完成"我是小导游"这一学习任务时，学生通过向别人介绍赵州桥，不仅将语文要素落实到了表达运用上，而且激发了学生的自豪感，进一步感受到了劳动人民的智慧与才干。这一任务嵌入了本节课的第三个学习目标。

上文分析的三个学习任务，均紧扣本节课的第二、三条学习目标开展，在设计学习任务时除了要考虑本节课的学习目标，还要考虑学生的学习方式。新课程改革倡导转变单一的学习方式，变"要我学"为"我要学"，让学生变"被动学习"为"主动学习"。本课的表格填写及小组合作学习正是让学生在探究中学会自主学习，快乐学习，这也与陶行知先生倡导的"六大解放"思想相符合。

三、读写结合课

单周周五进行读写结合课，针对单元语用训练点并结合学生生活实际，进行言语片段的读写训练，降低写作难度的同时，为下一步学生习作打下基础。读写结合课嵌入学习目标的学习任务主要有三：一是"读中思考并表达"，二是"段落训练"，三是"互助修改"。

以部编版小学语文四年级上册第三单元读写结合课为例进行分析。本单元阅读方面的语文要素是“体会文章准确生动的表达，感受作者连续细致的观察”，书面表达方面的语文要素是“进行连续观察，学写观察日记”，阅读和写作相互联系。在开始学习这一单元前，教师就将“种绿豆”这一学习任务布置给了学生，学生自主选择图文结合的方式或以表格的方式，每天记录绿豆苗的变化。这一学习任务是为本单元读写结合课与写作指导课做准备的。

由于读写结合课是指导学生练写一个片段，连续观察不易体现，所以本节读写结合课的学习目标为：

1.学习作者细致的观察，用准确生动的语言描写绿豆苗。

2.分享片段，并修改。

课堂上，教师首先采用“以读促悟”的方式引导学生朗读《爬山虎的脚》第二、三段重点语句，并抛出第一个子学习任务，即思考“作者通过细致连续的观察，从哪些方面描写的爬山虎?”学生通过独立思考，可以找出颜色、形状、位置等方面(教师根据学生回答情况板书)。这时教师出示“这些细丝很像蜗牛的触角”这句话，并抛出第二个子学习任务，即思考“这句话写得好吗？为什么?”通过教师的点拨，学生很容易发现作者运用了比喻这一修辞手法，修辞手法的使用让语言更加生动形象(教师根据情况板书)。随后教师出示学生前期观察绿豆发芽时拍摄的图片，提出第三个子学习任务，引导学生对照板书内容先来说一说绿豆苗的颜色、形状、位置等，并鼓励学生运用比喻、拟人、排比等修辞手法。学生分享交流后，教师再次进行点拨，并抛出第四个子学习任务，即思考“不论是豆苗的颜色、形状、位置，我们都是从视觉这个角度进行观察的，观察不仅可以用眼睛去看，还可以用到哪些感官呢?”学生思考后可以补充嗅觉、触觉甚至观察时的个人体验等。上面的四个子学习任务组成了读写结合课的第一个大学习任务——“读中思考并表达”。

接下来是读写结合课的第二大学习任务——“段落训练”，学生拿起笔将口头表达转为书面表达。

学生片段书写结束后，就是读写结合课的第三大学习任务——“互助修改”。教师会随机抽取3名左右的学生上台分享自己书写的片段，分享后其他学生指出段落的优缺点，对写得成功的部分全班可以学习借鉴，对写得不成功的地方同学们可以帮助其一起修改。该同学听取建议修改后，再上台进行分享。

读写结合课就是通过“读中思考并表达”“段落训练”“互助修改”三大学习任务来帮助学生达成“既会写又会改”的学习目标。前两个学习任务嵌入了本节课的第一条学习目标，第三个学习任务则嵌入了本节课的第二条学习目标。

第四节　基于语言实践的课堂评价

“语言实践指教师通过在语文教学过程中训练学生‘听、说、读、写、思’，来增强其对语言文字的理解、积累和运用。”[①]语文中的“语”就是语言，“文”就是文字，语文，就是语言文字，语文学科就是学习语言文字的学科。学习语言文字无非就是学习“听、说、读、写、思”，因此，我们在课堂上或活动中围绕这五项设计学生的学习流程，就是学生语言实践的具体路径。

“单元整合式”小学语文教学课型就是围绕“听、说、读、写、思”这五项来设计学生的学习流程的。自主预习课培养了学生主动学习语文的习惯，让学生主动完成字词积累；基础过关课能人人过关，检测学生读记生字词的效果；读悟课在教师引领下先读后悟，理解文意，习得学习方法；读写结合课运用方法进行初步语言实践；拓展阅读课通过大量的文本阅读，增强学生的语感；检测反馈课检测学生单元学习的效果等。但是，像以语言实践为主的字词过关课、读悟课、读写结合课、拓展阅读课的课堂，怎样评价才能提升语言实践的效果，是我们需要进一步研究的。

课堂评价不是课堂教学评价。“课堂评价是指教师在课堂实施过程中对客体对象所进行的评价活动，是课堂的重要组成部分。合理恰当的课堂评价是促进学生成长、教师专业发展和提高课堂教学质量的重要手段，而课堂评价运用得不恰当可能会打击学生学习的积极性，不利于形成良好的课堂氛围。”[②]课堂评价的主体是教师，受体是学生，是在课堂教学过程中教师对学生学习过程的肯定、引领、表扬、批评、指正、建议等，这些评价能够促进学生课堂学习效率的正向提升。

“单元整合式”小学语文教学以语言实践为主的课堂评价，就是通过执行流程、执行标准、使用合作学习小组达成单元目标的评价。下面以字词过关课、读悟课、拓展阅读课为例进行阐述。

一、字词过关课的课堂评价

字词过关课是处理教材内容的第一课时，是整个教学课型流程中的基础课

① 李云芳：《关注语言实践　发展语文素养》，《青海教育》2021 年第 C1 期。

② 许越：《小学语文课堂评价探究》，《基础教育研究》2021 年第 17 期。

型。其主要任务就是检查学生对一、二类生字词的掌握程度，要求全体学生全部掌握一、二类字词，并通过该课的学习，对以前没掌握的字词进行查漏补缺，达到正确地朗读课文、理解重点词的目标。该课型的重点任务就是字词过关，会识读识记，能正确美观地书写一类生字。依据字词过关课的课型定位，以部编版小学《语文》四年级上册第七单元的字词过关课为例，来阐释字词过关课的课堂评价（见例 4-1）。

【例 4-1】

字词过关课（一）

【学习目标】

1.正确认读 33 个二类生字及组成的词语。

2.正确、美观地书写 23 个一类生字及其组成的词语。

学习目标既是学生学习的方向和任务，也是教师评价的目标和出发点。

设计意图：学习目标是学生学习的方向，通过让学生了解学习目标，帮助学生明确本节课努力的方向。

【教学过程】

一、二类词语过关

课件出示：

飞将　崛起　模范　魏校长　清晰　淮安

蓄须　被迫　租界　纠缠　邀请　骚扰

拒绝　签订　宁可　要求　妄想　延安

昔日　春笋　茅屋　土炕　一旦　明媚

1.选各组 1 号或 2 号示范读，纠正字音。

评价关注示范读发音是否正确。

2.同桌互查，相互指正，争取人人过关。

评价关注同桌是否真正互查。

3.教师抽查，选各组 3 号或 4 号过关读，纠字正音。（教师根据认读情况确定需二次认读过关的重点词）

评价关注3号、4号同学的达标情况和筛选易读错字词。

预设 1：“宁可”的“宁”读四声，不要读二声。

预设 2：“土炕”的“炕”读（kàng），不要读成（kēng）。

设计意图：二类词语保证学生人人过关会读，一方面保证课文朗读的正确流利，另一方面为学生做好字词正确拼读打好基础。多种形式的朗读方式极大地调动学生的学习兴趣。

二、多音字

课件出示：

将　宁　要

注意多音字，可以通过组词、查字典、在具体语境中使用等方法加以区分。

设计意图：多音字一定要放到具体的语境中加以练习巩固。

三、一类词语过关

课件出示：

出塞　秦国　长征　催促　陶醉　凉州词

杰出　亦然　鬼雄　项羽　严肃　清晰

振奋　胸怀　赞叹　报效　疑惑　训斥

热闹非凡　左顾右盼　英勇无畏

1.教师检查，选各组1号或2号过关读。

2.检查3号和4号。

预设：出塞的“塞”读(sài)，不要读成(sè)。

评价关注所有同学的达标过关，评价直接指向学生的发音。每位学生逐一过关，评价直接指向全体，课堂任务是全体达标，不掉一人。

设计意图：大声朗读，人人过关，让学生能够高效、准确地认读本单元的生字。

四、听写词语过关

课件出示：

塞　秦　征　催　醉　词　杰　亦　雄　项　肃　晰　振　胸　怀　赞　效　疑　惑　训　斥　凡　顾　畏

1.预设易错字：

“塞”上中下结构，下面是“土”。

“醉”注意书写笔画，左边“酉”里面有一横。

“顾”字注意右半部分笔画。

“胸”字注意右半部分笔画。

“畏”字是“田”字头。

评价关注一类生字的书写笔顺、易错笔画，以及偏旁部首和间架结构的占位。

2.给大家两分钟的时间，边读边书空。

3.同桌对照大屏幕互相交流，互帮纠错。

两种任务安排：有错的改错，全写对的把字练写美观。（教师巡视了解学生听写情况，确定需重点指导的字）

> 评价关注一类生字要会正确、美观地书写，一次过不了关的，要进行二次或三次过关，确保一类字词全部达标过关。

4.反馈听写。

5.收本节课听写纸，教师逐一批阅，统计出错情况，做好记录，准备下一节字词过关课上指导书写。

> **设计意图：**生字的学习是本节课的重点，让学生运用自己喜欢的方式快速识记，不仅要达到正确，而且要书写规范。

通过字词过关课（一）的过程性评价，可以看出在“单元整合式”小学语文教学以语言实践为主的这种课型中，教师课堂评价的主要任务就是下发指令，核对正误，检查过关，破解难点。这种课堂评价对于学生来说有这样几点好处：第一，有非常明确的正误观念，对了过关加分，错了指出改正不加分；第二，符合学生的生理和心理规律，每个学习小环节都在几分钟内完成，且有明确的目标、流程、标准，学生学习就像打游戏一样，为了过关乐此不疲，始终有着高昂的斗志；第三，学生轻松乐学，没有了琢磨不透的高深任务，降低了学生学习的难度，学生随时都能找到努力后的兴奋点。

再看字词过关课（一）后的达标练习（见例 4-2）。达标练习的主要功能是检测学生学习目标的达成度，从中发现涉及知识方面的问题和学生个性方面的问题，及时反馈矫正。这里发现的问题指向两个方面：一是知识的掌握，二是学生的个性成长。我们在确保知识性任务完成的同时，更加关注学生的个性成长。因此，我们的评价也有意识地指向了学生的个性品质。

【例 4-2】

字词过关课（一）达标练习

一、判断下列加点字的读音是否正确，全对的画“√”，有误的用“______”标出，并在后面的括号里改正

1.还（hái）钱	琵（pí）琶	清晰（xī）	（　　）
2.严肃（sù）	示范（fàn）	出租（zū）	（　　）
3.训斥（chì）	邀（yāo）请	要（yāo）求	（　　）

4.辉煌(huáng)　明媚(méi)　昔(xī)日　(　)

二、看拼音写词语

guǐ xióng　　qīng xī

qín cháo　　táo zuì

> 一、二题考查多音字、易错字的读音，是基础性的评价。评价关注学生基础性知识的达成情况。结合学生的家庭、个人和在校情况对出错情况做出综合评价，特别是学生个性品质发展方面的评价。

三、词语搭配，连一连

严肃的	条件	坚定地	哭诉
高超的	问题	高兴地	宣布
优厚的	表演	细声地	回答
沉郁的	表情	伤心地	吟唱

四、补充词语并选词填空

斩(　)截(　)　茁(　)成(　)　琳(　)满(　)

毫(　)犹(　)　(　)天(　)地　(　)公(　)法

志(　)高(　)　疑(　)不(　)

1.商店里的珠宝首饰(　　　　)，美不胜收。

2.对她莫名其妙的行为，我(　　　　)。

3.看到新一代的儿童(　　　　)，他心里无比高兴。

4.我能教你(　　　　)，但是不能替你实现目标。

> 三、四题考查词语的达成度。这些都是本单元内出现的涉及一类生字的词语。既考查学生结合语境理解词语的意义，还考查一类生字组词，属于字词积累的语文实践运用。

五、课后作业

1.听写没过关的同学，练写错误生字词，达到会默写；抄写含一类生字的词语(两字一词)两遍。其他同学抄写含一类生字的词语(两字一词)，达到会默写。

2.预习作业：听写没过关的同学正确地朗读课文《为中华之崛起而读书》，其他同学流利地朗读课文《为中华之崛起而读书》。

> 五题课后作业，一是进一步督促所有学生要会默写全部一类生字，实现全部达标过关。
> 含一类生字词语抄写和预习读课文的要求是不同的，对稍差点的学生的要求稍低，其他同学稍高，体现了“单元整合式”小学语文教学法的“降质保量”“降量保质”的区别对待原则。这是评价的起始点和落脚点。

综上所述，基于语言实践的以字词积累为主的字词过关课的课堂评价，就是以督促全体学生全部过关单元字词，为学习单元文本扫清障碍、打好基础为主线，以纠音、纠形、纠词为明线评价，以个性品质养成为暗线评价，以达标过关为评价目标，这些构成了字词过关课的课堂评价。

二、读悟课的课堂评价

读悟课是在学生解决了生字词后进行的，是让学生在有感情地朗读课文的基础上，读中悟情、悟法（语文要素）。强调的是以学生为主的感悟，而不是教师的强加解读。在这个过程中，教师适时点拨，引导学生在感悟人文的同时感悟表达方法，学习语文要素。其作用是通过"读"感悟表达内容，学习表达方法或结构、语法、修辞等知识点，并达到悟法、学法、用法的效果（这里的法就是语文要素）。现以部编版小学语文四年级上册第七单元的读悟课（一）为例进行说明（见例 4-3）。

【例 4-3】

读悟课（一）

【学习目标】

1.学生有感情地朗读《为中华之崛起而读书》。

2.学习"通过'关注主要人物和事件'把握文章的主要内容"的方法。

3.在朗读中感受少年周恩来的博大胸怀和远大志向。

【教学过程】

一、导入课题，激发兴趣

师：同学们，今天我们来一起学习第 22 课，请大家齐读课题。课前同学们预习了课文，你们知道题目中的"崛起"是什么意思吗？

> 评价关注学生对于课题重点词语的理解，同时关注学生的朗读情况，在读正确、流利的基础上，读出坚定的语气来。

预设：振兴，中华民族的振兴。

师：对，"崛"字就是"一座大山压在人的身上，但他依然不屈服"，"崛起"就是"兴起"，课题连起来的整个意思就是为中华的兴起而读书。100 多年前，12 岁的周恩来便立下了这样的宏图大志，请大家再读课题，感受这份坚定的信念。

生齐读课题。

设计意图:课题是一篇文章的文眼。通过“崛”字字源导入,学生能够直观地感知理解课题。在理解题目意思的基础上,齐读课题,激发了学生学习的兴趣,调动起学生的整体感官。

二、借助预习单,把握文章的主要内容

师:课前同学们都对课文进行了预习,一起来说一下课文写了几件事?

预设:三件事。

师:大家都认为这篇课文写了三件事,你们是根据什么来判断的呢?

预设1:时间的变化,我发现课文中有三个时间:新学年开始、十二岁那年、一个星期天。

师:时间的变化预示着一件事情的发生。会思考、会发现,很好。

预设2:地点的变化,我发现课文中地点也发生了变化:修身课上、东北沈阳、租界。

教师充分关注学生的回答,注重对学生已习得方法的总结与提升,同时注重对多种方法的梳理。

师:有时候地点的变化也预示一件事情的发生,不错的方法。

预设3:人物的变化,我发现第一件事主要人物是周恩来和魏校长,第二件事的主要人物是周恩来和伯父,第三件事的主要人物是周恩来和可怜的女人。

师:确实是这样,主要人物发生了变化,也是事件发生的一个标志。同学们发现了吗?我们在第四单元学习了把握一件事的主要内容的方法,在这篇文章中,出现了好几件事,怎么去把握呢?我们可以先根据时间、地点、人物的变化来判定讲了几件事情。

自主预习单

三件事	时间	地点	人物
第一件			
第二件			
第三件			

设计意图:把握文章的主要内容是四年级学生重点训练的语文能力。四年级上册第四单元学生学习把握了一件事的主要内容。本环节在分析学生学情的基础上,通过课前预习单,让学生通过时间、地点、主要人物的变化,从文章整体上感知从一件事到多件事的变化。

师：无论是根据时间变化、地点变化，还是根据人物变化，我们都发现课文一共写了三件事。接下来，我们就一起看看讲的是什么事。把一件事情的主要内容说清楚是我们第四单元学习的知识，谁来试试借助板书的提示，把第一件事情说清楚？

生（随机）：……

师：第一件事中，很多同学都涉及了魏校长的问题、其他同学的回答以及魏校长对周恩来回答的评价。当我们概括事件的主要内容时，我们可以只抓主要人物，忽略其他同学的回答。那么第一件事的主要人物是谁？

生：周恩来

师：谁能用“周恩来干什么”这样的句式来概括第一件事？

教师评价根据学生语言实践活动顺势而为。在发现学生能力提升点时，进行及时分析与指导，为学生搭建语言实践的梯子。

生（随机）：……

师：周恩来回答为中华之崛起而读书，我们可以说周恩来立下了读书志向。我们学习了一个新的方法来把握事情的主要内容，那就是抓住主要人物和事件把握一件事的主要内容。

请同桌合作，运用我们新学习的方法，概括第二、三件事的主要内容。

三件事	时间	地点	人物	事件
第一件	新学年开始	修身课上	周恩来	立下读书志向
第二件	十二岁那年	奉天		
第三件	一个星期天	被外国人占据的地方		

设计意图：基于学情，进行教学设计。学生已经初步掌握了把握文章主要内容的方法。但本单元的语文要素是：借助主要人物和主要事件把握文章的主要内容，学生还需经过一定的语言实践。因此本环节的教学设计指向学生能力培养由帮到练的过程，即第一件事帮助学生梳理，第二、三件事学生通过小组合作巩固刚刚习得的方法。

三、文本细读，体会“中华不振”之因

师：通过概括三件事的主要内容，我们知道了周恩来因为耳闻目睹“中华不振”而立下了“为中华之崛起而读书”的远大志向。课文用两件事来写周恩来对“中华不振”的认识，默读课文，从课文的哪些描写中能感受到“中华不振”？

预设：读11段（奉天……没有地方说理）。

师:是啊,我们中国人的地盘从来就是有理讲明,被外国人占据后,中国人却有理没处说了,谁还能再读一读这一句。

生读11段(奉天……没有地方说理)。

教师在关注学生自读感悟的基础上,通过点评指导学生朗读。同时通过多轮朗读训练,让学生进行充分的朗读语言实践,进而感悟文章情感。

师:你重读了“随便”“绕着走”“没有地方说理”,我听出了你的无奈。听了伯父的告诫相信同学们和周恩来有同样的疑问,谁来读一读他的疑惑?

师:我听出了你的疑惑不解。谁再来读?

生读(……为什么呢)。

师:十二岁的周恩来当然不能理解这些,此时伯父叹了口气,回答道……

生齐:“中华不振哪!”

教师的评价语时时关注学生的朗读状态。同时通过及时的点评、指导,告诉学生在朗读中应该重点关注如轻重读音的处理等,既习得了朗读技巧,又体会了文章感情。

师:我听出了你们的悲伤。十二岁的周恩虽对伯父口中的“中华不振”疑惑不解,但这四个字确实令他难以忘怀。于是,他在一个星期天背着伯父来到了被外国人占据的地方。他又目睹了哪些“中华不振”呢?

生读15段(这一带……外国人)。

师:你重读了“大多是”,在中国人的地盘却大多是外国人,这证明我们“中华不振”啊,谁还能读一读这一句。

生再读15段(这一带……外国人)。

师:周恩来就在这往来都是外国人的街道上左顾右盼,当他来到巡警局门前时又看到了什么?

生读16段(一问……不幸的女人)。

师:你重读了“原本”“不但不……反而”,她多么渴望巡警能够为她撑腰,为她做主,可事实却是——巡警反而训斥她。读到这里,你有什么感受呢?

生谈感受。

师:如果你就是周恩来,看到这样的场景,你的心情如何?

生:生气、愤怒!

师:你能不能再读一读这一句,读出你的生气、愤怒?

生读。

师:我听出了你的愤怒,谁还能再来读一读?

生读。

师:看到这样一幕,围观的中国人又是什么表现呢?

生读(围观的……劝慰)。

课件出示两个句子,进行比较:

围观的中国人都紧握着拳头,但这是在外国人的地盘里,谁又敢怎么样呢?

围观的中国人都紧握着拳头,但这是在外国人的地盘里,大家都不敢怎么样。

师:你重读“紧握着拳头”,围观的中国人紧握着拳头却不能使,只能把愤怒藏在心中,任凭外国人在中国的土地上横行霸道,没有比这更屈辱的了。真是“中华不振”啊!请同学们看大屏幕(老师出示的两句话,找两位同学分别读一读)。

生读。

师:你觉得哪种表达更好?为什么?

生:第一种,反问语气更加强烈,更能说明围观的人敢怒不敢言(中华不振)。

师:当时的中国实在太落后了,被外国人欺负却只能忍着,如果你是周恩来,看到这样的情形,你是什么心情?

生:气愤、悲哀。

师:你可以带着这样的心情读一读吗?

生读。

师:我听出了你的悲愤,谁能学着他再来读一读?

> 此处语言实践活动设计以对比朗读的形式开展。教师在评价时,引导学生关注反问句和陈述句在表达感情效果上的不同,进而,再通过示范读、跟读的形式进行有效的语言朗读实践活动。

生读。

师:通过你的朗读,我仿佛看到人们紧握拳头的样子。出现这样的现象正常吗?为什么会出现这样的现象呢?我们要结合当时的历史背景进一步了解,哪位同学愿意给大家读一读?

生读,课件出示背景资料:

当时是20世纪初,由于清政府腐败无能,从鸦片战争开始,一再妥协退让,相继与一些帝国主义国家签订了一系列不平等条约,割地、赔款,使得我们国家越来越落后。落后就要挨打,就要被欺负,所以在我们国家出现了外国人的租界。文章中所写的被外国人占据的地方,在当时叫“租界”。外国列强打着租界的幌子,在租界里横行霸道,甚至有些地方出现了这样的标牌:华人与狗不得入内!清政府无力保护自己的子民,不敢得罪洋人,造成了洋人和“二毛子”(为洋人办事的中国人)横行霸道、欺凌百姓。

师：听了这一段资料你有什么感受吗？

生谈感受。

师：在你的言语中我体会到了你的气愤与悲痛，让我们带着这样的心情再来读一读这一片段。老师读前半部分，同学们来读后面画线部分。

师生共读。

设计意图：对于学生来说，文章事件发生的年代较为久远，如何让现在的学生理解“中华不振”的含义，是需要重点突破的要点。感悟“振兴中华”之志，不能脱离语言文字和学生的接受能力，要把具体事例与语言文字的理解运用相结合，设计中利用创设情境、对比朗读、师生共读、示范朗读、补充历史材料等多种形式，让学生通过朗读理解“中华不振”的含义，做到如盐入水，潜移默化，润物无声。

师：在租界的见闻，让少年周恩来真正体会到了什么是“中华不振”，他想把祖国和人民从苦难中拯救出来，这个想法就像一团火一样一直燃烧在周恩来心中，于是才有了修身课上如此坚定响亮的回答。让我们一起回到修身课堂上，一起回顾周恩来面对为什么而读书时坚定而有力的回答——

生：“为中华之崛起而读书！”

师：当周恩来听伯父说，奉天有些地方被外国人占据了，不要随便去玩，有事也要绕着走，免得惹出麻烦没有地方说理时，他的心里埋下了志愿的种子——

生：“为中华之崛起而读书！”

师：当周恩来看到中国人被外国人欺负却无处说理时，他立下了远大的志愿——

生：“为中华之崛起而读书！”

师：当周恩来看到围观的中国人面对外国人的欺凌敢怒不敢言时，他立志要——

生：“为中华之崛起而读书！”

此处，教师关注学生的朗读状态，真正走进周恩来的宏大志愿之中。通过情绪的带动、情境的创设，让学生感知、感悟。

师：是的，少年时周恩来立下的志愿，他用一生来践行。他先后领导了八一南昌起义等多次战役，协助毛泽东指挥了解放战争。新中国成立后，他一直担任国家总理，还兼任外交部部长，为中华民族的振兴贡献了所有。

设计意图：通过创设情境，让学生再现一个个场景，在场景中通过激情朗读感悟周恩来的宏大志愿，明白“为中华之崛起而读书”并不是一时兴起，而是耳闻目睹、深思熟虑之后立下的，并为之践行一生。

读悟课的课堂评价，在关注语文要素达成的前提下，通过对照朗读标准关注学生朗读技巧的评价；通过朗读技巧的练习，关注学生感悟周恩来胸怀宏图大志的情感评价；通过学生朗读中心段，关注学生对“主要人物和事件”中时间和环境变化的评价。

三、拓展阅读课的课堂评价

恰当的评价是促进目标任务完成的有效手段。拓展阅读课的课型定位是：围绕单元文本人文主题和语文要素，在达到流利朗读的基础上，进行扩量阅读，丰富学生的语感，增加语言实践机会。明确了拓展阅读课的学习目标就是流利地朗读，评价方法就是促进或保证流利地朗读的目标的达成。以部编版小学语文四年级上册第七单元拓展阅读课(一)为例进行说明(见例 4-4)。

【例 4-4】

拓展阅读课(一)

【学习目标】

正确、流利地朗读。

【检查形式】

组内接读，小组长负责统计朗读情况，并及时反馈给老师。老师巡视检查，并做指导。

学习目标明确了学习任务就是每篇文本都要达到流利地朗读。为了让所有学生都能达到流利地朗读这个目标，课堂评价方式就是以完成学习目标为目的进行评价。学习目标决定着评价方式。

【教学过程】

一、课前活动

同学们，当你读书时，朗读让我们感悟语言，分享使快乐蔓延。所以，每节课伊始，都是朗读分享时。今天的朗读者是×组×号，×××。

(学生朗读)

感谢×××的分享。谁来评价下他/她的朗读，或分享一下作为听者的感受？

总结：看来正确、流利、声音洪亮、有感染力、自信大方是大家共同的评价标准。要想实现这些目标，做一个高水平的朗读者，可不是一蹴而就的，需要我们脚踏实地,认准目标,把握方向,一直坚持。我们一起走进今天的文本。

设计意图:每节拓展阅读课伊始,轮流安排学生展示朗读,激发学生朗读积极性。

二、明确学习目标

这节课,我们共同学习第七单元拓展阅读课(一)。首先,明确本节课的学习目标:正确、流利地朗读《苏武牧羊》《精忠报国》《文天祥忠烈千秋》。

设计意图:通过出示学习目标,让学生明确了本节课的学习任务,提升学生的专注力,学生有了学习方向。

(一)《苏武牧羊》

1.1号学生接力范读

课件出示接读要求:

> 接读要求就是评价标准。1号学生接力范读即是对1号学生达标的评价,也是帮助3号、4号学生进一步正音纠错的示范。

(1)范读者声音洪亮,正确流利地朗读文章。

(2)其他同学做合格的听众,保持安静,尊重读者,用心倾听。

(3)如有异议,及时举手示意,朗读完毕进行纠正和反馈。

教师反馈:

1号学生朗读非常到位,为大家树立了榜样。这些同学预习很到位,没有出错的同学为组内加1分。我们要特别注意这些句子的朗读,1号同学处理得很好(课件出示):

"苏武不等卫律说完,怒目圆睁,手举旌节大声喝道:'卫律!你是汉人的儿子,汉朝的臣下,而今忘恩负义,背叛了父母,背叛了朝廷,还有什么脸来和我说话!'"

> 营造情感氛围,引领学生朗读,感受苏武的情感。

哪位同学能按照×××同学的方式朗读这个句子。

同学们,读长句子时,我们要注意分句之间的逻辑关系,用轻重音或停顿长短来表达。请大家试着用这些方法读一读这个句子,请1~2名同学来展示。

设计意图:1号同学在组内要起到表率作用,通过展示,既起到了检查作用,同时也起到了督促激励作用。对于个别句子的处理,针对句型特点,渗透朗读技巧。

2.小组内接读检查

课件出示组内接读要求：

(1)小组内接读，每人两个自然段。要及时纠正错误并帮助强化。

(2)过关标准：正确、流利朗读。

(3)接读检查完毕后，迅速坐好并自由朗读自己喜欢的部分。

(4)组长做好过关情况统计，并准备进行汇报。

组内接读文章，教师巡视。

运用评价标准和组内检查的方式过关读。这里的评价标准是流利地朗读。

小组长进行汇报，教师及时加减分。

(我们组的成员都做到了正确流利朗读)

(我们组4号同学在读“×××”一词时，第一次读错了)

(我们组在读“×××”这个句子时，断句不太清晰)

对学生小组接读时出现的易读错的读音和不好处理的句子进行巩固。

预设1：旌节、怒目圆睁、忘恩负义、依偎。巩固读音，指名范读，小组展示读等。词义解析：旌节(jīng jié)：古代使者所持的节，以为凭信。

预设2：“苏武不等卫律说完，怒目圆睁，手举旌节大声喝道：‘卫律！你是汉人的儿子，汉朝的臣下，而今忘恩负义，背叛了父母，背叛了朝廷，还有什么脸来和我说话！’”

刚才组长反映组内同学在读这个句子时，没有停顿。同学们，停顿可以帮助我们思考句子的逻辑关系，以便更好地理解句意，朗读既要出声，更要走心。请这位同学再读一遍。

经过思考的朗读，我们明白了这句话体现了苏武伟大的民族气节，希望你下次读书时要用心去读。

设计意图：小组内接力检查环节，既对学生的朗读情况进行了人人过关，又通过加减分增强了学生的小组团队精神。同时，对于学生在朗读过程中出现的困难点及时进行点拨巩固，提升学生的朗读能力。

3.回馈单元语文要素

同学们，第七单元的语文要素是让我们感受英雄人物。请你浏览一下本篇文章，看看文章是否让你充分感受到苏武的民族气节？

预设：苏武查点羊群，见全是公羊，但他心坚如铁，毫不动摇。

突出单元语文要素，感悟苏武的伟大民族气节。

在这个句子中，作者写出了苏武看到匈奴王给他的羊全是公羊，永远也不能生出小羊，但是他仍然不屈服、不动摇，表达了苏武高尚的民族气节和伟大的爱国情怀。

设计意图：语文要素的学习和运用仅靠课本上两三篇课文是不够的，用读悟课上习得的方法，在拓展阅读课上进行运用，帮助学生巩固语文要素。

（二）《精忠报国》

同学们，苏武几十年如一日的牧羊令我们感动，岳飞大将军又会给我们带来怎样的故事呢？我们一起来看看吧！请在朗读中，思考这样一个问题：你认为岳飞是个怎样的人？说出你读到的。

（小组内巡查员进行接读检查，检查过后思考问题答案）

课件出示要求：

巡查员逐一检查过关是完成流利地朗读任务的评价方式之一。

（1）巡查员已过关，具备检查资格。

（2）对小组成员逐一进行检查，要及时纠正错误并帮助强化。

（3）巡查员做好过关情况统计，并准备进行汇报。

（4）巡查员汇报。

（5）反馈思考题：你认为岳飞是个怎样的人？从哪里可以看出来？

预设：

岳飞应募参军，因战功累累不断升职，宋高宗亲手写了“精忠岳飞”四个字，制成旗后赐给他。岳飞大将军是个战功赫赫的英雄人物。

在宋金议和的过程中，岳飞遭受奸人诬陷，被冠以莫须有的罪名关了起来，随后被毒死于临安风波亭，享年39岁。岳飞被奸人诬陷，是十分悲壮的英雄人物。

总结：同学们，我们想了解文章人物，需要认真分析解读。

设计意图：拓展阅读课第二篇文章时，以巡查员检查的形式进行，既改变了形式，又激发了学生的学习兴趣。检查后的加减分，能让学生及时看到自己的学习给组内带来的分数，提高了学生预习的自主性。

（三）《文天祥忠烈千秋》

1.教师范读重点片段：第一自然段

2.异组轮查重点片段

> 为了提高课堂阅读效率，异组轮查是快速评价的一种方式。既评价过关，还增加小组对抗。

课件出示要求：

(1)小组长之间轮回换组检查，例如，1 组组长检查 2 组，2 组组长检查 3 组，以此类推。

(2)对异组成员逐一进行检查，要及时纠正错误并帮助改进。

(3)组长做好异组过关情况统计，并准备进行汇报。

(组长汇报)

设计意图：拓展阅读课旨在拓展学生阅读量，增强学生阅读能力，但要一节课完成三篇文章的阅读过关，需要合理安排。因此，第三篇文章采取重点段落检查的方式进行。

三、小结

这节课我们共同检查了三篇文章的朗读，大家都顺利过关。顺利过关的前提是充分的预习和课下勤奋地练读。学语文就是这样，多读多悟，脚踏实地地积累好每一篇文章，愿你读过的每一篇文章都成为你成功路上的阶石！

拓展阅读课的主要任务是在流利地朗读的标准下，完成拓展文本的阅读，知道文本的主要内容。通过学习流程、评价标准两个主要方面来营造阅读情境，以实现学生语言实践的目标。拓展阅读课的语言实践目标就是培养语感。

第五章　组建学生语言实践的情境

语文作为一门学习运用祖国语言文字的学科，注重语言情感的运用与表达是其主要特点之一。课程性质决定了在语文学习的过程中，我们要注重与一定的场景联系起来。营造实践情境，不仅让学生语言学习有了具体的载体，还可以激发学生学习的兴趣，提高其课堂学习的参与度。

第一节　教学情境与学习情境

中国文学的创作，“情”始终是最核心的词汇之一。仅就编排进统编教材中的 112 首古诗词来说，就有表达离别之情的“劝君更尽一杯酒，西出阳关无古人”；有表达思乡之情的“春风又绿江南岸，明月何时照我还”；有对美景的赞赏之情的“欲把西湖比西子，淡妆浓抹总相宜”；有抒发爱国情怀的“王师北定中原日，家祭勿忘告乃翁”；有抒发边关战士豪迈之情的“醉卧沙场君莫笑，古来征战几人回”；有思念亲人的“独在异乡为异客，每逢佳节倍思亲”；等等。选入教材中的现代文更是不乏情景交融的佳作。老舍先生的《草原》对于草原美景以及蒙古族人民热情好客的描绘，体现了情景交融；清少纳言的《四季之美》对大自然细腻的感知，字里行间透露的生活美感让人赞叹；《为中华之崛起而读书》中，少年周恩来的铮铮誓言是爱国之情的流露；托尔斯泰的《穷人》一文中，宁肯自己受苦也要帮助别人的暖情让我们感动；梁晓声的《慈母情深》中如电影画面般的语言描写，更是让我们看到了一位饱经风霜的母亲鼓励孩子读书的慈母之心……这样的例子数不胜数。从某种意义上来说，“情”字是小学语文教学的“魂”之所在。“情”既是“魂”，也是语文教学之“根”，如何在此基础上，创设教学情境与学习情境，是我们在课改之路上的攻坚重点之一。

一、语文教学离不开创设情境

对于“情境”一词，一些教育流派都曾阐述过自己的见解。“单元整合式”小学语文教学法中的“情境”，更倾向于李吉林老师在其情境课程理论中对于“情境”一词的解读：我们提出的情境，是人性化的教育环境，是特别适应儿童作为一个完善的人，全身心地活动其中的教育环境。[①] 情境的创设在于让学生在一种他们更能接受的环境中学习。李吉林老师的情境教育的核心是学科教育，我们在语文课堂教学中，同样注重对情境的创设。

“以读悟情，以读悟法”是读悟课的核心理念。要达到这个目标，便离不开情境的创设。选入统编教材的文本，很多离小学生生活较远，无论是知识背景还是生活背景，他们理解起来都有困难。这时，创设合适的情境就十分有必要。例如，六年级上册《桥》这篇小小说中有关于洪水的描写、老汉的形象、对共产党员的理解，很多六年级的学生对此都只有浅层次的认识。而这时，可以通过朗读来创设洪水来临时危急的情境，通过对老汉在关键时刻的场景化解读，创设情境，带领学生来到那个惊险的夜晚，感悟他的大公无私、冷静决断。同时，很多老师在教授这节课时，会在文本的最后加入音频，让学生有感情地朗读，感受那份悲壮。再如，《月光曲》作为阅读文字展开联想和想象的文本载体，文字优美，情感充沛，文本中关于盲姑娘听贝多芬谈曲子想象大海画面的段落尤为精彩。文本中有关于月光照耀下海面波光粼粼，以及海上明月在微云中穿行的画面，还有大海波涛汹涌的画面，如何让学生更好地进行联想和想象，是老师们在教学设计时需要重点考虑的问题。无论是通过图画，还是通过引入合适的音视频，都可以让学生身临其境，也可以如盲姑娘一般“仿佛看到”“仿佛听到”，借此让学生体会作品的思想感情，同时增强学生的联想和想象能力。

对于任何一门学科来说，创设合适的情境十分重要。就语文学科来说，在创设情境的过程中，又有什么侧重点呢？我想，语文情境的创设需要更加注重学生的语言实践，注重在创设的情境中让学生进行充分地“听、说、读、写、思”，以加强其对语言文字的理解、积累和运用。要想提高学习效率，让学生快乐地学习，就要给学生营造适合的语言实践情景，这种情景的营造就要基于适合的语言实践。可以说，真实的、恰当的语言实践活动情境是学生学习语文知识、语文素养得以培养的有效载体。

---

① 参见李吉林：《情境教育三部曲》，人民教育出版社 2006 年版，第 261 页。

二、教学情境和学习情境以生为本

判断情境创设是否合理，是否恰当，是否有效，重要指标在于学生参与度的大小，以及是否在课堂上获得成长。因此，在创设教学情境和学习情境时，我们要着重注意以下两个方面的要求。

一是要与真实的生活相联系。陶行知先生的生活教育论告诉我们，学习只有和生活相连，才能产生巨大的效能。我们以单元为整体进行教学设计时，是以语文要素为串联要点。存在于课本上的语文要素如何与生活相连，需要我们特别思考。例如，“观察”这一要素在小学语文课本中多次出现，螺旋分布。因此，在单元教学中，设置情境一定要考虑生活的因素。四年级的“观察”要素是“连续观察”和“仔细观察”，考虑到学生真实的生活环境，我们在安排时，尽量以城市里常见的水培豆芽、水培蒜苗等形式开展。学生通过参与真实的学习情境，能够在细致观察和连续观察的基础上，写出观察日记。再比如，寓言故事单元，主要让学生通过读寓言故事，明白其中的道理。但仅仅是“读”，学生很难体会其内涵所在。因此，课堂上，通过“演一演”的情境创设方式就能很好地解决这一问题。学生在表演的过程中，进入寓言故事角色本身，设身处地去感悟，效果自然是很好的。

二是情境的创设必须包含语文听、说、读、写等各项实践活动。现在的小学语文课堂，情境确实占据着十分重要的位置。但是，也不能否认，在一些老师的课堂上，情境的滥用也造成了一些不好的影响。其中一点便是为创设情境而创设情境，唯情境论，只注重让学生投入，而忽视了必要的语言实践，如泛滥的音视频导入等。音视频确实能够在一定程度上拉近学生与文本的距离，加强学生的感知与理解。但需要注意的是，如果仅仅是单一的创设，没有与语言实践活动相关联，那么，课堂上只是多了一段视频供学生欣赏而已。例如，在《鸟的天堂》教学时，很多老师都导入了相关视频。有的老师导入视频时，仅仅就是导入，只是让学生知道“鸟的天堂”是什么样子的；而高明的老师，是在学生思维关键点上导入，让视频成为学生感知的催化剂，借助视频再次掀起朗读、感悟的高潮，感知巴金先生描写的妙处。

第二节　基于单元目标组织语言实践情境

统编版小学语文教材有一个显著特点：每个单元的单元首页左上角位置的名言警句明确本单元的人文主题，右下角则呈现该单元的语文要素。人文主题润泽学生心田，是立德树人的保障；而语文要素是建构语文知识系统的重要基石，指明整个单元"教与学"的任务目标，只有解决了这个问题，语文教学才称得上真实发生。

"单元整合式"小学语文教学是基于单元人文与语文要素双线整合课内外学习资源进行教学，突出的特征就是单元目标明确，每单元学习一个或两个语文要素。基于单元目标组织语言实践情境就是通过各课型的课时学习来实现，具体要求要在各个课型的课时授课中完成。

一、突出要素定目标，潜移默化悟情感

单元目标除了单元导语提示的人文与语文要素之外，还有语文学科的普遍任务——字词积累，这是语文学科不用明确且必需的教学任务和目标。所以，当谈到语文学科教学任务时，一般会略去字词任务而直接谈语文要素任务。"单元整合式"小学语文教学的单元目标是有框架的，基本上由四部分组成：(1)一、二类生字词的识读、识记与理解；(2)语文要素的感悟与学习、运用；(3)感悟人文思想；(4)背诵。一般情况下，如果单元文本课后作业题没有要求背诵篇目的，单元目标就只有前三部分。单元目标的达成就是各个课型学习目标的达成，是由课型课时学习来实现的。每个课型的课时学习目标都是由单元目标任务分解而来的，在完成课时学习目标的同时，也就达成了单元目标，从而潜移默化地提升了学生的人文素养。

(一)字词过关课

在以字词过关为目标的课型中，语言实践的主要任务就是读、记。为了使全体学生过关，字词过关课设计了非常紧凑的教学流程，特别适合学生集中学习生字词，完成字词积累的语言实践任务。一、二类生字词过关，集中识字，40分钟的时间一直围绕着生字词转，学生会不会产生枯燥情绪、失去学习兴趣？这是传统教学一直担心的事情。为此，我们根据"心流理论"[①]设计了该课型的教学流程，使学生始终保持着高昂的学习兴趣。

字词过关课的第一环节是识读二类生字词，先由1号、2号进行范读正音，3号、4号跟读并纠错；再同桌互查，检查读音不正确的字，互读互查；再3号、

① 心流理论，是指一种将个人精神力完全投注在某种活动上的感觉，心流产生时同时会有高度的兴奋及充实感。参见百度百科，"心流理论"词条，https://baike.baidu.com/item/%E5%BF%83%E6%B5%81%E7%90%86%E8%AE%BA/2047790?fr=aladdin。

4 号过关读，确保一人不漏全过关。在这个过程中，为了防止学生单纯识读字词烦躁无味，对于字词过关设计了清晰的流程、明确的任务目标、简单的评价标准。流程是先 1 号、2 号范读，3 号、4 号默读练读；其次是同桌互查读；最后是 3 号、4 号过关读。明确的任务就是二类生字词必须全部会正确识读。简单的评价标准就是 3 号、4 号读音正确、声音洪亮给小组加 2 分；读音正确声音小给小组加 1 分；1 号、2 号读音正确、声音洪亮不给小组加分，出现错误给小组扣 1 分。一个识读小环节的用时四五分钟，正好符合小学生有意注意的阶段规律。有了这种设计，学生就没有了烦躁的感觉，始终会围绕实现二类生字词全部过关给小组加分而斗志昂扬。为了全部过关，3 号、4 号学生认真地练读，等轮到自己认识时，精神饱满、声音洪亮地一气读完，随着学生和教师评价“给小组加 2 分”的声音落地，3 号、4 号学生的满足、兴奋、自信都呈现在脸上。这样的教学设计让学生每经过一个环节的学习与检测都能不同程度地找到自信，增长学习信心。所以，集中识字的字词过关课虽课堂容量大、节奏紧，但每个学生都是紧张并快乐着，担心并成功着。这样的学习氛围就是真正的轻松乐学“轻负高质”的真实写照。

为了落实语言实践目标，该课型除了依据“心流理论”设计了教学流程外，还创建了评价标准和情感氛围。三者的优化组合组建了字词过关课的高效语言实践情境。

（二）读写结合课

从学生的语言实践过程来看，阅读和写作是密不可分的。阅读是写作的基础，写作也促进了阅读的理解。山东省小学语文教研员李家栋老师曾这样描述读写结合：“‘读写结合’是一门智慧的‘艺术’。我们在引导学生进行经典阅读时，不仅仅是了解内容，体味情感，更重要的是凭借经典文章引导学生学习语言、运用语言。”“我们在阅读教学中，应该抓住读写结合，品‘新’析‘异’……注重创新能力的训练和指导，从而走向读写结合的最佳境界。”①

那么，从读写结合到读写结合课，我们在教学实践的过程中，着力思考的是以课型的形式，搭建学生阅读与写作之间的桥梁，从而实现学生的语言从学习到运用的转化。从课型的操作流程上来看，主要有以下几个环节：(1)回顾课文，聚焦语言训练点，交流写法；(2)创设情境，或联系生活实际，或学生聚焦写作内容，讨论如何写才能更好地将写作素材展示出来；(3)学生练笔，教师巡视；

① 李家栋主编：《阅读课型研究》，山东教育出版社 2013 年版，第 260 页。

(4)小组互评互赏,教师点评提升;(5)自我修改。这样的语言学习过程,学生由感知感悟,到运用内化,既实现了知识点的突破,也降低了学习难度,同时激发了学生参与的积极性和主动性。

部编版小学语文五年级上册第六单元的人文主题是"父母之爱",单元语文要素是"通过运用人物神态、语言、动作、外貌、心理的细节描写来表现父母之爱的方法"。通过读悟课两个课时,学生已经感受到了不同的父母之爱,但不同的父母之爱的体现都运用了人物神态、语言、动作、外貌、心理的细节描写的相同方法。这种表达方法就是我们要学习的,也是基于语文要素和单元整合教学理念而确定的单元学习目标,在学习语文要素(完成学习目标)的过程中通过有感情地读、悟去感受不同的父母之爱。本课教学情况见例 5-1。

【例 5-1】

父母之爱

【教材分析】

部编版小学语文五年级上册第五单元的主题为"父母之爱",分别选编《复哀之舟》《慈母情深》《"精彩极了"和"糟糕透了"》三篇文章。这三篇文章,都涉及了运用人物神态、语言、动作、外貌、心理的细节描写来表现父母之爱的方法。在"单元整合式"小学语文教学法中,单元学习目标的落实从字词过关课、读悟课,再到读写结合课,是一环扣一环的,在循环往复中让学生扎实掌握单元语文要素。经过前期读悟课(一)、读悟课(二)的学习,学生已经对这些人物细节描写的方法有了深入的了解。用教材教而不是教教材,课文即是最好的例子。读写结合课即在学生进行主题读悟课的基础上,进一步梳理、总结这种写作方法,并联系生活实际进行运用,进行片段描写。

【学习目标】

1.总结单元文章中的写作方法(单元语文要素)。

2.围绕中心运用神态、语言、动作和心理等描写方法,写一段话。

3.语句通顺,感情真挚。

【教学过程】

一、回顾单元,谈话导入

同学们,本周我们进入了第六单元"父母之爱"的学习。这几篇课文,从不同的角度,写出了父爱、母爱的深沉与宽广、崇高与无私,令人震撼,也让我们感动。其实，我们的爸爸妈妈何尝不是如此爱着我们呢。今天这节读写结合课，我们一起再借鉴课文的写法，用感恩的心来写写我们的爸爸妈妈是怎样爱我们的。

(出示学习目标)请一位同学来读本节课的学习目标。

设计意图：教学的艺术不在于传授本领，而在于激励、唤醒、鼓舞。在课堂之初，通过谈话，将课本与学生生活实际连接在一起，多角度地营造课堂习作氛围。

二、小练笔

(一)第一环节：跟着课文学方法

1.如何写父母之爱，课文就是最好的例子，现在让我们换一个角度再来看看我们的课文吧。

课件出示：

母亲一念完那首诗，眼睛亮亮地，兴奋地喊着：“巴迪，真是你写的吗？多美的诗啊！精彩极了！”她搂住了我，赞扬声雨点般落到我身上。

2.请一位同学读一下这句话。通过文本的表达和学生的朗读，让学生感受妈妈浓烈的爱。

3.请同学来分析一下，通过这几句话我们能借鉴到哪些写法呢？

A.神态描写“眼睛亮亮地，兴奋地喊着”。

B.语言描写，且语言符合人物形象“多美的诗啊！精彩极了！”

C.动作描写“她搂住了我”。

4.好的文章就是这样，短短几句话，运用传神的神态、语言和动作描写，一下子就让一个爱鼓励的妈妈形象站到了我们的面前。其实这样的妈妈，不就在我们的身边吗？请同学任选一种情况，用上课文中的描写方法，说一说吧！

课件出示：

记得春季运动会的时候，我跑步得了年级第一名，当我激动地把这个消息告诉妈妈时，妈妈______________________________。

记得四年级的时候，有一次我考得特别差，当我沮丧地把考试情况告诉妈妈时，妈妈______________________________。

5.在组织语言中，我们只要想想我们的爸爸妈妈平时是如何爱我们的，将适合情境的神态、语言、动作描写用上，一定能准确地表达，既有真情实感，又有对应描写，一定可以打动读者。除了神态、语言、动作，课文中还有哪些描写方法值得我们借鉴呢？一起再来看看！

课件出示：

他满脸灰尘，双眼布满血丝，衣服破烂不堪，到处都是血迹。

背直起来了，我的母亲。转过身来了，我的母亲。褐色的口罩上方，一对眼神疲惫的眼睛吃惊地望着我，我的母亲……

（指名读这两句话）这两个部分在我们学习课文时给大家留下了深刻的印象，哪位同学来说一说我们可以从中借鉴什么呢？

预设：这里有外貌、动作、神态描写，可以借鉴外貌描写。

交流在朗读的过程中，一个什么样的形象浮现在你的眼前呢？

预设：坚持不懈地要救助儿子的爸爸的形象、疲惫的辛苦的母亲的形象。

是的，同学们，好的描写能让人物形象一下子闪现在我们面前。我们在写人物时，都知道要运用外貌、语言、神态等描写方法，但要真正做到感人，还要学会描写方法为文章中心服务。也就是说，我们要写什么样的人物形象，所有的描写都要尽量为中心服务，否则只是泛泛而谈，达不到效果。

正如我们的爸爸妈妈对我们的爱毋庸置疑，但他们表达的方式却不尽相同。我们在写作时也要注意。请同学们想一想，你要表达的是爸爸妈妈哪方面的爱？严厉的、慈爱的、鼓励的？甚至是唠叨的？可以用相应的描写方法表述出来。

课件出示：

我妈妈的爱是______________________________。她经常____________________________________。

我爸爸的爱是______________________________。她经常____________________________________。

小结：只有为中心服务的描写才能真正打动人，希望同学们在习作时要注意这点。

设计意图：教材是学生习作的最好例子。只有用好语文教材，以书本为中心，从文本中挖掘写法，才能更好地指导学生写作。本环节，指导学生对课文的写作特色进行总结，并联系生活进行学习迁移，找到练笔的思维起点。

（二）第二环节：小组讨论说想法

同学们，课文教给了我们围绕中心抓住人物的神态、语言、动作和心理来写父母之爱的方法，我们也在具体的分析中进一步学习了方法，下面请小组合作，交流一下自己的想法，同时，也要认真倾听，说不定会有更多的思路呢！

（师巡视，相机指导）

设计意图：学生是语文学习的主人。习作又是学生思维活动的表现，要想写好练笔，就要充分调动学生的思维积极参与。在这个过程中，充分、民主、平等、深入的对话显得十分重要。在教学中，要积极创设合作学习的氛围，激励学生在小组讨论时主动参与，主动思考，主动交流，使得学生不再害怕写作。

（三）第三环节：爱有千种我表达

经过学习交流，相信大家对于如何写自己爸爸妈妈的爱一定有了很多想法，下面请同学们拿出小练笔纸，将你的所思所想写下来吧！注意写字姿势。

（师巡视，对优秀习作做标记，给陷入困境的学生以相应点播指导）

设计意图：读写结合课定位为百字小练笔，既能消除学生对习作的畏难情绪，又让习作更加有针对性。同时，学生充分学习了写作方法，又在小组交流中加深认识，有了写作欲望，及时开展写作，更能让学生轻松写作、高效写作。

（四）第四环节：你来展示我来评

刚才老师在巡视的过程中，发现了很多同学的描写都非常精彩，下面请被我画星号的同学起来给大家展示一下自己的优秀习作。

（生展示读）哪位同学来评一下他的小练笔？注意我们这节课一直在强调的围绕中心运用语言、外貌、动作、神态描写的方法。

（学生进行点评，教师给予优秀习作课堂奖章）

（自我修改）听了同学的展示，又进行了品评，大家是不是又有了更多的想法？下面给大家两分钟的时间，进行一下自我修改。

设计意图：写作是一件辛苦的事情，更需要热情而真切的赞美。优秀作品当堂由小作者念出，并由老师和同学点评，增加了其写作的信心。同时，又让其他同学进一步学习写作方法，有了优秀作品的范例，他们修改起来更加有针对性。

（五）第五环节：总结方法共提高

同学们，这节课我们马上就要结束了，相信通过这节课，大家对于写作又有了新的收获，老师也把大家学习的内容进行了总结，编了一个顺口溜，我们一起来读一下：

父母之爱不难写，
联系生活创情境。
细节描写要用上，
围绕中心去展开。

设计意图：写作是有技巧的，好的写作技巧与文学并不违背。在课堂的结束阶段，进行本堂小练笔的写作技巧总结，并以顺口溜的形式呈现，更能加深学生印象。

(三)拓展阅读课

“要重视培养学生广泛的阅读兴趣，扩大阅读面，增加阅读量，提高阅读品位。提倡少做题，多读书，好读书，读好书，读整本的书。关注学生通过多种媒介的阅读，鼓励学生自主选择优秀的阅读材料。加强对课外阅读的指导，开展各种课外阅读活动，创造展示与交流的机会，营造人人爱读书的良好氛围。”[①]基于这一阐述，“单元整合式”小学语文教学中设置了拓展阅读课，在一个单元的学习课时中，安排了四个课时加一下午的连读时间进行拓展阅读，其中有教材配套资源的拓展阅读，也有经典篇目的拓展阅读，还有整本书的阅读。

“单元整合式”小学语文教学过程中，通过整合单元文本和课外文本，形成新的单元学习材料进行教学，完成教材学习任务的时间节省了一周。我们利用节省出的一周时间进行大量拓展阅读，实现提升阅读量、拓展阅读面的单元目标任务。拓展阅读文本是围绕单元语文要素进行选编的，一般以人文主题为主，再结合语文要素，每单元选编 10～20 篇文本。确定拓展阅读文本之时就考虑了语文要素和单元学习目标的因素，突出了单元的人文主题与语文要素的双线组合，所以学生达到流利地朗读，就视为学生受到了人文的熏陶，感悟了语文要素。

通过整合学习材料、活动安排，依据上级有关文件精神，学校每周一至周五下午从第二节课开始至延时结束放学，设置连排大阅读时间。周一下午安排二年级进行连排大阅读，周二下午安排三年级，周三下午安排四年级，周四下午安排五年级，周五下午安排六年级。下午第一节课下课铃响后，有连排大阅读任

① 中华人民共和国教育部：《义务教育语文课程标准（2011 年版）》，北京师范大学出版社 2012 年版，第 23 页。

务的年级学生就收拾好书包和水杯，整理队伍，由语文老师带领进入南三楼的阅读区。阅读区有独立的卫生间和饮水设施，进入后没有老师允许是不能出阅读区的。

从下午第二节课开始至延时结束放学，有约三个小时的时间，学生或是根据老师安排同读一本书，或是自主选择读自己喜欢的书等。走进阅读区，看到学生们沉浸在书海里，全神贯注地阅读，听到的只有沙沙的翻书声音……作为校长的我真是心生惬意。

阅读区的环境非常适合学生读书。阅读区里不仅有书架、桌子、凳子、沙发，还有一些适合学生的小洞、小方孔、小台阶等，为了让学生找到舒服的方式读书，还随意放置了三百个左右的小圆坐垫。学生来到这里，可以随意地找到舒服的位置和姿势，无所顾忌地进入沉浸阅读的状态。整本书阅读虽然没有刻意地去考虑单元语文要素的适切，但从整体上来说，还是回应了语文学科的核心素养。

二、入情入境巧设计，落实要素促发展

《义务教育语文课程标准（2011 年版）》指出：“语文课程是一门学习语言文字运用的综合性、实践性课程。”[①]学生的语文能力是在实践中形成的，不是教师讲会的。以往的语文课主要采用讲读课文的方法，它的基本特征就是以教师的讲解为主，这种教学方法其实并不符合学生语文学习的规律。著名语文教育家于永正在对自己的语文教育生涯进行总结时指出：学生的语文能力不是讲出来的，学习兴趣不是讲出来的，情感态度更不是讲出来的。当前语文教师应围绕单元语文要素，结合学生学情制定学习目标，并以此为方向设计多样情境，在丰富的实践活动中落实语文要素，提高学生能力。

（一）联系生活，唤起共鸣

“在教学过程中，要加强学生自主的语文实践活动，引导他们在实践中获取知识，形成能力，发展个性。”[②]语文学习的最佳情境就是生活，把语文学习放到生活实际中去，通过具体实践锻炼，促成语文学习的生活化，这不仅是大语文格局构建的需要，也是语文教学本质的体现，需要勉力为之。即使是课堂上对新课文的学习，也都可以融入生活实际。例如，小学语文中的《三字经》《论语》等，

① 中华人民共和国教育部：《义务教育语文课程标准（2011 年版）》，北京师范大学 2012 年版，第 2 页。

② 庄莎玲：《小学语文探究性学习例谈》，《小学教学参考》2011 年第 30 期。

应注意引导学生在生活中运用，在生活中体会，与生活实践接轨。在生活中让学生学语文、用语文。例如，一年级下册《语文园地一》鼓励学生认姓氏，通过活动引导学生不但认识一些常用姓氏，而且认识本班同学的姓氏，认识身边最常用的汉字；《语文园地四》要求学生认牌匾，通过学生之间的相互交流，激发儿童随时注意生活中的汉字，主动识记生活中的汉字，沟通了课本识字和生活识字两个系统。又如，在教授《爬天都峰》这篇课文时，实际上，现阶段的学生已经具备了一定的阅读能力，所以在上课时，先让学生们朗读一遍课文，初步熟悉课文内容，随后，将课文内容与生活进行结合，根据生活中的实例引出课文蕴含的道理，如"生活中大家在遇到困难时，是如何面对的？""大家在今后的日子里，能否像课文中的小作者一样，依靠相互鼓励来共同进步？"这时，学生们纷纷围绕生活经验对问题进行分析，同时也理解了课文想要表达的道理。这样一来，在小学语文教学中，教师通过融合生活元素，实现了生活情景的再现。

教师可以充分挖掘教材资源，积极开展语文实践活动，为学生营造良好的学校、家庭、社会生活环境，使学生在生活化的语文材料中，大量地亲身接触语文知识，激发兴趣，更加主动地参与到学习活动中来。生活是知识的来源和最终的归宿，生活元素的融合和运用可以让学生体会到语文的魅力，更好地观察生活、深入阅读。

（二）语言描绘，引发思考

语言的特殊性质决定了学生学习语言必须与世界的认识结合起来，需要激活学生的形象思维，丰富学生的语言资源，开阔学生的视野，在学生感知的基础上进行语言训练。

当情境在学生眼前展现时，假如缺乏老师语言调节支配学生的认知活动，那么，学生往往会热衷于自己最感兴趣的部分，而忽略对整个情境的感受。形象与词的分离，使学生难以获得确切的丰满的感性知识，更不易激起与教材情境相一致的情感活动。因此，在情境出现时，教师要伴以语言描绘，对学生的认知活动进行指向性引导，以提高感知的效应。例如，学生在学习六年级上册《开国大典》一课时，教师借助语言描绘："1949 年 10 月 1 日这一天，在中国共产党的领导下，我们推翻了帝国主义、封建主义、官僚资本主义三座大山，全中国人民翻身解放，当家做主，过上了自由幸福的生活。所以 1949 年 10 月 1 日这天对我们每一个中国人来讲都是十分重要的。这一天，在天安门广场举行了隆重的开国大典。"通过语言描绘情境再现历史，让学生进入情境，也使文本更生动。

(三)场景体验,激趣表达

设置情境要站在学生活动和环境的和谐统一的哲学高度,审视情境的适切度。它力图将人的主动参与、主动发展置于核心地位,通过创设符合学生多方面发展需要的、充满美感和智慧的氛围,使优化的环境与学生的情感、心理发生共鸣,促使学生在现实环境和主体活动交互作用的统一和谐中获得主动发展。

部编版小学语文六年级上册第二单元的人文主题是“革命岁月”,语文要素是“了解文章是怎样点面结合写场面的,尝试运用点面结合的写法记一次活动”。围绕这一单元训练点,在读写结合课上我们进行了如下设计。

第一,借助文段理方法。课件出示:“一边痛击追上来的敌人,一边有计划地把大批敌人引上了狼牙山。他们利用险要的地形,把冲上来的敌人一次又一次地打下去。班长马宝玉沉着地指挥战斗,让敌人走近了,才下命令狠狠地打。副班长葛振林打一枪就大吼一声,好像细小的枪口喷不完他的满腔怒火。战士宋学义扔手榴弹总要把胳膊抡一个圈,好使出浑身的力气。胡德林和胡福才这两个小战士把脸绷得紧紧的,全神贯注地瞄准敌人射击。”先引导学生找出哪些语句是“面”的描写,哪些语句是“点”的刻画,进而让学生反复朗读,感受到作者在进行“点”的人物塑造时抓住了人物不同的神态、语言、动作等细节描写。“怎么写”的问题解决了。

第二,情景体验知内容。“写什么”需要教师创设真实情境,让学生在真切的体验中提炼内容。教师选择一名学生,共同完成掰手腕比赛,引导其他同学关注的“点”是掰手腕的两个选手的神态、动作等细节,关注的“面”是全体观众的神态、语言、动作等细节。

第三,汇报交流促提升。活动结束后组织学生就刚才获取的“点、面”信息进行交流。

第四,妙笔生花趣表达。通过真实情境的体验,激情四溢的表达,学生在快乐的氛围中收获整节课的内容,切实感受到写作是内心表达的迫切需要,语文要素在快乐的情境体验中得以落实。

(四)情景交融,巧搭支架

教育必须以学生的学习为主体,拓展教育空间,通过有效的情境设置,缩短学生与学习目标之间的距离。

语言文字毕竟是一种理性的表达,缺乏直观性、形象性,学生在理解一些文章时往往会有一定的困难，而借助影像图画，则可以把课文内容具体化、形象化，收到“一图穷千言”的效果。在影像图画面前，学生看得清楚，感受得真切，能迅速立体地感知课文内容，易于接受和理解。可以说，现代化的教学技术为我们提供了极大的便利。我们在课堂教学时，可以用一组组的镜头，甚至是一些影视的片段，来展现文章所要表达的内涵。通过影视片段引导学生自我调控与评价，把课堂学习的主动权还给学生，激发他们的求知欲，体验感悟主人公的内心世界，从而很自然地体会到作者的情感。例如，教授五年级上册第四单元《圆明园的毁灭》时，为了帮助学生更好地理解圆明园为什么会被侵略者毁灭，可以借助相关的视频资料，让学生直观感受侵略者的野蛮和残暴、当时清政府的腐败与无能，从而进一步加深对课文的理解，深化情感，表达出对圆明园毁灭的痛惜与对侵略者的愤怒之情。

总之，在小学语文课堂教学中，合理创设和运用教学情境，能激起学生的学习兴趣，把学生的情感活动与认知活动结合起来，使学生在生动和谐的氛围中充分地和老师、文本展开对话。然而，教学作用的充分发挥，源于理性思考的深入、教学实践的创新，语文教师必须明确目标、恰择时机、精选内容、丰富手段、扩展主体，努力优化语文课堂教学情境，使其形真、情切、意远且理寓其中，为达成教学目标发挥最大效用。

第三节　转换为语言实践的课外作业

著名的教育家陶行知提倡在教学中要解放孩子的头脑、双手、脚、空间、时间，使他们充分得到自由的生活，从自由的生活中得到真正的教育。

随着《义务教育语文课程标准(2011 年版)》的实施，教师在重视学生主体地位、组织学生自主学习方面已有很大进展。反复地听、说、读、写、练，虽然能够识记大量语文课本知识，但是难以提高学生的语文学习能力和语言实践能力，难以孕育实践的意识和创新的精神。在“双减”背景下，如何让学生走出反复操练的泥沼，提高学生的语文学习能力和语言实践能力？科学合理的语言实践作业是必不可少，也是至关重要的。作业的设计要在单元视域的整合下，基于语文要素的落实，这样既能巩固学生学到的知识，丰富学生的知识储备，又能发展学生的智力，培养学生的创新精神。

一、聚焦要素，落实语用训练

语文课程是一门学习语言文字运用的综合性、实践性课程。作业是学生学习语文、运用语文、实践语文、落实语文要素训练，从而实现语文课程目标的主要途径。因此，在设计作业时，要在研读教材的基础上，基于单元学习目标，聚焦语文核心要素，落实语用训练。

以部编版小学语文五年级上册第四单元《圆明园的毁灭》这一课的作业设计为例，本单元以"爱国情怀"为情感主题，语文要素方面：阅读目标是"结合查找的资料，体会课文表达的思想感情"；表达目标是"学习列提纲，分段叙述"。因为四年级下册综合性学习单元对于资料收集这一方面有所涉及，它的语文要素是"根据需要收集资料，初步学习整理资料的方法"。根据小学语文课程标准对于中段的教学要求，可知这一阶段在查找资料方面侧重资料的收集与分类整理，五年级侧重运用相关资料体会作者所要表达的思想感情，相关的语文要素在六年级上册"走近鲁迅"单元也有出现。所以，《圆明园的毁灭》作为单元精读课文，承担着突破单元语文要素学习的重任，旨在让学生通过有目的的查找资料、整理资料，来加深对课文的理解。因此，本课的作业设计要聚焦单元语文要素，同时，要根据课文特点和学习目标，落实语用训练，提升学生语文素养。最终本课以"走近圆明园—走进圆明园—走出圆明园"为线索，设计了有效的练习，包括课前预习、课堂练习、课后复习。这三部分是一个有机的整体，互为补充，构成一个完整的练习系统。

二、资源整合，创新作业空间

"单元整合式"小学语文教学法，除了对字词的整合之外，也有对课文的整合。

字词过关课是对词语的整合。教师把一单元的词语加以整合，集中学习，实现全部学生会读、会写、会运用。字词过关课上要让学生正确认读"会写"及"会读"的词语，正确书写"会写"的字，达到人人过关的效果。为了检验教学效果，强化基础知识，课后，学生借助手机等设备，把朗读本单元字词的音频或视频生成二维码上传班级群，教师和其他学生都可以扫码聆听或观看并做出评价反馈，学生在帮助其他同学纠正读音的同时也能复习巩固。

读悟课是对课文的整合。教师根据每单元的语文要素和学习目标，对课文进行整合学习，精讲课文用一课时，整合剩下课文用一课时。我们有一套与课本相匹配的阅读读物，每一单元有对应的10～20篇拓展阅读文章，用原来讲一篇篇课文的时间让学生进行拓展阅读。这种资源的整合，也是对学生学习时间的整合，使教师在作业的设计上可以由原来的封闭式走向开放性，拓宽了作业设计的空间。

三、重视读写，诱发创造智能

“单元整合式”小学语文教学法中的读写结合课是基于每单元的语文要素及学习目标设定的，就是为了帮助学生学习完单元课文后习得写作方法，从而运用到生活化的语言实践中，提升语言运用的能力。语文教材内容丰富，在重视阅读教学的基础上，教师可借助课文素材，设计练习写的内容，引导学生进行多种形式的实践训练。这种凭借课文内容进行的小练笔，不仅可以帮助学生理解文章所蕴含的丰富内容，还有助于提高学生的语言表达能力，激发潜在的创造智能。

例如，学生学习部编版小学语文四年级下册第四单元“作者笔下的动物”时，根据本单元的语文要素“体会作家是如何表达对动物的感情的。写自己喜欢的动物，试着写出特点”，教师设定了读写结合课的学习目标：“(1)尝试运用具体事例突出动物的特点；(2)初步运用多种修辞手法表达对动物的情感态度。”通过例文再现的方式帮助学生梳理学习方法。例文出示的是老舍先生《母鸡》的这一片段：“到下蛋的时候，它差不多是发了狂，恨不能让全世界都知道它这点儿成绩；就是聋人也会被它吵得受不了。”一读内容，让学生感受语言大师老舍用他那细腻的笔触刻画的母鸡的生动形象；二读特点，通过第二次朗读体会母鸡在下蛋时表现出的特点；三读写法，学习借助夸张的修辞手法把母鸡爱炫耀的特点表现得淋漓尽致的写法。接着出示丰子恺笔下《白鹅》的片段：“因此鹅吃饭时，非有一个人侍候不可，真是架子十足！”按照三读法让学生体会反语修辞的用法，也叫“明贬实褒”。这个修辞手法学生是第一次接触，为了帮助学生更好地理解，教师进行了拓展，结合学生的生活实际，举了“捣蛋鬼”的例子。“捣蛋鬼”这个词是贬义词，放在句子中却起了“明贬实褒”的作用，如妈妈说：“你这个捣蛋鬼，还不睡觉，明天还要上学呢！”让学生读出妈妈对孩子的关爱，真正将课堂所学运用到生活实践中去。学生借助课上学习的方法、教师展示的图片激发写作的兴趣；教师则引导学生观察生活中自己喜欢的小动物，写出动物特点，表达出自己的喜爱之情。这样既减轻了学生写作文时的畏难情绪，也激发了学生的创作才能。

四、超越文本，拓宽知识渠道

人类积累的文化财富瀚如烟海，教科书中的知识信息不过是沧海一粟，远远不能满足儿童强烈的求知欲、好奇心。因此，教师在教学实践中，要立足课内，注目课外，拓展性布置课外阅读作业，开阔学生视野，帮助学生注重语言的积累，以提高学生的语言感悟能力。

一是预习性的课外阅读。生活的舞台有多大，语文学习的天地就有多广阔。教师在设计这类作业时，可以让学生在课前收集资料，自主地从网络、书籍中获取信息，以使从小养成积累的习惯，并逐渐将其转化为一种学习的能力，创造性地为学习语文服务。预习是激发学生求知欲、推动学生不断进取的“前奏”。课前预习作业的设计是“以学定教”的开始，是保障课堂教学顺利进行的前提。让学生围绕课文内容查找相关的资料，进行探究性的阅读，这样既可以提供背景知识，帮助学生对课文内容进行认识，又能在阅读、加工整理资料的过程中参与阅读实践。例如，在学习部编版小学语文四年级下册《小英雄雨来》这一课时，教师给学生布置作业：搜集抗日战争时期小英雄的故事，从故事中体会英雄人物的形象，感受战争年代孩子们的勇敢机智以及强烈的爱国之情。这类作业的完成可以培养学生搜集与整理、判断与选择、学习与求知的综合能力，从而培养学生语文创新意识和驾驭语言的功底。教师在教授部编版小学语文五年级上册第四单元《圆明园的毁灭》一课时，为了帮助学生更好地感知、感悟，课前布置查找圆明园内建筑与文物的作业，希望学生在查找和整理这些资料时，从中体会圆明园昔日的辉煌，为后面习得圆明园的毁灭做铺垫，从而加深学生对文本的理解，拓宽了阅读实践的途径。

二是结合课文内容的课外阅读。这种阅读是在学生学完课文后，延伸性地阅读有关资料，参与语言实践。比如，学习了部编版小学语文五年级下册《两茎灯草》后，根据文本内容，学生感受到了一个“吝啬鬼”的人物形象。教师可以引导学生：这只是从原著《儒林外史》中节选的一小部分文字所体现的人物形象，并不能代表严监生整个人物形象，为了更清晰地认识这个复杂的人物，课后可以去读《儒林外史》一书中的第五回和第六回。再如，学了《白杨》一课，补充朗读《白杨礼赞》；学了《猫》一课，推荐读老舍的其他著作；学了《慈母情深》一课，推荐梁晓声的《母亲》……为了更好地实现课内外阅读的结合，设计了对整本书的阅读。这种创造性的拓展延伸，深化了课文内容，增添了无穷魅力，也拓宽了学生获取知识的渠道。

五、实践活动，提升语用能力

教师在布置作业的时候，应该特别重视学生作业的实践性，不断拓宽学生的思维空间，改变过去封闭、单一的教学模式，营造一个轻松、开放的教学环境。

一是开展内容丰富、形式多样的活动课。例如，在学习了部编版小学语文四年级下册第三单元现代诗歌单元后，在班内开展“现代诗歌朗诵会”活动。第一，让学生对学过的现代诗进行整理，按诗歌所学内容分类，也可按诗人进行分类，看谁读的现代诗歌多。第二，向大家推荐一首自己最喜欢的现代诗，介绍诗歌的作者，说说自己最喜欢的是哪句、喜欢的原因。第三，选自己最喜欢的方式展示现代诗，如书法、书签、画画等。再如，学了部编版小学语文五年级上册第三单元民间故事后，结合学生的认知与实际情况，组织了不同形式的故事会：和低年级学生一起开展“手拉手故事会”活动，在自己班级开展“我是民间故事的传承人”活动，还把学生讲故事的录音、录像上传网络，开辟“空中故事会”，让学生在内容丰富、形式多样的实践活动中进行锻炼。这样既达到运用知识去认识同类事物、扩大知识范围的目的，又提高了学生的语言表达能力，加强了课内外的联系。得法于课内，得益于课外。学生通过亲身经历的语文实践活动，把书本知识转化为活动技能，弥补了单纯的课堂教学的不足。

二是大胆创新，开展轻松愉快的实践活动。小学生活泼好动，表现力出众，教师要引导学生以教材为出发点，开展学生喜闻乐见的语文实践活动，如猜谜语、做游戏、改编课本剧、成语接龙、校园模仿秀、创编故事等，以提升学生的语文素养。例如，学习了部编版小学语文五年级下册阅读古典名著单元后，以小组合作的方式，让学生根据自己的特长、兴趣、需要等自主选择课文改编课本剧进行表演，组员分工明确，自编、自导、自演，最后评一评谁演得好，使学生在语文实践活动中活动起来。在活动中学语文、用语文，充分体现学校“以学为中心”的教学理念。

此外，在平时的语文教学中，教师根据单元主题让小组成员每两周合作完成一期学习报或思维导图，其中，每期学习报或思维导图要有一篇自己写的学习心得。学生在完成的过程中，首先要充分理解课文并且广泛阅读书籍，收集相关资料；其次要综合运用阅读、作文、绘画、书法等各种知识与技能，将设计、排版、插图等集于一身；最后，开展分享、交流、评选活动。通过评选，又提高了学生的审美能力、语言表达能力，从而实现综合素养的提高。

《义务教育语文课程标准(2011 年版)》指出：“语文课程是学生学习运用祖

国语言文字的课程，学习资源和实践机会无处不在，无时不有。"[①]语文教学只有超越文本、超越课堂，引导学生走向现实生活，才能真正实现语文能力的提高。

在该课程标准的实施和"双减"政策的推动下，开展语言实践性作业的方法还有很多，语文教师要敢于创新、博采众长，从学生的发展出发，更好地培养学生的语文素养和综合能力。

第四节　人文精神为主导的语言实践

"语文课程对继承和弘扬中华民族优秀文化传统和革命传统，增强民族文化认同感，增强民族凝聚力和创造力，具有不可替代的优势。"[②]传统文化的传承与发扬就是人文的涵养、价值观的形成。"单元整合式"小学语文教学就包含了关于传统文化传承与感悟的内容，选编这些内容除了想涵养学生的价值观以外，就是想通过这种方式提升学生听、说、读、写的能力，增加学生的信息输入量，这也是语文实践的重要内容和路径。

一、从人文历史感受文化氛围

"义务教育阶段的语文课程，应使学生初步学会运用祖国语言文字进行交流沟通，吸收古今中外优秀文化，提高思想文化修养，促进自身精神成长。"[③]"应该重视语文课程对学生思想情感所起的熏陶感染作用，注意课程内容的价值取向，要继承和发扬中华优秀文化传统和革命传统，体现社会主义核心价值体系的引领作用，突出中国特色社会主义共同理想，弘扬以爱国主义为核心的民族精神和以改革创新为核心的时代精神，树立社会主义荣辱观，培养良好思想道德风尚，同时也要尊重学生在语文学习过程中的独特体验。"[④]无论是中华优秀传统文化，还是现代精神，都是语文学科中的语言建构与运用，也可以说是语言

① 中华人民共和国教育部：《义务教育语文课程标准（2011 年版）》，北京师范大学出版社 2012 年版，第 1 页。

② 中华人民共和国教育部：《义务教育语文课程标准（2011 年版）》，北京师范大学出版社 2012 年版，第 3 页。

③ 中华人民共和国教育部：《义务教育语文课程标准（2011 年版）》，北京师范大学出版社 2012 年版，第 2 页。

④ 中华人民共和国教育部：《义务教育语文课程标准（2011 年版）》，北京师范大学出版社 2012 年版，第 2～3 页。

实践。让学生多读、多听、多看、多写、多参与实践活动都属于语言实践的范畴。

中华民族是一个不屈不挠的伟大民族，中华民族历经磨难而不倒，足以体现中华儿女世世代代所传承下来的民族精神是值得我们深入学习、细细品味的。小学语文课本中加入大量的革命传统经典篇目，更进一步强化了革命传统教育，例如《开国大典》《金色的鱼钩》等文章，小学语文收入约 24 篇。教材中既有毛泽东、周恩来、邓小平等老一辈革命领袖，也有刘胡兰、雷锋等革命英雄人物，以及钱学森、邓稼先等为新中国建设做出巨大贡献的著名科学家，还有鲁迅、茅盾等著名文学家的作品，同时还有指导学生阅读的课后链接《毛主席在华山》《长征》等革命传统经典名篇。学习革命传统文章，是要在学生中掀起一种"不忘传统、敬重英雄"的文化氛围，从而使学生珍惜今天的幸福生活，好好学习，将来报效祖国。梁启超说过："少年智则国智，少年富则国富，少年强则国强，少年独立则国独立，少年自由则国自由，少年进步则国进步，少年胜于欧洲则国胜于欧洲，少年雄于地球则国雄于地球……"这是一个资产阶级改良派对我们国家的美好祝福和殷切期望。如今，我们又站在一个新的出发点上，举国上下为实现"中国梦"共同奋斗，这也同样需要大无畏的革命精神。而这种"气概"和"精神"，是需要我们语文教师去引领的。

作为语文教师，我们要做人类优秀文化的传承者。语文课关注"人文精神"要比其他课程更为深刻，毕竟语文是人文性与工具性的结合体。语文课的"人文精神"大多隐藏在课文的记叙和描写中，因此，我们在涉及"人文精神"的教学时，要合理挖掘及时评价，绝不能空洞地说教。"授人以鱼不如授人以渔"，我们力求通过课堂上"语文素养"的学习，捕捉文本中"人文精神"的内涵所在。

二、在诵读中启迪人文精神

"单元整合式"小学语文教学不是孤立的一种教学方法，而是一个体系，是将语文教学行为与学校管理行为融合在一起的一个系统。我们把语文教学行为相关的称为运作系统，把支持教学行为的学校管理行为称为课程体系的支撑系统。运作系统包括"单元整合式"小学语文教学法、教学材料、操作手册、关键技术，支撑系统包括学校网格化管理、教师双向选择捆绑考核、学生遵守规则养成习惯、教学管理不适则改、KPI 绩效考核（见图 5-1）。其中，运作系统中教学材料中的一部分和支撑系统中的学生遵守规则养成习惯就是专门围绕学生人文涵养而设计的。这里主要阐述教学材料中有关文化传承的内容。

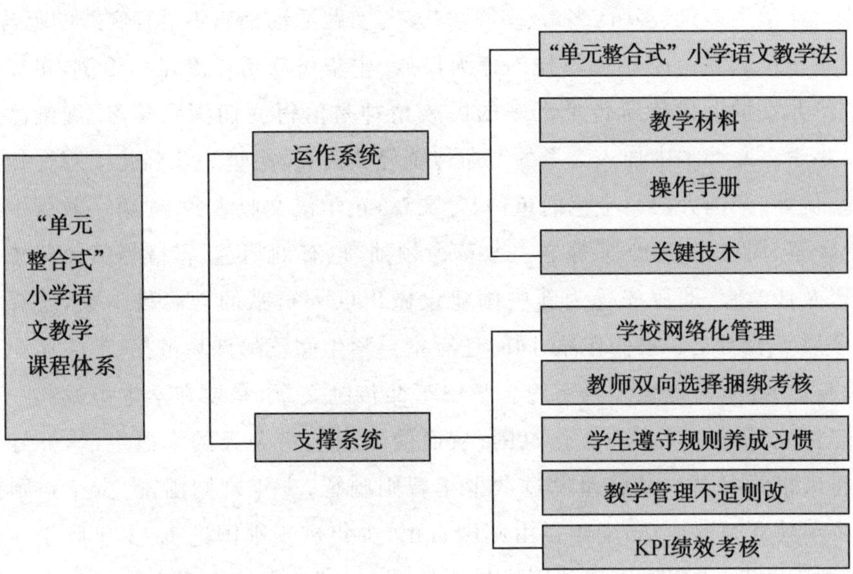

图 5-1 "单元整合式"小学语文教学课程体系

"单元整合式"小学语文教学的配套拓展阅读材料包括配套教材读本、经典诵读读本、听评书系列、"三百千千"大论背诵系列、每周下午的大阅读材料等。配套教材读本是课题组根据课程标准和教材的单元导语以及"单元整合式"教学理念选编的,每单元选编 10～20 篇文本,这些文本在课内完成,要求达到流利地朗读,粗知文意。经典诵读读本是课题组根据课程标准和"单元整合式"教学理念以及教育推荐读书目录中的古诗词和小短文进行选编,分低、中、高三册,分别供一二年级、三四年级、五六年级使用,要求是全部达到背诵,该读本共选编 461 首(篇)。听评书系列是我校为了涵养学生忠于祖国、为国献身的品格,选取了几部评书,要求在校六年最少每部评书听两遍。学校各年级适时举办评书交流会、"我也讲评书"等活动。《岳飞传》《杨家将》是必听评书,其他像《三国演义》《水浒传》等都是学生自愿去听,曾几何时学生听评书、讲评书着迷。有的学生在周六、周日跟随父母回老家的路上,两个多小时的车程一句话不说地专注于听评书。"三百千千"大论要求各年级全体学生全部背诵过关相关篇目。一年级背诵过关《三字经》,二年级背诵《百家姓》,三年级背诵《千字文》,四年级背诵《千家诗》,五年级背诵《大学》,六年级背诵《论语》。每周一到周五的下午第二节课开始至课后延时结束,是学校的大阅读时间。周一下午是二年级,周二下午是三年级,周三下午是四年级,周四下午是五年级,周五下午是六年级。下午第一节课下课铃响后，阅读年级由语文老师组织带领学生到专门的阅读区，进行大阅读。阅读区内有热水、卫生间。大阅读时间内，学生的阅读内容有时是老师统一安排的，但大多数时间是学生自主安排阅读，有的读整本书，有的读小文本，有的读自己喜欢的绘本等。

除了“单元整合式”教学所涉及的阅读之外，还要结合语文教学，充分发挥教材的作用，提升学生人文素养，涵养其精神。

部编版小学语文教材采取“语文素养”和“人文精神”两条线索相结合的方式编排教材内容。“语文素养”重在听、说、读、写基本知识和能力，“人文精神”重在选文的思想性，发挥语文学科的育人价值、以文化人的独特功能。新教材中的“人文精神”是作为一种隐性的存在，不比道德与法制、历史等学科来得那么明显，这就需要语文教师有一双敏锐的眼睛，能适时洞察教材中所包含的“人文精神”，以达到对学生潜移默化的教育。

著名的人民教育家陶行知说过：“先生不应该专教书，他的责任是教人做人；学生不应该专读书，他的责任是学习人生之道。”①语文教学作为培养学生人文精神的重要载体，不仅是知识的传递，更是心灵的唤醒：一方面要促使学生形成正确的情感态度和价值观，形成健全的人格；另一方面要增强其语言实践能力。

平时在朗读中，教师要加强诵读指导，对优美的典范文章可要求学生反复诵读直至熟读成诵。如朱自清的《匆匆》是优美的写景抒情散文，描绘了大地春回、生机勃勃的动人景象，赞美春的活力，给人以希望和力量。“朱自清的成功之处是，善于通过精确的观察，细腻地抒写出对自然景色的内心感受。”②这样的文章，必须要求学生熟读成诵。我们可以要求学生诵读文中的精彩片段，让学生沉浸在作品中，忘情地读，美美地读，读出语感，读出自己的理解，读出自己的兴趣。只有这样，才能在整体上把握文章的灵魂和意蕴，从而受到人文精神的滋养。

三、借助语言形式关注人文性

语文教学要根据文本的言语形式，着重培养学生感受语言、理解语言、积累语言、运用语言的能力。在此基础上，使学生受到情感的熏陶、思想的启迪，享

① 周国斌：《实践陶行知德育思想　培养合格的“四有”新人》，《山西省陶行知研究会首届第三、四次学术年会论文选集》，山西省陶行知研究会首届第三、四次学术年会，1992年。

② 林非：《现代六十家散文札记》，百花文艺出版社1980年版，第49页。

受语言带来的乐趣，从而在学习语文的同时学习做人，在学习语文的同时涵养自己。从语文教学的过程来看，这实现了工具性和人文性的统一，也通过语言实践的手段获得了人文精神的滋养。

对课文独具特色又丰富多彩的言语形式，如关键的字词标点、精美的句段、精巧的谋篇布局、精彩的描述手法等，我们都必须敏锐地加以捕捉并以此为课堂教学的重要内容，让学生在感受汉语表达技巧的艺术感染力的同时，获取语言规律，积累语用经验，从而获得人文精神的滋养。

例如，部编版小学语文三年级上册第三单元《在牛肚子里旅行》一文，使用了一系列动词，准确描写了红头在遇到危险时，青头沉着冷静帮助红头的过程。“青头大吃一惊，它一下子蹦到牛身上，可是那头牛用尾巴轻轻一扫，青头就给摔到地上了。”动词的运用准确地写出了青头帮助红头的行为。句中的动词准确地写出了这些事物的一些特征，使读者感同身受，不仅“看”到了这些小生命的动作，而且还“听”到了声音。

在日常教学中，要注重品味赏析文本，滋养人文精神。语文学科是通过对言语形式的感悟，以及对言语形式背后价值取向的感知，进行人文精神的悦纳。因此，选择了恰当的教学内容后，在课堂上要采用灵活多样的方法，引导学生亲近言语形式，品味言语形式，赏析言语形式，从而摸索语言规律，提高言语能力，得到人文精神的滋养。

第六章　构建单元整合课改校外共同体

“生活即教育”，教育极其广阔自由，如同一个鸟放在林子里面的；“教育即生活”，将教育和生活关在学校大门里，如同一个鸟关在笼子里的。

在“学校即社会”的主张下，学校里面的东西太少，不如反过来主张“社会即学校”，教育的材料，教育的方法，教育的工具，教育的环境，都可以大大增加，学生、先生也可以更多起来。

近来时常听到人讲“中心教育”“整个教育”“生活教育”，真是可喜的消息。大家能以社会的环境做纬，以学生生活为经，不断的实验，继续的改造，一定会有成绩得到。

——陶行知

“语文课程资源包括课堂教学资源和课外学习资源，例如：教科书、相关配套阅读材料、其他图书、报刊、工具书、教学挂图，电影、电视、广播、网络，报告会、演讲会、辩论会、研讨会、戏剧表演，生产劳动与社会实践场所，图书馆、纪念馆、展览馆，布告栏、报廊、各种标牌广告，等等。”[①]“学校应积极创造条件，努力为语文教学配置相应的设备；还应当争取社会各方面的支持，与社区建立稳定的联系，给学生创设语文实践的环境，开展多种形式的语文学习活动。”[②]因此，学校的语文教学不是封闭的，而是开放的、多元的。与社区建立稳定的联系，构建适合于学生语言实践或语文实践的场所与活动方式，架起学校与社区的桥

① 中华人民共和国教育部：《义务教育语文课程标准(2011年版)》，北京师范大学出版社2012年版，第33页。

② 中华人民共和国教育部：《义务教育语文课程标准(2011年版)》，北京师范大学出版社2012年版，第34页。

梁，使学校教学与社会实践联系起来。

依据课程标准的要求，“单元整合式”小学语文教学的课型设计里也有语文综合性学习，即是学生自主运用学到的语文知识联系生活，走进生活，解决生活问题的一种方式。语文综合性学习突出学生的自主性，重视学生主动积极的参与精神，主要由学生自行设计和组织活动，特别注重探索和研究的过程，强调合作精神，注意培养学生策划、组织、协调和实施的能力。[①] 所以，语文综合性学习是单元整合教学与社区、社会联系的纽带，是学生生活语文化、语文学习生活化的具体实施路径。“综合性学习主要体现为语文知识的综合运用、听说读写能力的整体发展、语文课程与其他课程的沟通、书本学习与生活实践的紧密结合。”[②]

社区为学生语文实践提供场所和机会，搭建语言交流、思维成长的场景；学生参加社区实践活动给社区提供服务。当然，对学生来说，这也是一次锻炼的机会，能够激励和促进学生成长。我们现在进行的小学语文教学工作，并不是单纯追求学生得高分，而是为了让他们能够运用汉语言解决生活中的问题。比如，熟练地使用普通话与人交流，通过不同的表达方式交到更多的朋友，拓展自己的交际圈，或者提升自己的语文写作能力，创作出一篇又一篇的精美文章，等等。

第一节　组建家校社语言实践共同体

教育并不是学校单方面的任务，而是由学校、家庭、社会共同协作承担的，特别是现在的社会阶段将家庭教育、社区教育提到了重要的位置，还提出了学校教育引领社区教育的口号，所以，组建家校社教育共同体就成了当前教育的必要。“生活即教育”[③]，“社会即学校”[④]，遵循这个原理去设置家校社语言实践共同体，就合情合理了。

社区里有着许多可供开发的课程资源。社区能给学生提供的实践机会有各种义务宣传、打扫卫生、帮助老人、义务小节目汇演以及其他一些临时性安排等，这些内容都是小学中高年级学生力所能及的。学校须和社区共同努力，设计营造适合学生进行实践的环境。

---

① 参见中华人民共和国教育部:《义务教育语文课程标准(2011 年版)》,北京师范大学出版社 2012 年版,第 25 页。

② 中华人民共和国教育部:《义务教育语文课程标准(2011 年版)》,北京师范大学出版社 2012 年版,第 24 页。

③ 陶行知:《教育的真谛》,长江文艺出版社 2019 年版,第 41 页。

④ 陶行知:《教育的真谛》,长江文艺出版社 2019 年版,第 87 页。

家庭是学生成长的重要场所，是学生接受教育的第一站，是学生人格品质形成的主要阵地。学生从小到大、从自然人到社会人转化的过程中，家庭教育起着至关重要的作用，特别是价值观中底线意识、感恩意识、心中有他人意识的形成，哪些事能做，哪些事不能做，怎么样待人接物，这是学校教育替代不了的。学校、家庭、社区在学生接受教育的整个系统中各有不同的任务，只有这三者携手才能完成学生的整个教育过程。构建语言实践共同体就是其中的一项。其主要任务就是把学校教授的知识在家庭、社区里实践运用，发挥作用，具体到单元整合与家庭、社区的联系，那就是把语言实践的听、说、读、写、思在家庭、社区里发挥实践作用。

一、家庭里的语言实践路径

一是听孩子讲学校里发生的事。学生放学回到家，父母为了了解学生在校情况，便与孩子进行交流，倾听孩子讲述这一天学校里发生的事情。实际上，这就是家庭中孩子的语言实践。让孩子讲，这是较低级的方式，因为孩子是凭自己的认知和感觉在进行描述，而没有经过刻意的组织。这时，如果家长能有意识地引导孩子在讲之前分析一下想讲的主题，组织一下语言顺序等，就形成了较高级别的语言实践活动。孩子在讲述学校里发生的事情的过程中，既组织了语言，也训练了思维。

二是通过看电视的方式进行语言实践。电视是现代家庭必备的生活家电，是家庭成员获取信息与娱乐的主要媒介，可以通过电视看新闻、电视剧、文艺节目、动物世界、动画片等。如果家长能适切地进行引导，所有节目都会成为学生语言实践或学习语文的资源。例如，看完新闻后让孩子说一说，谈谈看法与观点；看完电视剧后，让学生谈谈感受与收获；看完动物世界后，让学生模仿主持人的语速、语调朗读一篇文本或是讲解一段动物世界的故事；等等。

学生在家的语言实践方式很多，区别在于家庭的实际情况，如父母的学历、对读书的认识、家风、家教、父母在家常态的生活方式、家庭之间的交流、家庭成员的组成、孩子的数量等，这些因素的不同导致学生语言实践的方式也不同。如一个有三个孩子的家庭，老大放学回家的语言实践方式和独孩家庭相比就多了兄弟姐妹之间的交流这种方式。父母学历高的家庭和父母学历低的家庭相比，学历高的家庭进行亲子阅读的可能性就远远高于学历低的家庭。家庭因素造成的语言实践方式的差距是很明显的。学校在设置和安排一些家庭作业或活动时，就要充分考虑到这些因素，才能真正使语言实践在家庭中得到落实。

二、社区的语言实践路径

社区是很复杂的，人员复杂，各层级、各行业的人都有，不同的人有不同的性格特点，是社会百态的缩影。因此，教师和家长可以有意识地安排学生观察社区里的人，运用语文课上学到的描写人物外形特点的方法，去写一些学生认为有特征的人物；可以让学生接近一些业主，和他们聊天、谈心，从聊天的过程中研究人物的心理动态和表情变化；或是到社区的小超市里去观察，通过他们购物交流时的方言发音去研究人们的地域区属；观察小区内居民因事因物而发生争执后的解释与辩解；等等。还可以组织学生找出小区宣传栏、告示、通知等中的错别字，让学生给社区里的老年人讲故事等。这些都是社区能为学生提供的语言实践路径。

三、家校社携手，设立社区小舞台

舞台表演是对学生综合素养的一种考验，也是快速提升学生综合素养的路径。我校有校内电视台，主题是“好习惯天天见”，每周一、三、五下午 1 点 40 分准时播出。节目都是学生在老师的指导下自编自排自演的，每当播放电视时，学生都认真观看。在编排节目的过程中学生的听、说、读、写、思就全都派上了用场。

假如，家校社合作在社区内设置一个小舞台，让学生有一个讲故事、演节目的地方，让业主或赋闲在家的老人等当观众，那一定会是一个引人注目的地方，同时也增添了社区生机，丰富了社区文化生活。

第二节　构建城乡学校结对课改共同体

“单元整合式”小学语文教学历经十几年的发展，注重加强研究，积极进行实践，确定是一项方向正确、有实效、能复制的教学模式。与此同时，我以开放的学术姿态，积极向全国同行同道学习，推广研究成果，相互启发，共同在各自的改革道路上发展。所以，在十几年的研究过程中也结识了全国多个省市学校的同仁和朋友。“单元整合式”小学语文走过的路程中，在不同阶段都获得了些许的成果与荣誉：“单元整合五课渐近”主题语文教学法于 2014 年 7 月 30 日获山东省省级教学改革成果三等奖；单元整合“5＋Z”语文教学法研究于 2013 年 11 月 1 日被批准为山东省教育科学“十二五”规划 2013 年度重点课题（编号：

2013JZ084)，后更名为“单元整合，多课渐近”主题语文教学法研究，并于2015年8月30日结题，2016年10月28日获山东省教育科学优秀成果奖三等奖；“单元整合式”小学语文教学课程体系研究于2019年7月成功立项2019年度山东省基础教育教学改革项目(编号:3701006)，并于2021年6月结题。这些课题研究成果的取得，都是单元整合式语文教学的合理性与科学性、有效性与可推广性的验证。

为了使好的研究成果发挥最大的作用，在实践中建立了“单元整合式小学语文课程体系”多种合作与推广共同体。

一、建构研究成果推广合作共同体

在聊城市，有东昌小学、河东小学近十所学校追随“单元整合式”小学语文教学，滨州市博兴县博奥实验学校是“单元整合式”小学语文教学走出聊城市的第一所合作学校。自2017年我来到济南高新区丰奥嘉园小学，“单元整合式”小学语文教学也随之到来。丰奥嘉园小学的语文教研团队在进行校内研究的同时，也吸引了区内其他有共同理念的学校的语文教研团队，像稼轩小学等。

这种因有共同的执教理念而组成的课改共同体，是一种比较持久的民间组织，有着共同的追求。“单元整合式”小学语文教学模式能复制是因为它有较固定的流程和标准；但又因其不是单独的教学方法的改革，而是融学校管理、教学管理与评估、教材使用与课堂教学于一体的一项语文教学综合改革，所以针对不同学校又有其难以复制的一面。教学方法好复制，但学校管理与评估要受到当地教育局的制约，又不好复制。因此，要实际地引用“单元整合式”小学语文教学需要进行认真仔细的研究分析，考虑好要引进“单元整合式”小学语文教学模式的哪一部分，是全套引进，还是单纯地引进教学理念和教学法等。基于此，现在的“单元整合式”小学语文教学共同体主要以理念与教学法的普及为要。

二、搭建城乡教师专业互助发展共同体

教育本质上没有城乡之别，但是，现实生活中诸如经济水平、物质条件、信息、交通、精神生活等的差异，导致了教育的差异。因此，构建学校课改先进的教育理念自然成了城乡结对的首要任务。更新管理理念，提升办学品位。校长的管理理念直接影响到一所学校的发展状况。校长要积极通过多种途径进行学习，接受新的教育教学理念，更新观念，发展学校教育特色。更新教师理念，提高教学效率。更新理念在于无形，高效率的教育要求教师不断更新教育理

念。我们通过城乡结对这一培训模式,可以有效地更新农村教师的教育理念。

新课改实施二十多年以来,在教育一线的实践层面,没有实现课改之初的预期,很多学校的教育教学管理仍处于低档,教师仍是"满堂灌",倡导的合作、探究式教学没有得到真正的落实。课标培训虽然搞得热火朝天但实效不大,因为以比分为主的考核评价方式没有改变,理想化的先提升教师专业素养再提高教育教学质量的路径受到了极大的阻碍。教师和管理者观念更新是需要时间的,但是追分不等人,追分的形势不等人,新的理念和方法还没有挺过适应期就灰飞烟灭了。观念更新极其不易。

"单元整合式"小学语文教学法的核心理念与部编版教材的理念相契合,是强化按标准执行流程的模块教学模式,短时间内对教师的要求不是太高,执行标准、流程后,就会有可控制的质量达标。这是"单元整合式"小学语文教学可具推广价值的核心。只要适用学校按提前设计好的流程去执行,在执行的过程中熟练,就可以完成语文学科教育教学任务并取得可靠的成绩。所以,以推行"单元整合式"小学语文教学为载体,在推进改革的同时更新教师和管理者的理念就成了有效的选择。

建立"单元整合式小学语文课程体系"QQ 群,群中成员遇到问题或困惑时就在群内发起话题,总会有人回应。有寻找 PPT 的、有寻找确切答案的、有寻找整合资源的……特别是同区域内的教师想研讨一节课,就会自动发起联络、沟通,进行同课异构、同课共研等,谁有了好的整合成果就会随时及时地发到群文件共享,不论是在青海,还是在西藏……一呼百应。

同区域内城乡间进行得最多的就是同课异构和主题式研讨。农村教师在课堂操作层面最为欠缺的是对教材的把握能力、对教学的有效设计以及对自我教学后的反思调整能力。"同课异构"能够提升设计能力,可以有效提升农村教师业务素养。"同课异构"就是在结对双方的共同愿景下,结对双方教师在教材中选择相应教学内容,完成"独立备课"活动,在与指导老师的交流中对教学预案进行"修正备课",接着结对学校共同开展评课活动,在指导老师的引领下"完善备课"。"同课异构"历练掌控能力,能够提高农村学校教师课堂的执行能力和调控能力。我们把"同课异构"称为"三度磨课",具体操作流程如下:一度磨课——独立备课→上探讨课→同备课组集体研讨;二度磨课——二次上课→专家引领、两校学科组研讨→自我反思;三度磨课——汇报展示→交流→总结提高。城乡结对的一个主要目的是优化教师的课堂教学。农村教师更多的是经验型教师,要使教师从经验走向理论,必须开展教育科学研究。例如,当前学生普遍存在着不喜欢写作的问题，在主题式研讨活动中，我们把这一问题转化为研究课题，形成了“活动式”小学作文教学研究。

教研为发展“奠基”。结对学校可以通过多种途径、多种形式全面启动教研工程，利用个人备课在前、集体教研紧跟的备课方式，集体钻研教材、集体备课，开展听课、评课活动等。

三、运用现代信息网络，组建“单元整合式”QQ群

“单元整合式”QQ群以交流“单元整合式”小学语文教学课程体系、共同探讨语文本体性教学策略、落实真语文教学思想、改变小学语文教学现状为主旨任务。该群现在有来自全国的语文教师1485人，分布在全国23个省、自治区、直辖市，成了研讨单元整合式教学的主要交流平台。

科研为发展“引路”。结对学校可以制定“科研兴校、科研兴师”的办学目标，在科研管理中，可以组织教师通过反思研讨、专业培训、名师引领等策略，营造良好的科研氛围，深化教师的科研意识，促成和谐的互动交流，提升研究的效能，使学校走上高质量发展的道路。

第三节　融入全国语文课改实践共同体

“单元整合式”小学语文教学不是孤立的独行者，而是从诞生起就是集众家之长携手前行，它不仅是山东省小学语文教学改革的结晶，更是全国小学语文主题教学、单元整合教学团队中的一员。

一、他山之石，可以攻玉

时间回到2009年寒假过后，聊城市高唐县委一纸文书将我调到高唐县第一实验小学，也就是从这时开始，为了解决第一实验小学长期存在着的语文教学问题，我开始了单元整合教学的改革之路。

2009年10月起，我带着副校长、骨干老师和我的彷徨踏上了寻觅之路。清华大学附属小学、中国人民大学附属小学、北京小学、史家胡同小学、天津河东区实验小学、天津东丽区实验小学……一路走来，白天考察，晚上讨论，脑海中模糊的东西越来越清晰，对管理考核机制、课程设置等有了初步的思路。清华大学附属小学窦桂梅的主题教学中，“主题”强调的是一个话题，也可以是一个情景、情境，一种场景，还可以是一种文化。她的教学法的框架是：话题切入→

探究文本→比较拓展→链接生活→升华自我。强调的是主题的点性和课堂的情性,“课始激情情始生,课中悟情情更浓,课终暗情情未了”是她的“真情永伴”思想。当时我听的窦老师那节课是人教版教材中的《祖父的园子》,震撼很大,收获很多,但是回到学校以后,我们没有办法把窦老师的教学搬到我们学校。史家胡同小学的管理框架对我启发很大,是我寻找的路径,符合我的思路。比如,把年级层面的负责人命名为总管,意在这个年级的所有事都得管,就是总负责,强化了责任与职能,解决了如何强化年级层面的执行力的问题。天津东丽区实验小学的“六年奠基一生,习惯成就未来”办学理念,天津河东区实验小学“好习惯、负责任、高质量”的校训、作文批改,中国人民大学附属小学的“彩虹”课程……所有这些都成了我们改革的参考,从中遴选适合我校实际情况的地方,进行堆积融合。

2009年12月,我带着29名骨干教师踏上南下的列车,来到了江浙的名校:杭州余杭区实验小学、杭州大关小学、杭州学军小学、无锡江阴华西实验学校、无锡新城小学、南京行知小学等。经过十几天的学习,我们又一次清晰了思路,坚定了课改的信心。回到学校没过几天,我又带着骨干教师考察了潍坊的诸城实验小学、龙源学校、安丘实验小学、日向小学、北海学校、寿光世纪学校、寿光实验小学等,这次的学习考察明确了我们的课改框架。日向小学的书法写字课程、安丘实验小学的作业布批等。山东省青语会副理事长、齐鲁名师、省教学能手、寿光世纪学校毕英春老师,也在探索主题语文教学,她倡导的模式是“1＋X单元授课制”,这个“1”指的是一单元中的一篇精讲课文,这篇精讲课文是例子,然后用精讲课文中学到的方法去略读若干篇文章。她所倡导的思想就是以例悟法,提倡举一反三和反三归一的一个理论验证。2012年上半年有三个月的时间,我在寿光世纪学校学习,主要就是跟毕老师学习主题教学,毕老师和她课题组成员的课我都去听,也同时参与观摩了来访研讨活动。我校的课改团队也几次到寿光世纪学校学习,但是毕老师的教学我们复制不过来,如同窦桂梅老师的课我们复制不过来一样,因为我们有着不能复制的根本性原因:师资的素养达不到窦桂梅、毕英春的程度。我们的老师不是窦桂梅,也不是毕英春,这是致命的原因。人不能复制,但是她们的主题教学思想是值得借鉴的,一个单元用一篇文本作例子,以例悟法。潍坊的韩兴娥老师也在研究主题语文教学,我和韩老师接触的时间是最早的,在2008年的时候,我就认识了韩老师。韩老师进行的单元主题教学,是在每学期的开始用2～3周的时间把全册的教材学完,然后用剩下的时间拓展阅读她自己编的一些读本。当时我就觉得很震撼,两三周的时间学完一册教材，她的胆量和魄力是令我震惊的，我也很佩服她。她强调的是“不求甚解，不断咀嚼”，要求阅读扩量，螺旋上升。

在寻访的过程中，我们的思路也渐行渐明，“单元整合”教学的想法也就日趋成熟：通过整合的方式，明确语文知识点的学习，增加学生校内阅读量；通过流程化的课堂执行，让教师和学生都能养成自觉学习的方法和习惯，以解决师资水平低和考分不高的现实难题。

二、专家引领，开阔视野

任何一项改革都不可能是一路坦途，单元整合教学也是如此。“单元整合式”小学语文教学法走过了十几年的路程，汲取了省内外众多专家学者的营养，得到过山东省内近百位齐鲁名师、教学能手、优质课一等奖获得者的点拨，以及山东省语文教研员李家栋老师、山东省师范大学魏巍教授、聊城大学于渊溟教授、华东师范大学吴忠豪教授的指导，日益完善。

（一）山东省小学语文教研员、山东省小语会会长李家栋看单元整合式教学

在“全国《义务教育语文课程标准（2011 年版）》高级研修班”上，李家栋称：

“单元整合五课渐进”主题教学法是很有意义、很有价值的研究项目。主要体现在这项研究促进了学校的发展，教师的成长以及学生语文素养的提高。“整合”是提高语文教学效率的重要方式，它不仅整合了教学内容，而且还整合了教学方式，它促进了教师的专业成长（包括教师的教学能力、合作能力、学习能力以及课堂教学能力），与此同时，学生学习语文的水平有明显提高。语文教学应该也必须让学生进行自主的语文实践。语文改革一定涉及教师教学方式的改革，而改变教师的教学方式只是手段，不是目的，目的是改变学生的学习方式，改变学生的思维方式。

在“全国小学语文教学改革‘海纳课程・博约课堂’——高唐现场会”上，他又对高唐第一实验小学单元主题教学做了以下评价（根据录音整理）：

（1）着力解决语文教学存在的问题，着眼于促进学生语文综合素养的提升。（2）有深厚的理论支撑，有整合的思想，把一些零散的语文知识点通过整合，组合成有价值、有效率的系统的训练；遵循了母语学习的规律和特点，是孩子们语文实践的课堂；合作学习理论、管理学的理论进入了语文学习的课堂。（3）实验研究工作方式合适、得力，工作采用了“走出去，请进来，坐下来，坚持下来”。（4）研究取得了比较丰硕的成果，从学生视角，学

生阳光向上，彬彬有礼，有比较高的听、说、读、写能力；从教师视角，教师对语文教学有实实在在的探索，增强了专业自信，个个洋溢着职业的幸福；研究成果固化下来，成了系统，出了专著。

2016 年 12 月，在山东省滨州市博兴县博奥实验学校“同单元异构”活动上李家栋又称(根据录音整理)：

高唐县第一实验小学进行的“单元整合多课渐进”课题研究，已经历时七年多了。我对这项课题研究知晓，应该是三年以前。记得当时高唐县第一实验小学承办了一个全国的会议，邀请我给他研究的课堂教学进行点评。第一次接触这样一个课题，我对这个课题里的两个词非常感兴趣：一个是“整合”，一个是“渐进”。因为整合，所以我们的教学从内容到方式，效率、效益、效果就更好；因为有渐进，就预示着我们的教学有发展，我们的学生，我们的教师也会成长。那次老师的课，确实对我触动很大。我觉得这个改革，真正地给每个学生提供了学习的平台、成长的平台；在那次会上，展示的是“单元整合五课渐进”，根据我对语文教学的理解和认识，给他提出来，用“五”可能会机械。后来他们也采纳了我的这种想法，由“五课”改为“多课”。

今年的上半年，他们又承办了一个全国性的会议，这次又邀请我去听课，看课堂的变化，我也点评了课堂。这次我再到高唐县第一实验小学，老师的精神面貌，尤其是学生的学习状态、学习的习惯、学习的能力都给我留下了非常深刻的印象。这个课题改革，为什么给学生、老师带来那么大的变化呢？主要的是它吸收、传承了语文教学的一些经验做法，就是让学生多读书，让学生多诵读，在诵读当中培养语感。

(二)于源溟与“单元整合式”小学语文教学法

单元整合式小学语文教学在前期发展过程中，曾与聊城大学教育科学学院合作进行横向课题研究。其间，以于源溟院长为主的科研团队在高唐县第一实验小学驻扎一年多时间进行研究，从单元整合的理念与实践多层面进行指导与跟踪，有十几位硕士研究生在学校长住，全岗上课研究，有近十位硕士研究生的论文选题都是高唐县第一实验小学的单元整合教学，其中尤以朱淑娴、徐启慧等的硕士论文为最佳。

后来我工作调动到济南高新区丰奥嘉园小学，2018 年，《小学语文教学》杂志为“单元整合式”小学语文教学以专刊形式进行刊发之时，于源溟院长为“单元整合式"小学语文教学总结提炼出题为《以肥沃的土壤培育鲜艳的教改之花——评"单元整合式小学语文教学"的七大核心技术》[①]的文章(见附录八)。

(三)吴忠豪评"单元整合式"小学语言文教学法

吴忠豪为上海师范大学教授、全国高等教育学会语文教育专业委员会小学语文教学法研究中心副主任,在"全国小学语文教学改革中(海纳课程·博约课堂)——高唐现场会"上,吴教授这样评价"单元整合式"小学语文教学法(根据录音整理):

> 这项改革,突破了语文课长期以来一篇一篇讲课文这样一个低效的课堂教学模式,采用了基础过关、精读课文、略读课文、读写结合,然后语文实践这样的教学模式——语文的版块式课程模式,把课堂还给了学生,让语文课真正成为学生学习语文的课堂,体现了语文课实践性的特点。我觉得这是很了不起的,是很有见地的一种教育观。老师有重点地进行教学,一个单元抓住一个重点,这个想法是非常好的,很有创造性,而且很有实效性。老师在确定知识点后,用读写结合的办法,让学生去运用,学生不仅对这个知识点明白了,理解了,也达到了能够迁移运用的目的。这样的课时安排,版块的结构组织,我觉得很符合儿童语文学习的规律,抓住了语文课的基本要求。然后,每个单元集中进行一个语文知识和方法的指导,再让学生去实践。这样的语文课的组织,我觉得是非常有效的。所以,高唐第一实验小学语文课的改革,创造出一个新的改革思路,很有生命力,很有价值。在这个基础上进一步去完善,不断扩大它的影响力,能够为山东省乃至全国的语文教学、语文课程的改革添砖加瓦,添上浓墨重彩的一笔。

三、全国交流,扩大影响

在多年的实践与交流中,"单元整合式"小学语文教学也获得了众多的理念认同者、同行者和推广者,单元整合式教学的队伍仍在与日俱增,每学期都有来自全国不同省市的学习交流团队,其中有的学习团队就与我们结成了单元整合式教学的共同体,例如聊城市东昌府区河东小学、东昌小学、英特教育集团第一小学、高唐县第一实验小学、尹集镇中心小学,滨州市博兴县博奥实验学校小学

---

① 参见于源溟:《以肥沃的土壤培育鲜艳的教改之花——评"单元整合式小学语文教学"的七大核心技术》,《小学语文教学》2018年第36期。

部，济南市稼轩小学、章锦小学、大正小学等；另外，还有贵州省遵义市、安徽省安庆市、山东省青岛市的几所意向学校，正在与我们就“单元整合式”小学语文教学的合作做进一步沟通。

从 2017 年 9 月至今，来济南高新区丰奥嘉园小学进行“单元整合式”语文教学学习交流的有来自河北、安徽、贵州、甘肃、河南、内蒙古、山西、重庆等省市的几十个团队。“单元整合式”语文教学实验团队成员多次被邀做专题报告和连续指导。我多次受邀到邢台学院、洛阳师范学院、平顶山师范学院、聊城大学对国培项目学员进行培训，多次在全省的会议上展示“单元整合式”小学语文教学。2018 年 5 月 22 日，济南高新区丰奥嘉园小学承办 2017～2018 年全国小学语文“十大青年名师”颁奖典礼及观摩课活动，在会上我所在学校做了单元整合式教学的展示和报告。

无论是网络交流平台“单元整合式小学语文课程体系”QQ 群，还是来校学习交流，抑或是受邀做报告、做培训，“单元整合式”小学语文教学都已经走出了济南市，走出了山东省，与全国的同行者共研共生，融入了全国语文单元整合或单元整体教学的大家庭中。

附　录

附录一　小学语文单元整合式轻负高质“自动化”课堂实践研究历程(2009～2022年)

2009～2013年,单元整合教学初探

2009年5月,根据当前语文教学现状提出语文课改构想,高唐县第一实验小学校长王希锋带领团队赴北京、天津、江苏、浙江以及山东潍坊、诸城等地考察学习。

2009年10月,王希锋校长带领语文团队初步形成单元整合课改思路。

2010年4月,确立“单元整合,五课渐进”主题语文教学法,召开启动仪式,制定具体实施方案。

2011年5月27日,举办“单元整合,五课渐进”主题语文教学法课堂教学展示活动。

2011年12月7日,全县小学课堂教学改革展示,高唐县第一实验小学“主题语文教学法”教学观摩会召开。

2012年5月11日,聊城市“单元整合,五课渐进”教学改革研讨会在高唐县第一实验小学召开,全市有400余名教师参加。

2012年10月19日,聊城市小学语文教学改革现场会在高唐县第一实验小学举行,全市有400余名教师参加。

2013年1月14日,“全国《义务教育语文课程标准(2011年版)》高级研修班”在高唐县第一实验小学举行,来自全国的300余名语文专家与会。

2013～2017 年，单元整合教学模式形成

2013 年 5 月 6～7 日，山东省小学语文教学专业委员会理事长、山东省教研室语文教研员李家栋应邀莅临高唐县第一实验小学指导语文课改工作，将“单元整合，五课渐进”改为“单元整合，多课渐进”小学语文教学法。

2014 年 4 月 29 日，“单元整合，多课渐进”作为山东省“十二五”规划重点课题举行开题仪式，聊城市教科所张新利所长等出席。

2014 年 7 月 30 日，“‘单元整合，五课渐进’主题语文教学法”获“山东省教学成果三等奖”，证书编号：JJ20143022。

2015 年 4 月 17 日，在全国真语文示范校评选活动中，高唐县第一实验小学被评为“全国真语文真教育实验校”。

2015 年 8 月 30 日，“‘单元整合，多课渐进’主题语文教学法研究”作为山东省教育科学规划课题，通过山东省教育科学规划领导小组办公室组织的专家鉴定，同意结题。项目编号：2013JZ084；课题类别：重点。

2016 年 2 月，与聊城大学教育科学学院签订科研合作协议，专家教授作为语文课改的理念支撑力量。

2016 年 3 月 2 日，高唐县教育局出台高教字〔2016〕3 号文，在全县推广“单元整合，多课渐进”小学语文教学体系。

2016 年 3～12 月，分别在河北邢台学院、河南洛阳学院、河南平顶山师范学院、山东聊城大学、北京师范大学校长培训学院等地做“单元整合，多课渐进”小学语文课程体系讲座。

2016 年 5 月 19～20 日，聊城市学习高唐县第一实验小学“‘单元整合，多课渐进’主题语文教学体系”现场会在高唐县第一实验小学举行，聊城市、县级领导及相关学校的 400 余名骨干老师代表参会。

2016 年 6 月 16～18 日，“全国小学语文教学改革‘海纳课程博约课堂’高唐现场会”在高唐县第一实验小学举行，向来自全国各地的 400 余名语文教师集中展示了“‘单元整合，多课渐进’主题语文教学体系”。

2016 年 7 月始，聊城市乡村教学点管理团队跟岗培训（小学语文教师培训“单元整合，多课渐进”小学语文，全市 100 人）。

2016 年 7 月 8 日始，聊城市乡村教学点管理团队跟岗培训（小学语文教师培训“单元整合式”小学语文，全市 100 人）。暑假期间，理论学习及团队教研一周，暑假开学在我校跟岗学习一周。

2016 年 10 月 28 日，"'单元整合，多课渐进'主题语文教学法研究"获山东省教育科学优秀成果三等奖，编号：YJBG2016211。

2016 年 11 月 21～24 日，在山东省滨州市博兴县博奥学校举行"'单元整合，多课渐进'主题语文教学课程体系"同单元异构活动，并签订科研合作协议，结成研究联盟。

2017 年 4 月 26～28 日，参加了在潍坊召开的"山东省小学语文国家课程校本化实施特色教学展示研讨会"。在会上，高唐县第一实验小学王希锋校长专题介绍了"单元整合，多课渐进"主题语文教学课程体系，董艳鑫老师上公开课"基础过关课"，谢娜等 10 位教师围绕"单元整合，多课渐进"主题语文教学课程体系进行了专题论坛。

2017 年 5 月 13～16 日，参加了在青岛召开的"山东省学校自主变革论坛暨义务教育一体化课程与教学改革成果展示会"。会上高唐县第一实验小学教师展示公开课一节。"'单元整合，多课渐进'主题语文教学体系"的材料，作为大会典型材料在会上交流。

2017 年 6 月 30 日，"'单元整合，多课渐进'语文主题教学课程体系"获山东省首届课程整合优秀安全评选一等奖，编号：0002055。

2017 年 8 月至今，单元整合式教学验证

2017 年 8 月 30～31 日，济南高新区丰奥嘉园小学举行"单元整合，多课渐进"主题语文教学法培训会。

2017 年 10 月 11 日，济南高新区丰奥嘉园小学校长王希锋受邀在河南洛阳师范学院"国培河南省 2017 年小学语文骨干教师"班做专题报告。

2017 年 11 月 16 日，举行"单元整合，多课渐进"语文主题教学研讨会，济南市济阳区济北小学，济南高新区春晖小学、章锦小学到校观摩学习。

2017 年 12 月 26～27 日，举行"单元整合，多课渐进"语文主题教学研讨会，济南市济阳区济北小学、济南高新区章锦小学等 8 所学校共 100 多人到校观摩学习。

2018 年 3 月 9 日，济南高新区丰奥嘉园小学教师张军芳受邀到潍坊高密举办的"中国课改名校联盟名校长论坛暨江苏、山东初中小学语数英名师讲课研讨会"上讲授示范课。

2018 年 3 月，承办《小学语文教学》杂志社名师推荐选拔赛暨济南高新区优质课展评活动。

2018 年 4 月 13 日，内蒙古自治区乡村教师访名校团队到济南高新区丰奥嘉园小学观摩学习。

2018 年 5 月 9 日，济南高新区丰奥嘉园小学张军芳老师受邀到烟台经济技术开发区实验小学做"单元整合式"小学语文教学示范课。

2018 年 5 月 18～20 日，承办 2017～2018 年度全国小语"十大青年名师"颁奖典礼暨观摩课活动。济南高新区丰奥嘉园小学王希锋校长做"单元整合，多课渐进"语文教学专题报告，张军芳老师讲授观摩课。

2018 年 8 月，配套人教版教材的"单元整合，多课渐进"小学语文课程体系配套读本《小学语文素养读本》印制成册并投入使用。

2018 年 9 月 13 日，济南高新区丰奥嘉园小学举行"单元整合，多课渐进"小学语文教学"高效阅读课"课例研讨会，全区有 30 位教师参与研讨。

2018 年 10 月 22～24 日，济南高新区丰奥嘉园小学举办"单元整合式"小学语文教学课例研讨会，来自市内外的 100 余人参加研讨。在此次课例研讨会议上，"'单元整合，多课渐进'小学语文教学课程体系"更名为"'单元整合式'小学语文课程体系"。

2018 年 12 月 10～11 日，聊城市教研室领导及聊城英特教育集团语文团队莅临济南高新区丰奥嘉园小学观摩"单元整合式"小学语文教学课例。

2018 年 12 月 20 日，山东英特教育集团在聊城英特国际学校科学会堂成功举办了"'单元整合式'小学语文教学法"交流学习活动。本次活动特别邀请济南高新区丰奥嘉园小学校长王希锋，济南高新区丰奥嘉园小学教师刘娜、王芳老师到现场进行培训。

2018 年 12 月，《小学语文教学》杂志人物版 2018 年第 12 期发行济南高新区丰奥嘉园小学"单元整合式"小学语文教学专刊。

2019 年 2 月 17 日，济南高新区丰奥嘉园小学教师张军芳受邀到济南市济阳区兴隆街小学做"单元整合式"小学语文教学专题报告。

2019 年 4 月 1～2 日，济南高新区丰奥嘉园小学举办"单元整合式"小学语文教学法课例展示及研讨活动，济南市济阳区兴隆街小学，聊城市高唐县第一实验小学、高唐县尹集小学，以及来自济南市高新区各兄弟院学校的 90 余名领导和老师参与了本次活动。

2019 年 5 月 20～21 日，承办第二届齐鲁教育论坛，济南高新区丰奥嘉园小学王希锋校长做专题报告，张军芳老师讲授"单元整合式"小学语文教学示范课。

2019年7月21日，济南高新区丰奥嘉园小学姬光美等五人骨干教师团队应邀到聊城市东昌附小进行“单元整合式”小学语文教学法使用培训指导。

2019年7月23日，济南高新区丰奥嘉园小学王希锋校长为聊城市骨干教师培训“单元整合式”小学语文教学。

2019年7月，济南高新区丰奥嘉园小学张军芳老师受邀分别到青岛、西安分享“单元整合式”小学语文课程体系。

2019年7月8日，“单元整合式”小学语文课程体系研究获山东省基础教育改革项目一般项目立项。

2019年8月30日，济南高新区丰奥嘉园小学语文组承担中国教研网“整合式教学法集体备课指导”活动。

2019年10月17日，济南高新区丰奥嘉园小学张军芳老师应邀到山东省泰安市肥城市龙山小学做“单元整合式”小学语文课程体系使用培训。

2019年10月18日，河北省石家庄市栾城区考察团到济南高新区丰奥嘉园小学观摩学习“单元整合式”小学语文课程体系。

2019年10月31日，山东省基础教育改革立项项目“单元整合式”小学语文课程体系研究开题。

2019年10月15日，济南高新区丰奥嘉园小学语文教研组承担中国教研网集体备课活动，分享“小学语文如何基于文体特点落实语文要素”专题。

2019年11月，济南高新区丰奥嘉园小学董娇老师赴高新区稼轩小学开展“单元整合式”小学语文教学“送教上门”活动。

2019年12月7日，贵州省遵义市考察团到济南高新区丰奥嘉园小学观摩学习“单元整合式”小学语文课程体系。

2019年12月，济南高新区丰奥嘉园小学王希锋校长受邀到河北省邢台学院“国培计划(2019)河北省乡村小学语文骨干教师培训班”做“单元整合式”小学语文课程体系专题报告。

2020年1月7日，济南高新区丰奥嘉园小学王希锋校长专著《“单元整合式”小学语文课程体系研究》由中国知网大成编客正式出版电子书，作品编号CNKI-23356。

2020年1月19日，配套统编本教材的“单元整合式”小学语文课程体系配套读本《小学语文素养读本》(一至六年级下册)由中国知网大成编客正式出版电子书。

2020年2月，济南高新区丰奥嘉园小学语文教研组承担中国教师研修网、中国教研网“停课不停教，停课不停学”授课活动。济南市高新区“空中课堂”微课录制活动，推送《祖父的园子》等6节课例。

2020年4月10日，济南高新区丰奥嘉园小学张军芳老师撰写的《做好“词句段运用”教学，落实语用训练》刊登在《语言文字报》。

2020年5月1日，济南高新区丰奥嘉园小学姬光美老师撰写的《浅谈可视化深度阅读策略》刊登在《语言文字报》。

2020年6月11日，济南高新区丰奥嘉园小学语文教研组承担中国教研网“每周教研”活动，做“小学语文五下七单元：关注语言表达　提升语用能力”专题分享。

2020年6月17日，《中国教育报》图文报道济南高新区丰奥嘉园小学拎包入校轻松复学。

2020年6月26日，语文教研组承担中国教研网“每周教研”活动，做“六下五单元：方法巧梳理　解锁文言文”专题分享。

2020年9月11日，《济南日报》报道《“一本书”牵出的创新语文课程体系》。

2020年10月12日，山东省基础教育教学改革项目“‘单元整合式’小学语文课程体系研究”进行课题中期汇报。

2020年10月，济南高新区丰奥嘉园小学教师张军芳、姬光美、刘娜受邀参加“基于学生核心素养发展的课程建设与课堂教学改革交流研讨会”，做“单元整合式”小学语文课程体系专题报告并展示观摩课。

2020年12月，济南高新区丰奥嘉园小学王希锋、张军芳、姬光美为济南市商河县小学语文教师培训“单元整合式”小学语文课程体系。

2020年12月，济南高新区丰奥嘉园小学刘娜老师赴高新区南郭而小学开展“单元整合式”小学语文教学“送教上门”活动。

2021年3月，长清区实验小学到济南高新区丰奥嘉园小学观摩学习“单元整合式”小学语文课程体系。

2021年3月，“‘单元整合式’小学语文课程体系研究”研究成果之一《“轻负高质”办学模式探索与实践》在《中小学校长》期刊上全文发表。

2021年3月，济南高新区丰奥嘉园小学董娇老师执教课例《两小儿辩日》在山东省2021年“一师一优课、一课一名师”评选活动中被评为省级优课。张军芳老师撰写的《携手共进，打造教师专业发展共同体》教育案例在济南市教育学会组织的2020年度优秀教育案例评选中获一等奖。

2021 年 4 月，聊城市东昌府区兴华路小学、花园路小学、北顺小学来济南高新区丰奥嘉园小学观摩学习“单元整合式”小学语文课程体系。

2021 年 4 月，济南高新区丰奥嘉园小学董娇老师赴临沂参加山东省小学语文整本书阅读课堂教学展示研讨活动，执教《昆虫记》推荐课。

2021 年 4 月，济南高新区丰奥嘉园小学举办“单元整合式”小学语文教学法研讨会。

2021 年 5 月，济南高新区丰奥嘉园小学入围济南市第二届学科（小学语文）教研示范校。

2021 年 5 月，聊城市东昌府区北顺小学到校观摩学习“单元整合式”小学语文课程体系。

2021 年 6 月 1 日，济南高新区丰奥嘉园小学召开山东省基础教育教学改革项目课题“‘单元整合式’小学语文课程体系研究”结题鉴定会。

2021 年 7 月，济南高新区丰奥嘉园小学王希锋校长为聊城市骨干教师培训“单元整合式”小学语文教学。

2021 年 11 月，《中国教育报》报道济南高新区丰奥嘉园小学教改工作《轻装上阵，已达远境——山东省济南高新区丰奥嘉园小学“轻负高质”理念实践成果采撷》。

2021 年 11 月，济南高新区丰奥嘉园小学姬光美、刘娜通过视频连线的形式与甘肃省临夏县教师团队线上交流“单元整合式”小学语文课程体系。

2021 年 11 月，承办济南高新区“十四五”教育高质量发展暨丰奥嘉园小学现场会，刘娜老师做展示课，张军芳老师等做论坛发言。

2021 年 12 月，济南高新区丰奥嘉园小学姬光美、刘娜老师与云南省泸水市称杆乡中心完小进行线上教育教学活动工作的汇报交流。

2021 年 12 月，济南高新区丰奥嘉园小学姬光美参加济南市教育教学研究院组织的济南市“双减”背景下小学语文作业设计研究活动，做“聚焦要素促提升，学练结合促发展”的报告。

2022 年 1 月，济南高新区丰奥嘉园小学姬光美老师参加济南高新区小学语文作业设计研讨观摩活动，做“轻负高质　作业先行”的报告。

2022 年 1 月，济南高新区丰奥嘉园小学王希锋校长专著《追梦陶行知：小学语文单元整合式轻负高质“自动化”课堂实践研究》由山东大学出版社出版。

附录二 "单元整合式"小学语文教学设计

（以部编版小学语文六年级上册第二单元为例）

单元解读

第二单元的单元主题是"革命岁月"，围绕这一单元主题，本单元编排了《七律·长征》《狼牙山五壮士》《开国大典》《灯光》四篇课文。跟随着每一课的文字我们一起重温激情洋溢的革命岁月：红军战士不畏千难万险，跨过了万水千山，英勇豪迈；狼牙山五壮士不惧牺牲，唱响了气吞山河的壮歌，震天动地；开国大典的庄严时刻，成千上万的群众欢呼雀跃，热血沸腾；郝副营长舍己为人，为了孩子的明天在危急时刻挺身而出，感人肺腑……

本单元的课文虽然题材、体裁不一，但字里行间都饱含着强烈的民族精神和爱国热情，是在语文教学中进行爱国主义教育的极好凭借。通过感受中国近代史上中华儿女奋力抗争、为革命胜利前仆后继的一幕幕感人画面，学生能受到革命精神的熏陶感染，增强历史责任感与使命感。

本单元的语文要素是"运用点面结合进行场面描写"，旨在让学生体会文章在写场面的同时，也注意对细节的描写，从而感受两者是如何进行有机结合的。如《开国大典》中，既有对受阅部队经过天安门时恢宏气势的描写，又通过具体细节展现各个方阵的风采。《七律·长征》中，首联"红军不怕远征难，万水千山只等闲"概说长征路上的千难万险，此为面。而后颔联、颈联中"五岭逶迤""乌蒙磅礴""金沙江""大渡河"则是对困难场景的具体而详细的展开，此之谓点。这样相互结合的方式，将红军长征路上的艰难困苦展现出来，将红军藐视一切困难的形象展现出来。语文园地的交流平台也涉及点面结合的写法，旨在引导学生回顾点面结合的写法，并建议学生将其运用到自己的习作中。

课时安排及学习目标

	课型	内容	时间	学习目标
单周	字词过关课(一)	第二单元字词	周一	1.正确书写“律、崖”等32个一类字。 2.正确认读并书写“日寇、奋、战”等40个词语表中的词语。
	字词过关课(二)	第二单元字词及基础知识	周二	1.查漏补缺,正确识读课文中的所有词语。 2.积累关于“看”的词语。 3.正确、美观地书写生字。
	读悟课(一)	《狼牙山五壮士》	周三	1.有感情地朗读课文。 2.感受五壮士面对强敌毫不畏惧、英勇顽强、宁死不屈的革命主义精神和忠于党、忠于人民、忠于祖国的精神。 3.了解课文点面结合写场面的方法。
	习作讲评课	《变形记》讲评	周三下午	1.与同伴互改习作,交流感受,提出自己的看法。 2.发挥想象,把“变形”后的经历修改详细。 3.根据同学的建议,运用修改符号修改自己的习作。
	读悟课(二)	《开国大典》 《狱中联欢》	周四	1.有感情地朗读课文。 2.感受毛泽东的伟人风采,体会中国人民为新中国的诞生而激动、自豪的思想感情。 3.进一步学习课文点面结合写场面的方法。
	读写结合课	点面结合写场面	周五	1.写一个活动场景(拔河、掰手腕、联欢会等)。 2.运用点面结合的方法写一段话。

续表

	课型	内容	时间	学习目标
双周	拓展阅读课（一）	《八女投江》 《抗日英雄—王朴》 《难忘的小红马》	周一	1.流利地朗读课文。 2.感受人物英勇气概。 3.进一步学习课文点面结合写场面的方法。
	拓展阅读课（二）	《青山处处埋忠骨》 《有一种力量叫清贫》	周二	1.流利地朗读课文。 2.感受人物英勇气概。 3.进一步学习课文点面结合写场面的方法。
	高效阅读课		周三	学习点面结合写场面的相关题目答题技巧。
	习作课	《多彩的活动》	周三下午	1.写清楚活动过程，将重点部分写具体，写出活动中的感受。 2.用点面结合的方法写场面，既关注整个场景，又注意人物的动作、语言、神态等细节描写。
	语用实践课	语文园地	周四	1.回顾本单元学过的课文，在交流中进一步体会场面描写中点面结合的写法。 2.读句子，体会句子运用反复的表达效果。 3.学习用多种形式来替代"说"，让表达更生动。 4.欣赏书法作品，能做到规范书写，养成自我检视的习惯。 5.朗读并背诵关于热爱祖国、为国献身的名人名言。
	检测反馈		周五	落实单元训练点，检测单元语文要素学习效果，做好反馈矫正、二次过关。

字词过关课(一)

一、早读

早读内容：朗读第二单元一类词语和词语表中的词语。

检查标准：正确、流利地大声朗读词语。

检查形式：自由读。组内互查、教师抽查。

二、教学过程

(一)字词认读关

1.生字表中词语

课件出示：

奋战 险要 斩钉截铁 攀登 居高临下

粉身碎骨 眺望 壮烈 豪迈 惊天动地

预定 排山倒海 就位 雄伟 肃静 语调

完毕 检阅 一致 高潮 次序

(1)选各组 1 号或 2 号示范读，纠正字音。

(2)同桌互查，相互指正，争取人人过关。

(3)教师抽查，选各组 3 号或 4 号过关读，纠字正音。(教师根据认读情况确定需二次认读过关的重点词)

预设："攀登、斩钉截铁、肃静"学生易读错，注意"攀"与"截"的写法，横画较多，易写错。

2.文中一类生字组成的词语

课件出示：

七律 悬崖 铁索 日寇 棋盘 山涧 雹子

屹立 喜悦 政府 外宾 石栏 汇集 爆发

宣布 旗帜 阅兵 制服 坦克 距离 射入

大渡河 隆隆声 副班长 手榴弹 抡一个圈

坚强不屈 全神贯注 热血沸腾

(1)教师检查，选各组 1 号或 2 号过关读，争取人人过关。

(2)检查 3 号、4 号。

预设 1：日寇中的"寇"字学生易读错，容易跟"冠"混淆。

预设 2："大渡河"的"渡"易写成"度"。

预设 3："律"和"崖"两个字中的横画较多，不要多写或者漏写，注意不同位置的横画的长短不同。

设计意图：将本单元出现的一类生字和二类生字进行整合分类，让学生能够高效、准确地认读本单元的生字。

(二)多音字区分运用

课件出示：

绷 [bēng](绷带) [běng](绷着脸) [bèng](绷亮)

拧 [nǐng](拧开) [níng](拧毛巾) [nìng](拧脾气)

预设：学生不易区分多音字的读音，可根据每个读音的意思进行辨别，或者将词语放入具体的语境中进行区分。

设计意图：运用多种方法进行辨别识记，帮助学生进行区分，更好地进行有意义的识记。

(三)环节三：字词听写关

(1)学生用自己喜欢的方式自由识记一类字。

(2)听写生字。(读词写字，听写本单元一类生字——只写字)

律 悬 崖 索 寇 棋 涧 雹 屹 悦 政 府 宾 栏 汇 爆 宣 帜 阅 制 坦 距 射 渡 隆 副 榴 弹 抡 屈 贯 沸

预设："索"的下半部分不要写成"系"，"隆"右边下面是四个横，容易少写一横。

(3)同桌对照大屏幕互批，同桌互相交流，说明错因，互帮纠错。

两种任务安排：有错的改错，全写对的把字练写美观。(教师巡视了解学生听写情况，确定需重点指导的字)

(4)反馈听写。

(5)收本节课听写纸，教师逐一批阅，统计出错情况，做好记录，准备下一节字词过关课上指导书写。

设计意图：将本单元出现的一类生字进行整合分类，同时加入易错字的讲解，运用多种方法进行识记巩固，让学生能够高速、准确地识记本单元生字。

三、巩固训练

完成本课习题。

字词过关课(二)

一、早读

早读内容：复习昨天学的第二单元一类词语和词语表中的词语，尤其是出现问题较多的词语。

检查标准：正确、流利地大声朗读词语。

检查形式：自由读。同桌互查、教师抽查。

二、教学过程

(一)字词认读关

课件出示上节课认读出现问题较多的词语。(教师根据本班学情确定)

预设：悬崖　斩钉截铁　铁索　隆隆声　攀登　肃静

指生范读，强化字音。

(1)全体起立，同桌互查，清查出错者，逐一过关。

(2)全班齐读，强化巩固。

词语表：情不自禁　慰问　繁忙　清醒　苍白　肃然起敬　下意识　惊疑　一针见血　颤抖

预设："情不自禁"的"禁"字读音为一声，易读成四声。"一针见血"的"血"易读错，应该读"xiě"。

多音字：吓　恐吓　惊吓

设计意图：对于字词过关一中的易错词进行强化巩固，强化记忆。

(二)字词听写关

(1)课件出示上节课听写出错多的词语,齐读,强化巩固并找两位学生在黑板听写。

预设:全神贯注、斩钉截铁、热血沸腾、旗帜、一致

(2)指导重点字:

出错较多和书写不美观的共性字。(教师根据本班学情确定需重点指导的字,以下仅供参考)

书写不美观的:贯(注意上下部分的对应关系)、悬(注意长横的书写)、雹(注意雨字头四个点的书写及分布)。

易出错的:寇(注意、右下部分小横不出头)、爆(注意最后一笔是点)、隆(注意右下部分的小横,不要漏写)

师在田字格内范写,生书空。

生在练习本上各练写两个。

预设:“悬崖”“铁索”“攀登”“斩钉截铁”“热血沸腾”易写错。

(3)齐读强化,识记字形。

(4)听写。[听写本单元在基础过关课(一)中出错较多的一类生字组成的词语]

找两个不同层次的学生板演,其他同学在听写纸上听写。

(5)师生共评:老师针对黑板上的听写情况,进行针对性指导,并强调存在的共性错误。

(6)互批互教:同桌对照大屏幕互批,同桌互相交流,说明错因,互帮纠错。

(7)投影展示书写漂亮的同学的听写纸,表扬鼓励。

(8)改错:出错的同学错一改三,全对的同学练习写美观。

设计意图:通过多种识记方法强化对易错词的巩固识记,让学生扎实掌握本单元要求会写的词语。

三、巩固训练

完成本课习题。

读悟课(一)

一、早读安排

早读内容：朗读《狼牙山五壮士》，重点朗读第二、四自然段。

检查标准：1 号、2 号生正确流利朗读全文，3 号、4 号生正确流利朗读第二、四自然段。

检查形式：(1)教师重点检查 4 号，逐一过关；抽查其他号位学生。(2)1 号、4 号生，2 号、3 号生相互检查。

二、教学设计

(一)导入新课

同学们，我们中华民族是一个久经沧桑的民族，在抗击外来侵略的过程中涌现出一个又一个的英雄人物。让我们把思绪拉到 1941 年秋天的狼牙山，再次感受五壮士的英勇无畏。

(二)整体感知

(1)齐读课文题目，说说你从中知道了什么？

(“狼牙山”告诉了我们地点，“五壮士”告诉了我们主要人物)

(2)默读课文，想一想：回忆课文的记叙顺序，用小标题的形式汇报一下主要内容。

整个事件发生的顺序可以概括为：接受任务—痛击敌人—引上绝路—顶峰歼敌—跳下悬崖。其中第二、四、五部分写得比较详细，其他部分写得比较简略。课文结构严谨，主次分明。

(三)精读细悟

1.接受任务

五壮士是在什么情况下接受任务的？接受了什么任务？从文章中读出答案。

（1941年秋，日寇集中兵力，向我晋察冀根据地大举进犯）

（七连决定向龙王庙转移，把掩护群众和连队转移的任务交给了六班）

（敌人大举进犯，在敌我力量悬殊的情况下，接受了掩护群众和主力部队转移的任务）

2.痛击敌人

(1)“五壮士”是哪五个人？

(2)作者抓住了人物的哪些特点来写？运用了哪些人物描写的方法？请找出相关句子读一读。

（班长马宝玉沉着地指挥战斗，让敌人走近了，才下命令狠狠地打）

班长马宝玉：“沉重、镇定、不慌张”——神态描写。

（副班长葛振林打一枪就大吼一声，好像细小的枪口喷不完他的满腔怒火）

副班长葛振林：“满腔怒火”——心理描写。

（战士宋学义扔手榴弹总要把胳膊抡个一圈，好使出浑身的力气）

战士宋学义：“扔手榴弹抡一个圈”——动作描写。

（胡德林和胡福才这两个小战士把脸绷得紧紧的，全神贯注地瞄准敌人射击）

小战士胡德林、胡福才：“脸绷得紧紧的”“全神贯注”——神态描写；“瞄准射击”——动作描写。

(3)从这些描写中你体会到了什么？用你的朗读告诉大家。

（战士们英勇善战，对敌人无比痛恨）

(4)战士们的战绩如何？从哪些词、句可以看出来？

（战斗进行了很久，敌人始终不能前进一步。在崎岖的山路上，横七竖八地躺着许多敌人的尸体）

经过战士们的浴血奋战，沉重地打击了敌人，顺利地完成了掩护任务。

总结方法：第二自然段痛击敌人的场面描写中，既有对个体形象的细致描写，又有对人物群体形象的粗线条勾勒，这样的场面描写方法叫作“点面结合”。在刻画某一具体形象时，作者多从神态、动作、语言等方面进行刻画。虽然文章描写的主要人物形象只有五个，但是作者却能够根据各自的身份、性格等特征，分别从不同的角度切入，有序地呈现出一组各有特色的人物形象。

引导学生再读第二自然段，体会“点面结合”描写场面的好处。

像这样有点有面的描写，层次感及画面感强，既让我们感受到五壮士作为一个战斗群体的团结勇敢，又能感受到每一位战士的英勇顽强，塑造了令人印象深刻的抗日英雄个体和群体的形象。

设计意图：通过反复朗读的方式，让学生充分体验在对痛击敌人场面的描写中，既有对个体形象的细致描写，又有对人物群体形象的粗线条勾勒，从而体悟到点面结合描写场面的好处。从读中感悟，从读中思考。

3.抉择

正当战士们准备转移的时候，有两条路摆在战士们的眼前。他们做出了什么选择呢？——引上绝路。

(1)摆在战士们面前的是两条什么路？他们是如何选择的？他们为什么要这样做？你体会到了什么？画出令你感动的句子读一读。

明确：是啊，他们明知是一条绝路，为了广大群众和主力部队的安全转移，毅然决然地做出了无悔的选择，从中我们体会到了他们对人民深深的爱和高度的责任心。

(2)班长在面对生死选择时，是什么态度，从哪个词可以看出？

明确：带头、坚决果断。

4.顶峰歼敌

(1)读这部分你又体会到战士们是怎样的人？

(2)找出描写班长的语句读一读，画出描写班长动作的词。

明确：抢、夺、插、举、喊、拔、拧、掷。

重点朗读：顿时，石头像雹子一样，带着五位壮士的决心，带着中国人民的仇恨，向敌人头上砸去。

a.这个句子使用了什么修辞手法？

b.从中你体会到了什么？

(用比喻的方法说明了石头非常密集、迅猛。体现了战士们杀敌的决心和血战到底的英雄气概)

c.尝试带着坚定、果敢的语气，朗读出战士们杀敌的决心和血战到底的英雄气概。

5.英勇跳崖

(1)读这部分，你能用哪些词概括他们的英雄行为？

(视死如归、宁死不屈、英勇壮烈)

(2)五位壮士屹立在狼牙山顶峰，眺望着群众和部队主力远去的方向。他们回头望望还在向上爬的敌人，脸上露出胜利的喜悦。

①联系上下文,说说“屹立”的意思。

②五壮士站在狼牙山顶峰,知道自己将要牺牲了,为什么脸上还露出胜利的喜悦?谈谈自己的感受。

(3)读一读五壮士是怎样跳崖的语句,你从他们的动作、神态、语言中体会出什么?

(班长马宝玉激动地说:“同志们,我们的任务胜利完成了!”说罢,他把那只从敌人手里夺来的枪砸碎了,然后走到悬崖边上,像每次发起冲锋一样,第一个纵身跳下深谷。战士们也昂首挺胸,相继从悬崖往下跳)

从班长马宝玉把从敌人手里夺来的枪砸碎了,能体会出他不给敌人留下一枪一弹,也表明了他跳崖的决心。“纵身”“昂首挺胸”“相继”体现出壮士坚贞不屈、视死如归、勇于献身的英雄气概。

(4)五壮士喊出了什么口号?你体会到了什么?

明确:“打倒日本帝国主义!”“中国共产党万岁!”

对敌人无比的仇恨和对党和人民的忠诚,这种爱与恨,正是壮士们英勇顽强、不怕牺牲的力量源泉。

(5)这仅仅是五壮士的心声吗?

明确:这不仅仅是五壮士的心声,也是我们英雄的中国人民坚强不屈的声音。

设计意图:“跳下悬崖”这一部分是文章的结局,也是整个故事的升华和高潮,让学生通过朗读体会五壮士的豪情壮志。面对绝境,面对即将到来的死亡,战士们没有丝毫犹豫,他们态度从容,脚步坚定,大义凛然,好像不是走向死亡,而是投身于一场新的战斗。读好“说”“砸”“走”“跳”“昂首挺胸”等词语才能把握好五位战士跳崖时的那种无畏的精神。

(四)课堂小结

课文结构严谨,主次分明,通过点面结合的写法来突出五壮士面对强敌毫不畏惧、英勇顽强、宁死不屈的革命英雄主义和忠于党、忠于人民、忠于祖国的精神,字里行间饱含着对五壮士的崇敬与颂扬之情。

(五)板书设计

	接受任务(略)	
狼牙山五壮士	诱敌上山(详)	点面结合
顶峰歼敌(详)	引上绝路(略)	
	英勇跳崖(详)	

三、巩固训练

1.完成习题。

2.预习《开国大典》《狱中联欢》两篇文章。

读悟课(二)

一、早读安排

早读内容:朗读《开国大典》《狱中联欢》。

检查标准:1 号、2 号生正确流利朗读全文,3 号、4 号生正确流利朗读《开国大典》第十二自然段和《狱中联欢》第三自然段。

检查形式:(1)教师重点检查 4 号,逐一过关;抽查其他号位学生。(2)1 号、4 号生,2 号、3 号生相互检查。

二、教学设计

(一)导入

回顾六十年大庆的场面,欣赏视频,引入课题。

现在就让我们随着历史的长河逆流而上,走进新中国的开国大典。

(二)初读文章,厘清脉络

1.快速阅读课文,想想课文为我们描述了大典的哪些场面?

(群众入场—宣布成立—升旗鸣炮—宣读公告—阅兵仪式—群众游行)

2.请同学们选择你最难忘的场面读一读,边读边想象当时的情景,勾画出让你难忘的句子。你从中感受到了什么?

学生自读自悟后进行汇报。

3.教师结合学生交流情况引导深入研读。

语段一：

> 下午三点整，会场上爆发出一阵排山倒海的掌声，中华人民共和国中央人民政府主席毛泽东出现在主席台上，跟群众见面了。三十万人的目光一齐投向主席台。

（引导学生抓住“排山倒海”“一齐”等词语体会群众的热情及对毛主席的热爱之情）

师请生介绍为什么大家如此热爱毛泽东主席？师补充介绍，加深学生情感，加入感情诵读。

语段二：

> 这庄严的宣告，这雄伟的声音，使全场三十万人一齐欢呼起来。这庄严的宣告，这雄伟的声音，经过无线电的广播，传到长城内外，传到大江南北，使全中国人民的心一齐欢跃起来。

(1)“这庄严的宣告，这雄伟的声音”指的是什么？引出重点句：“中华人民共和国中央人民政府今天成立了！”

(2)你觉得可能会传到了哪些地方？你仿佛看到了什么？（分组讨论）

(3)引导学生抓住“一齐欢呼”“一齐欢跃”等词语体会人民的激动之情，体会反复手法的表达效果。

(4)指导学生有感情朗读。

设计意图：根据学生感悟灵活切入教学，引导学生自主感悟，有感情诵读。让学生了解每个场面后，再连起来说说开国大典的过程，对文章的大体脉络进行梳理，对人们激动、兴奋的情感有进一步的体会。

（三）详读阅兵场面，感悟方法

1.读一读阅兵片段，想一想是按照什么顺序写的？

根据“开头是海军两个排……接着是步兵一个师……接着是炮兵一个师……接着是一个战车师……接着是一个骑兵师（同时人民空军的飞机飞过）……”这些关键词句，明确阅兵式的场面是按照各方阵的行进顺序写的。

2.各军兵种描写的角度是否相同？分别描写了他们怎样的特点？

海军突出的是服装颜色特点，步兵突出方阵行进特点，炮兵突出武器特点等。

3.回忆一下上节课学的点面结合，思考在阅兵场面的描写中，哪些是点，哪些是面呢？

“由东往西，缓缓进场”“全都以相等的距离和相同的速度经过主席台前”，这些是对“面”的描写，而各兵种的部分是具体的“点”的描写。这种“点面结合”的方法既有整体感受，又能突出特点。通过朗读体会，学生可以感受到各个方阵的气势，更能够感受到整个阅兵的庄严、隆重，气势恢宏。

（四）方法迁移，拓展阅读

1.引导学生朗读《狱中联欢》，概括文章的主要内容。

2.重点分析朗读第三自然段。

楼下四室的“报幕员”用北京话宣布：“我们的节目是歌舞表演。表演开始！”只见铁门哗啦一开，一连串的人影，打着空心筋斗，翻了出来，博得同志们的齐声喝彩。接着，几个人聚拢来，站成一个圆圈，又有几个人爬上去站在他们肩上，又有人爬上去……一层、二层、三层……他们在叠罗汉。最上边站着一个人，满脸兴奋的微笑，站得比集中营的墙、电网更高，手里拿着一面红纸做的鲜艳的红旗，遥望着远处的山。

3.用“____”画出选文中人物群体的描写，用“﹏﹏”画出选文中人物个体的描写。说一说这样写的好处是什么。

设计意图：通过点面结合的描写方法，使学生领会革命前辈在狱中联欢时表现出来的革命乐观主义精神和巧妙的斗争艺术。再引导学生带入感情，将革命前辈的乐观主义精神融入自己的读书声中。完成语文要素由理解输入到朗读输出的过程。

（五）总结方法

本单元有的课文写到了大的场面，如狼牙山上的激烈战斗、开国大典中的阅兵式。课文在写这些场面时，运用了点面结合的方法。如，《开国大典》写阅兵式时，既从整体上写了受阅部队经过天安门广场时那种整齐威武的情景，又注意通过细节展现各个方阵的风采。这不仅让我们感受到了整个阅兵式的庄严、隆重，还让我们领略到了各个队伍的特色。平时的阅读中，我们读到这样的场面描写时，要注意体会表达效果，学习写法。

(六)板书设计

《开国大典》——点面结合——阅兵仪式
《狱中联欢》——点面结合——联欢场面

三、巩固训练

1.完成习题。

2.朗读《灯光》《毛主席在花山》。

读写结合课

一、早读安排

早读内容：朗读《狼牙山五壮士》，重点朗读第二、四自然段。

检查标准：1 号、2 号生正确流利朗读全文；3 号、4 号生正确朗读全文，流利朗读第二、四自然段。

检查形式：(1)教师重点检查 4 号，逐一过关；抽查其他号位学生。(2)1 号、4 号生，2 号、3 号生相互检查。

二、教学设计

(一)经典段落，明确写法

经典段落回顾，段落一：

为了拖住敌人，七连六班的五个战士一边痛击追上来的敌人，一边有计划地把大批敌人引上了狼牙山。他们利用险要的地形，把冲上来的敌人一次又一次地打了下去。班长马宝玉沉着地指挥战斗，让敌人走近了，才下命令狠狠地打。副班长葛振林打一枪就大吼一声，好像细小的枪口喷不完他的满腔怒火。战士宋学义扔手榴弹总要把胳膊抡个一圈，好使出浑身的力气。胡德林和胡福才这两个小战士把脸绷得紧紧的，全神贯注地瞄准敌人射击。敌人始终不能前进一步。在崎岖的山路上，横七竖八地躺着许多敌人的尸体。

经典段落回顾,段落二:

开头是海军两个排,雪白的帽子,跟海洋一个颜色的蓝制服。接着是步兵一个师,以连为单位,列成方阵,齐步行进。接着是炮兵一个师,野炮、山炮、榴弹炮、火箭炮,各式各样的炮,都排成一字形的横列前进。接着是一个战车师,各种装甲车和坦克车两辆或三辆一排,整整齐齐地前进;战士们挺着胸膛站在战车上,像钢铁巨人一样。接着是一个骑兵师,"红马连"一色红马,"白马连"一色白马,五马并行,马腿的动作完全一致。以上这些部队,全都以相等的距离和相同的速度经过主席台前。当战车部队经过的时候,人民空军的飞机也一队队排成人字形,飞过天空。毛主席首先向空中招手。群众看见了,都把头上的帽子、手里的报纸和别的东西抛上天去,欢呼声盖过了飞机的隆隆声。

1.指生朗读。

2.学生总结两个段落的写法:点面结合。

(二)实景活动,激发写作

1.实景活动。

找两个男生掰手腕,其他同学当观众。注意观察比赛参与者和观众的动作、语言、神态。

2.分组交流。(每人 30 秒)

3.分享交流。

4.学生练习。

不用写题目,开头空两格写一段话,注意语句通顺,写一写比赛者的动作、表情、神态以及观众的语言、行为。

5.出示比赛时照片。

设计意图:兴趣是最好的老师,用学生最感兴趣的活动作为切入点,在学生亲身体会、感受过后,表达欲望强烈时,再结合本单元语文要素,引导学生用文字表达出来。

(三)学生练笔,教师巡视(约15分钟)

1.生练习写话。

2.教师巡视,了解情况。

(四)互相评议,赏评修改(约15分钟)

1.品评典型习作,明确批阅标准。(约3分钟)

选出在巡视时发现的具有代表性的作品,实物投影进行评议。

小组内评改及品评标准:

(1)1号和4号交换习作,2号3号交换习作,大声读习作。

(2)修改错字、病句。

(3)是否运用了定点换景的方法,点面结合描写时是否抓住人物的神态、语言、动作等细节描写。

2.小组内互批。(约5分钟)

3.赏评提高。(约5分钟)

分享组内优秀作品:组长推选出优秀作品,集体赏评。

4.修改作品。(约2分钟)

根据批阅及赏评,修改自己的作品。

(五)板书设计

场面描写——点面结合{面
点}

拓展阅读课(一)

一、双周周一早读安排

早读内容:(1)7:40前自由朗读《革命的火种》《八女投江》。(2)7:40～7:50检查《革命的火种》。

检查标准:正确、流利。

检查形式:组内接读,小组长负责统计朗读情况,并及时反馈给老师。老师巡视检查,并做指导。

学习目标:(1)正确、流利地朗读《八女投江》《抗日小英雄——王朴》《难忘的小红马》。(2)通过朗读习得朗读技巧,巩固单元语文要素,感悟文章表达主旨。

二、教学过程

(一)课前活动

同学们,当你读书时,朗读让我们感悟语言,分享使快乐蔓延。所以,每节课伊始,都是朗读分享时。今天的朗读者是×组×号,×××。

(学生朗读)

感谢×××的分享。谁来评价下他/她的朗读,或分享一下作为听者的感受?

总结:看来正确、流利、声音洪亮、有感染力、自信大方是大家共同的评价标准。要想实现这些目标,做一个高水平的朗读者,可不是一蹴而就的,需要我们脚踏实地,认准目标,把握方向。我们一起走进今天的文本。

设计意图:每节课拓展阅读课伊始,轮流安排学生展示朗读,激发学生朗读积极性。

(二)明确学习目标

这节课,我们共同学习第二单元拓展阅读课(一)。首先,明确本节课的学习目标:

1.正确、流利地朗读《八女投江》《抗日小英雄——王朴》《难忘的小红马》。

2.通过朗读习得朗读技巧,巩固单元语文要素,感悟文章表达主旨。

设计意图:通过出示学习目标,学生明确了本节课的学习任务,提升学生专注力,学习有了方向。

(三)《八女投江》

1. 1号生接力范读

出示接读要求:

(1)范读者声音洪亮,正确流利地朗读文章。

(2)其他同学做合格的听众,保持安静,尊重读者,用心倾听。

(3)如有异议,及时举手示意,朗读完毕进行纠正和反馈。

教师反馈:1号学生朗读非常到位,为大家树立了榜样。这些同学预习得很到位,没有出错的同学为组内加1分。我们要特别注意这些句子的朗读,1号同学处理得很好:当抗联大部队发现还有八名女战士没有冲出日军的包围后,多次组织抗联战士回来营救,但都因日军的火力太强未能成功。

哪位同学能按照×××同学的方式朗读这个句子?

同学们,读长句子时,我们要注意分句之间的逻辑关系,用轻重音或停顿长短来表达。这个句子中第一个分句和第二个分句之间是因果关系,第二个分句和第三个分句之间是转折关系,分句之间的停顿要注意,另外还可以重读“多次”来突出抗联大部队的团结一心。

请大家试着用这些方法读一读这个句子。(请1～2名同学来展示)

设计意图:1号同学在组内要起到表率作用,通过展示,既起到了检查作用,同时也起到了督促激励作用。对于个别句子的处理,针对句型特点,渗透朗读技巧。

2.小组内接读检查

(1)出示组内接读要求:

①小组内接读,每人读两个自然段。要及时纠正错误并强化。

②过关标准:正确、流利朗读。

③接读检查完毕后,迅速坐好并自由朗读自己喜欢的部分。

④组长做好过关情况统计,并准备进行汇报。

(2)组内接读文章,教师巡视。

(3)小组长进行汇报,教师及时加减分。

(我们组的成员都做到了正确流利朗读)

(我们组4号同学在读“×××”一词时,第一次读错了)

(我们组在读“×××”这个句子时,断句不太清晰)

(4)对于学生小组接读时出现的易读错的读音和不好处理的句子进行巩固。

预设：

①字词：围追堵截　河畔　篝火　英雄气概

巩固读音，指名范读，小组展示读等。

词义解析：围追堵截的意思是把军队分成几路，同时进行包围式的追击、隐藏，将敌人堵截成几块，加以消灭。我们可以说："红军躲过了国民党军队的围追堵截，进行二万五千里长征。"

②此时情况十分危急，队伍中的八名女战士主动要求殿后，并从背后袭击日军，掩护大部队突围。

刚才组长反映组内同学在读这个句子时，没有停顿。同学们，停顿可以帮助我们思考句子的逻辑关系，以便更好地理解句意，朗读既要出声更要走心。请这位同学再读一遍。

经过思考的朗读，我们明白了句子所展现的八女舍生取义的精神，希望你下次读书时要用心去读。

设计意图：小组内接力检查环节，既对学生的朗读情况进行了人人过关，又通过加减分增强了学生的小组团队精神。同时，对于学生在朗读过程中出现的困难点及时进行点拨巩固，提升学生的朗读能力。

3.回馈单元语文要素

同学们，第二单元的语文要素是了解文章是怎样点面结合写场面的。请你浏览一下本篇文章，看看文章是否有这样的描写，有什么好处？

预设：

冷云见部队被日伪军紧紧咬住，处境十分危险，便毅然决定吸引敌人，掩护大队转移。她立即把河岸边的八名女战士分成三个战斗小组，隐蔽在柳条丛中，命令道："同志们，快！向敌人开火，把敌人引过来，让大队突围！""是，射击！让大队冲出去！我们牺牲了也值得！"七名女战士边回答边一齐向敌人开火。

在这个句子中，作者就运用了点面结合的方法，既从个体层面上描写了冷云的机智冷静，又从群体上描写了女战士们英勇杀敌的场面，塑造了八位女战士的英勇形象。

设计意图：语文要素的学习和运用仅靠课本上两三篇课文的学习是不够的。用读悟课上习得的方法，在拓展阅读课上进行运用，帮助学生巩固语文要素。

(四)《抗日小英雄——王朴》

同学们,在抗日战争年代,很多和大家年龄相仿的少年,加入了儿童团,为打击侵略者做出自己力所能及的贡献。接下来,我们来了解抗日小英雄王朴。请在朗读中,思考这样一个问题,王朴是一个怎样的少年呢?说出你的理由。

小组内巡查员进行接读检查,检查过后思考问题答案。

出示要求:

(1)巡查员已过关,具备检查资格。

(2)对小组成员逐一进行检查,要及时纠正错误并帮助强化。

(3)巡查员做好过关情况统计,并准备进行汇报。

(4)巡查员汇报。

(5)反馈思考题:你认为王朴是一个怎样的孩子,从哪里可以看出来?

预设:

(1)王朴是一个热爱国家,愿意为抗日做贡献的孩子,从对王朴的语言描写“咱们要是也能参加抗日该多好呀”可以看出来。

(2)王朴是一个机智冷静、勤于思考的孩子,从对王朴的心理描写“王朴想,办公事就更应懂得带路条。再说,他为什么不走大路”可以看出来。

总结:同学们,我们想了解文章中人物的性格、品格等,可以从人物的语言、动作、心理等描写中认真分析解读。

设计意图:学习拓展阅读课第二篇文章时,以巡查员检查的形式进行,既改变了形式,又激发了学生的学习兴趣。检查后的加减分,能让学生及时看到自己的学习给组内带来的分数,激发学生预习的自主性。

(五)《难忘的小红马》

1.教师范读重点片段:第三自然段

2.异组轮查重点片段

出示要求:

(1)小组长之间轮回换组检查,例如1组组长检查2组,2组组长检查3组,以此类推。

(2)对异组成员逐一进行检查,要及时纠正错误并帮助强化。

(3)组长做好异组过关情况统计,并准备进行汇报。

组长汇报。

设计意图：拓展阅读课旨在拓展学生的阅读量，增强学生的阅读能力，但要一节课完成三篇文章的阅读过关，需要合理安排。因此，第三篇文章采取重点段落检查的方式进行。

(六)小结

这节课我们共同检查了三篇文章的朗读，大家都顺利过关。顺利过关的前提是充分的预习和课下勤劳的练读。学语文就是这样，多读多悟，脚踏实地地积累好每一篇文章，愿你读过的每一篇文章都成为你成功路上的阶石！

拓展阅读课(二)

一、双周周二早读安排

早读内容：(1)7:40 前自由朗读《青山处处埋忠骨》《有一种力量叫清贫》。(2)7:40～7:50 检查《青山处处埋忠骨》。

检查标准：正确、流利。

检查形式：组内接读，小组长负责统计朗读情况，并及时反馈给老师。老师巡视检查，并做指导。

学习目标：(1)正确、流利地朗读《虎门销烟》《有一种力量叫清贫》《百草洼伏击战》。(2)通过朗读习得朗读技巧，巩固单元语文要素，感悟文章表达主旨。

二、教学过程

(一)课前活动

同学们，宋朝大文豪苏轼曾言："发奋识遍天下字，立志读尽人间书。"他的这种对学习、对阅读的追求值得我们每一位同学学习。今天，我们课前朗读分享的同学是×组×号，×××。

(学生朗读)

感谢×××的分享。谁来评价下他/她的朗读，或分享一下作为听者的感受？

总结：全身心投入地朗读感染了每一位同学，让每一位同学身临其境。我们朗读写景类文章时，可以边想象画面边朗读，通过声音来描绘画面是一种美的享受。

设计意图：接受朗读展示任务的同学，往往提前几天开始准备。在准备的过程中，既通过增加朗读时间及次数提高了朗读熟练程度，又通过充分的朗读提高了感悟能力。

（二）明确学习目标

这节课，我们共同学习第二单元拓展阅读课（一）。首先，明确本节课的学习目标：

1.正确、流利地朗读《虎门销烟》《有一种力量叫清贫》《百草洼伏击战》。

2.通过朗读习得朗读技巧，巩固单元语文要素，感悟文章表达主旨。

设计意图：通过出示学习目标，学生明确了本节课的学习任务，提升学生专注力，学习有了方向。

（三）《虎门销烟》

1. 1号生接力范读

出示接读要求：

（1）范读者声音洪亮，正确流利地朗读文章。

（2）其他同学做合格的听众，保持安静，尊重读者，用心倾听。

（3）如有异议，及时举手示意，朗读完毕进行纠正和反馈。

教师反馈：

1号学生朗读非常到位，为大家树立了榜样。这些同学预习很到位，没有出错的同学为组内加1分。

我们要特别注意这些句子的朗读：“鸦片输入后，中国的白银就大量流入英国，清朝的经济迅速陷入危机。更严重的是，鸦片是一种对人体有害的毒品，吸食者很容易上瘾。长此以往，中华民族就要灭亡了。”请同学们再读一读这三个句子，在朗读中注意句子和句子的关系。语文朗读时，我们要弄清楚文意，一定注意联系上下文，思考一下，在文字的背后，作者想要表达的深层次含义。读这三个句子时，我们注意：“鸦片输入后”“更严重的是”“长此以往”。从这里我们可以看出鸦片对中国的危害越来越大。朗读不能只走口，不走心。

请大家带着理解的意图再读一读这三个句子。（请 1～2 名同学来展示）

设计意图： 1 号同学在组内要起到表率作用，通过展示，既起到了检查作用，同时也起到了督促激励作用。对于个别片段的处理，针对片段特点，渗透朗读技巧。同时让学生及时朗读训练，巩固提升。

2.小组内接读检查

（1）出示组内接读要求：

①小组内接读，每人一个自然段。要及时纠正错误并帮助强化。

②过关标准：正确、流利朗读。

③接读检查完毕后，迅速坐好并自由朗读自己喜欢的部分。

④组长做好过关情况统计，并准备进行汇报。

（2）组内接读文章，教师巡视。

（3）小组长进行汇报，教师及时加减分。

（我们组的成员都做到了正确流利朗读）

（我们组 4 号同学在读“×××”一词时，第一次读错了）

（我们组在读“×××”这个句子时，断句不太清晰）

（4）对于学生小组接读时出现的易读错的读音和不好处理的句子进行巩固。

预设：

①字词：腐朽　殖民地　义愤填膺　包庇

巩固读音，指名范读，小组展示读等。

词义解析：义愤填膺的意思是胸中充满义愤。在文中指面对危机局面，当时很多有识之士心中充满了义愤。我们造句：“今天，日本人企图占有钓鱼岛，美国人也想插手钓鱼岛，我们怎能不义愤填膺。”

②林则徐向世界展现了中国人禁烟的决心，谱写了中国人民反抗外国侵略的光辉篇章。

刚才老师在巡视时发现有的同学读这句话时，过于平淡，没有带着自己的感情读。语言不仅带有其本身的含义，还承载着作者的感情，而我们读者要通过朗读将其展现出来。当你看到这句话时，你心中是怎样的一种感觉呢？

是的，带着自豪，带着中国人对帝国主义的反抗精神来读这个句子。有感情地朗读更能感染听者。

设计意图：小组内接力检查环节，既对学生的朗读情况进行了人人过关，又通过加减分增强了学生的小组团队精神。针对个别同学朗读走口不走心的现象进行指导、跟踪训练，提升学生的朗读投入程度。

3.回馈单元人文主题

同学们，第二单元的人文主题是重温革命岁月，把历史的声音留在心里。请你浏览一下本篇文章，想一想，读完这篇文章，你有怎样的感受？

预设1：通过朗读，我们了解了鸦片对中国的危害，也了解了林则徐的拳拳爱国之心。中国现在强大起来，我们更要向这些历史上做出重要贡献的人物表达敬意。

预设2：通过这篇文章的学习，我通过鸦片流入—禁烟的呼声—广州禁烟—虎门销烟几个大事件了解了鸦片战争前的历史，牢记历史，前事不忘，后事之师。

设计意图：语文学科是工具性和人文性的统一。在拓展阅读课上，我们不仅要让学生习得朗读技巧，也要让学生通过朗读，对中国的历史等有一定的认识，增强爱国情怀。

(四)《有一种力量叫清贫》

同学们，在革命战争年代，无数的革命先烈为了新中国牺牲了，他们的精神鼓舞了一代又一代国人努力奋斗，才有了今天的幸福生活。接下来，我们来了解伟大的革命者——方志敏。请在朗读中，思考这样一个问题，清贫到底是一种怎样的力量？说出你的理解。

小组内巡查员进行接读检查，检查过后思考问题答案。

出示要求：

(1)巡查员已过关，具备检查资格。

(2)对小组成员逐一进行检查，要及时纠正错误并帮助强化。

(3)巡查员做好过关情况统计，并准备进行汇报。

(4)巡查员汇报。

(5)反馈思考题：清贫到底是一种怎样的力量？说出你的理解。

预设：

(1)在文章中，方志敏这么说："清贫，洁白朴素的生活，正是我们革命者能够战胜许多困难的地方。"通过这句话，我感受到了：清贫是革命者主动放弃安逸的生活，战胜各种困难，最终带领中国人走向胜利的关键力量。

(2)我从方志敏和贪婪的士兵以及国民党官员的对比中，感受到方志敏为了更多人不再清贫，虽然掌握大权，手握重金，却严于律己，甘守清贫的情怀，值得我们每一个人敬佩。

总结：同学们，通过朗读，我们可以走进一个又一个伟大的人物。这些人物身上伟大的情怀也感染着我们每一个人。

设计意图：学习拓展阅读课第二篇文章时，以巡查员检查的形式进行，既改变了形式，又激发了学生的学习兴趣。同时，通过朗读革命题材文章，培养了学生的爱国情怀。

(五)《百草洼伏击战》

1.教师范读重点片段：第16自然段

2.异组轮查重点片段

出示要求：

(1)小组长之间轮回换组检查，例如1组组长检查2组，2组组长检查3组，以此类推。

(2)对异组成员逐一进行检查，要及时纠正错误并帮助强化。

(3)组长做好异组过关情况统计，并准备进行汇报。

组长汇报。

设计意图：拓展阅读课旨在拓展学生的阅读量，增强学生的阅读能力，但要一节课完成三篇文章的阅读过关，需要合理安排。因此，第三篇文章采取重点段落检查的方式进行。

(六)小结

这节课我们共同检查了三篇文章的朗读，大家都顺利过关。这三篇文章都是革命历史题材的作品，希望同学们多阅读此类作品，感受英雄先烈们的爱国情怀。

习作·多彩的活动

一、话题交流,启发思路

同学们你们一定对丰富多彩的活动非常感兴趣。说到丰富多彩的活动,你印象深刻的活动有哪些?

学生自由发言,教师总结,如:

体育类:运动会、拔河比赛;

文艺类:六一联欢会、元旦联欢会、诗歌朗诵会;

公益活动:垃圾分类宣传活动、节约粮食宣传活动等。

二、分享趣事,激发表达

(一)交流思路

(1)确定一种感兴趣的活动。

(2)回忆印象深刻的整体场面。

(3)回忆重点人物的神态、语言、动作等细节。

(二)学生思考—小组交流—汇报分享

预设1:

老师的哨声一响,激烈的拔河比赛正式开始。只听见啦啦队员们扯着嗓子高声喊:“加油——加油——”李明(化名)双腿分开,后腿呈弓步,身体微微后倾,脸涨得通红,豆大的汗珠在额头上冒出来,他用尽全身的力气拉绳子,双手的血管更加明显。

组员评价,评价角度:是否关注了整个场景和重点人物的细节。

预设2:

在演讲比赛时,我硬着头皮走上讲台,脸开始一阵一阵地冒火,心里一直在问自己:“我能把感情表达到位吗?声音语调能控制好吗?”这么想着,我已经走到讲台中间。抬起眼,四十多双眼睛和我对视,有的脸上带着笑意,有的一脸严肃,有的在给我挥拳头口型说着“加油”。我稳定了情绪,沉浸在演讲中,老师给我拍了照片,结束时我听到一阵雷鸣般的掌声。

组员评价,评价角度:是否关注了整个场景和重点人物的细节。

设计意图：写活动离不开场面描写，而写好场面需要点面结合，也就是说既要有对场面的整体描写，又要有对场面中重点人物的细节刻画。该环节引导学生关注活动中“点”的介绍和“面”的呈现，并在相互交流中取长补短，进一步学习点面描写的方法，有利于接下来运用点面结合写场面。

三、梳理结构，厘清思路

激烈的拔河比赛

1.（略）赛前：活动时间、地点、参与者、比赛规则

2.（详）赛中

面：啦啦队员们的表现。

点：描写一位同学的神态、一位同学的动作、一位同学的语言或描写队伍最前面同学、队伍中间一位同学、队伍最后面一位同学。

3.（略）赛后：结果　感受

设计意图：按照一定的顺序梳理习作的脉络有助于帮助学生厘清写作思路，安排内容的详略。

学生习作。

语用实践课

一、交流平台

1.课文段落回顾，说说描写的内容有什么共同特点

文段1：

为了拖住敌人，七连六班的五个战士一边痛击追上来的敌人，一边有计划地把大批敌人引上了狼牙山。他们利用险要的地形，把冲上来的敌人一次又一次地打下去。班长马宝玉沉着地指挥战斗，让敌人走近了，才下命令狠狠地打。副班长葛振林打一枪就大吼一声，好像细小的枪口喷不完他的满腔怒火。战士宋学义扔手榴弹总要把胳膊抡一个圈，好使出浑身的力气。胡德林和胡福才这两个小战士把脸绷得紧紧的，全神贯注地瞄准敌人射击。敌人始终不能前进一步。在崎岖的山路上，横七竖八地躺着许多敌人的尸体。

文段 2：

开头是海军两个排，雪白的帽子，跟海洋一个颜色的蓝制服。接着是步兵一个师，以连为单位，列成方阵，齐步行进。接着是炮兵一个师，野炮、山炮、榴弹炮、火箭炮，各式各样的炮，都排成一字形的横列前进。接着是一个战车师，各种装甲车和坦克车两辆或三辆一排，整整齐齐地前进；战士们挺着胸膛站在战车上，像钢铁巨人一样。接着是一个骑兵师，“红马连”一色红马，“白马连”一色白马，五马并行，马腿的动作完全一致。以上这些部队，全都以相等的距离和相同的速度经过主席台前。当战车部队经过的时候，人民空军的飞机也一队队排成人字形，飞过天空。毛主席首先向空中招手。群众看见了，都把头上的帽子、手里的报纸和别的东西抛上天去，欢呼声盖过了飞机的隆隆声。

设计意图：出示两段文字让学生感知点面结合的写法，让学生头脑中有场面描写的初步认识，为今后学习和运用这种写法打下基础。

2.学生交流

3.教师总结评价，点拨指导

(1)这两段文字都是场面描写。(板书：场面描写)

(2)文段 1 和文段 2 既有详细叙述又有概括描写，这样的写作方法叫点面结合。点，指的是对个别人或物的细致刻画；面，指的是对全场情景的总的描绘。(板书：点面结合)

4.练习，认识“点”与“面”

请同学们把两个文段中“面”的描写部分用“______”画出来，“点”的描写部分用“~~~~~~”画出来。

5.感受点面描写的好处

点面描写层次感及画面感强，既从整体上写了(　　　　)，又从细节上展现了(　　　　)。

二、词句段运用

(一)反复手法

1.读一读

读句子，注意加点的部分，说说这样写的好处。

起初是全场肃静，只听见炮声，只听见国旗和许多旗帜飘拂的声音。

那里的天比别处的更可爱，空气是那么清鲜，天空是那么明朗，使我总想高歌一曲，表示我满心的愉快。

2.说一说

学生小组讨论，说一说。

3.教师小结

指导：反复使用了（　　）这个词语，突出了（　　）特点，表达了（　　）情感。

引导学生规范句式，说一说以上两句话的表达效果。

（二）“说”的多种表达方式

1.读一读

读句子，注意“说”的表达方式。

清明节前的一个晚上，我又漫步在广场上，忽然背后传来一声赞叹：“多好啊！”

“我还有作业没完成，不能和你一起去玩了。”我婉言谢绝了伙伴的邀请。

“既然这样，你以后再也不要来找我玩了！”话一出口，我就后悔了。

妈妈俯下身子盯着我的眼睛，一脸焦急：“你的眼睛怎么肿了？”

2.说一说

指几名学生说一说，每个句子里“说”的表达方式是什么？

（1）用和说有关的词语代替“说”字。

（2）用动作、神态心理等细节描写代替“说”字。

3.教师总结

如果对话都用“说”来表示，那就显得单调、枯燥。这几个句子中分别用“赞叹”“婉言谢绝”代替了“说”。还有的时候，可以先把语言写出来，然后再交代说话者。不用与“说”有关的词语也能表示。

三、书写提示

1.谈话导入

我们要举行一次书法作品展览，把你优秀的书法作品展示给大家看。

2.优秀作品欣赏

3.学生评价

说一说从作品图片中你有什么发现或收获。

（竖幅的作品从右往左写，署名在左下角；横幅的作品从上往下，署名在右下）

设计意图：出示优秀的书法作品图片让学生欣赏，既可以让学生学习到创作的要求与规则，又可以培养学生的审美能力，一举两得。

4.教师温馨提示

(1)行款整齐，布局合理。

(2)书写正确，字体规范。

(3)自我检视，不断提高。

四、日积月累

1.读一读

出示名言警句，学生尝试读一读。

鞠躬尽瘁，死而后已。——（三国）诸葛亮

捐躯赴国难，视死忽如归。——（三国）曹植

祖宗疆土，当以死守，不可以尺寸与人。——（宋）李纲

位卑未敢忘忧国。——（宋）陆游

2.说一说

自己读懂了什么？请同学说一说。

3.教师讲解

(1)“鞠躬尽瘁，死而后已。”出自诸葛亮的《后出师表》，意思是勤勤恳恳，竭尽心力，到死为止，多用来形容人的伟大。

三国时期，蜀主刘备死后，后主刘禅继位，把国内的军政大权交给诸葛亮处理。诸葛亮一面联吴伐魏，南征孟获，积极准备两次北伐。在最后一次北伐前夕给刘禅写了《后出师表》，表明自己将为国鞠躬尽瘁、死而后已。

(2)“捐躯赴国难，视死忽如归。”出自三国时期曹植的《白马篇》，意思是为了解除国难献身，把死亡看作回家一样，突出表现了一种爱国情感。

(3)“祖宗疆土，当以死守，不可以尺寸与人。”这句话出自《宋史》，意思是祖宗留下来的土地，我们无论如何也要守住，一寸土地也不能让给别人。

宣和七年(1125年)冬，金兵两路攻宋，昏聩无能的宋徽宗只好仓促让位钦宗，慌忙出逃镇江。李纲竭力反对南逃，主张坚决抵抗。李纲奏言钦宗：“祖宗疆土，当以死守，不可以尺寸与人。”钦宗听取了他的建议，把李纲提拔为兵部侍郎。

(4)“位卑未敢忘忧国。”出自宋代陆游的《病起书怀》。意思是虽然自己地位低微,但是从没忘掉忧国忧民的责任。

设计意图:讲解名言警句的出处、背景和大意,为学生理解名言的含义提供直接的帮助。理解大意有助于学生积累名言名句,同时也为学生正确运用打下了基础。

4.比一比

再来读一读这些名句,相互交流,看谁读得最好。

5.背一背

自己练习背一背,积累下来。

附录三 “单元整合式”小学语文教学单元作业设置

（以部编版小学语文四年级上册第三单元为例）

单周周一 字词过关课(一)练习题

一、加点字读音完全正确的一组词语是(　　)。

A.降落伞(xiáng)　阁楼(gé)　B.萧瑟(shè)　投降(xiáng)

C.骚客(shāo)　文章(zhāng)　D.谦逊(xùn)　浪费(fèi)　洞穴(xué)

二、看拼音，写词语。

rì mù	yín shī	tí mù	cè miàn	lú shān
(　　)	(　　)	(　　)	(　　)	(　　)
shān fēng	tóu xiáng	làng fèi	xùn sè	bì xū
(　　)	(　　)	(　　)	(　　)	(　　)
cāo chǎng	zhàn jù	nèn hóng	gēn jīng	kū wěi
(　　)	(　　)	(　　)	(　　)	(　　)
láo gù	yè bǐng	jūn yún	chóng dié	shū xíng
(　　)	(　　)	(　　)	(　　)	(　　)
zhù zhái	lín shí	xuǎn zé	zhù zhǐ	yōu liáng
(　　)	(　　)	(　　)	(　　)	(　　)
dòng xué	dà tīng	wò shì	zhuān jiā	wèi shēng
(　　)	(　　)	(　　)	(　　)	(　　)

三、按要求完成练习。

1.读语段，用“倾”字组词并填空。

夜晚，坐在窗边的弟弟(　　　)着外面的动静。啊！外面下起了(　　　)，妈妈还没回来，我们真替她担心。突然，屋里变得漆黑一团，我们害怕极了。姐姐说：“我们发一条微信，向妈妈(　　　)我们此时的感受吧。”

2.给加点词语选择恰当的解释。

(1) 爸爸很快就把坏了的自行车收拾好了。(　　)

(2) 敌人已经全部被我们收拾了。(　　)

(3) 他已经养成了自己收拾房间的习惯。(　　)

> 【收拾】shōu·shi动
> ①整理；整顿：～屋子。
> ②修理：～皮鞋。
> ③〈口〉整治：你要不听话，看你爸爸回来～你!
> ④〈口〉消灭；杀死：据点的敌人，全叫我们~了。

3.选字填空。

【墓 暮 慕 幕】( )布 ( )地 ( )色 仰( )

【冷 吟 怜 玲】( )唱 ( )惜 ( )珑 寒( )

【锋 峰 缝 蜂】( )利 ( )隙 山( ) 蜜( )

单周周二 字词过关课(二)练习题

一、让生字走进语境。

他 shèn zhòng( )地 xuǎn zé( )了城南的一处 zhù zhái( )。这里通风 yōu liáng( ),wò shì( )很宽敞。从窗外可以看到大片的 pá shān hǔ( )jūn yún( )地铺在墙上,叶子是 nèn( )绿的,没有 chóng dié( )起来的,看不到一点儿 kòng xì( ),也没有 kū wěi( )的。

二、下列词语书写有误的一项是( )。

A.夜幕 题字 侧面　　B.缘故 操场 逊色

C.认输 格楼 重叠　　D.慎重 选择 比较

三、选字组成词语。

1.【暮 墓】( )地 ( )色

2.【吟 怜】可( ) ( )诵

3.【提 题】问( ) ( )高

4.【峰 锋 烽】( )火 雷( ) 山( )

四、照样子,在括号里填上合适的词语。

(嫩红)的新叶　　(均匀)地铺开

( )的细叶　　( )地变色

( )的波纹　　( )地往上爬

五、给下面加点的字选择正确的解释。

触:A.接触;碰;撞　B.触动;感动

A.看了《西游记》,我感触很深。( )

B.他不小心触了电。( )

C.爬山虎的脚触着墙的时候,六七根细丝的头上就变成小圆片,巴住墙。( )

六、把下面的词语补充完整并选词填空。

( )不可( ) 不费( )( ) 随遇( )( ) 引人( )( )

1.别的昆虫大多在临时的隐蔽所藏身。它们的隐蔽所得来(　　　　),弃去(　　　　)。

2.爬山虎长大了的叶子特别(　　　　),在墙上铺得很均匀。

七、用“____”选择括号里正确的词语。

蟋蟀和它们不同,不肯随遇而安。它常常(慎重　谨慎)地选择住址,一定要排水优良,并且有(暖和　温和)的阳光。它不利用现成的洞穴。它的(舒服　舒适)的住宅是自己一点一点挖掘的,从大厅一直到卧室。

单周周三　主题读悟课(一)《爬山虎的脚》练习题

一、看拼音,写词语。

cāo chǎng　　zhàn yǒu　　nèn hóng　　gēn jīng　　kū wěi

(　　)　　(　　)　　(　　)　　(　　)　　(　　)

láo gù　　yè bǐng　　qiáo jiàn　　chóng dié　　shū xīn

(　　)　　(　　)　　(　　)　　(　　)　　(　　)

二、按要求写句子。

1.茎上长叶柄地方,反面伸出枝状的六七根细丝。(改写成比喻句)

____

2.爬山虎刚长出来的叶子是嫩红的,不几天叶子长大,就变成嫩绿的。(仿写句子)

__________的______________,刚开始是____________,慢慢地______________。

3.如果你仔细看那些细小的脚,你会想起______________________。(把句子补充完整)

三、动词填空。

爬山虎的脚(　　)着墙的时候,六七根细丝的头上就(　　)成小圆片,(　　)住墙。细丝原先是直的,现在弯曲了,把爬山虎的嫩茎(　　)一把,使它紧(　　)在墙上。爬山虎就是这样一脚一脚地往上爬。

四、关联词语我会填。

要是……就……　　　　不仅……而且……

既……又……　　　　因为……所以……

1.爬山虎茎叶密集,(　　)可以遮挡强烈的阳光,(　　)可以降低室内的温度。

2.爬山虎作为屏障,(　　)能吸收环境中的噪音,(　　)能吸附飞扬的尘土。

3.(　　)爬山虎密集的绿叶覆盖了建筑物的外墙,(　　)建筑物就像穿上了绿装。

4.(　　)你的手指不费一点儿劲,你(　　)休想拉下爬山虎的一根茎。

五、按要求完成句子练习。

反面伸出枝状的六七根细丝,每根细丝像蜗牛的触角。作者把__________比喻成__________,写出了爬山虎脚的样子,从词语__________和__________看出作者观察得非常细致。仿照例句,先详细描写,再用上比喻句。

杏花开花了!____

六、对于课文内容的理解,正确的是(　　)。(多选)

A.这篇课文是按照从整体到部分再到细节的顺序进行描写的。

B.课文启发我们要细致、连续地观察周围的事物。

C.课文重点描写了爬山虎“脚”的样子,以及它是怎样向上攀爬的。

七、课内阅读。

(一)

爬山虎刚长出来的叶子是嫩红的,不几天叶子长大,就变成嫩绿的。爬山虎的嫩叶,不大引人注意,引人注意的是长大了的叶子。那些叶子绿得那么(　　),看着非常(　　),叶尖一顺儿朝下,在墙上铺得那么(　　),没有(　　)起来的,也不留一点(　　)。一阵风(　　),一墙的叶子就漾起波纹,好看得很。

1.按原文填空。

2.这段话主要讲的是爬山虎的__________和__________。

3.爬山虎叶子的颜色变化过程是(　　)。

A.嫩红→绿得新鲜→嫩绿

B.绿得新鲜→嫩红→嫩绿

C.嫩红→嫩绿→绿得新鲜

(二)

爬山虎刚长出来的叶子是(　　)的,不几天叶子长大,就变成(　　)的。爬山虎的嫩叶,不大引人注意,引人注意的是长大了的叶子。那些叶子绿得那么(　　),看着非常(　　)。叶尖(　　　　　　),在墙上铺得那么(　　),没有(　　)起来的,也不留一点儿(　　)。一阵风(　　),一墙的叶子就(　　　　),

好看得很。

1.这段话选自《____________》。

2.这段话的作者是(　　)。(只填序号)

A.老舍　　B.叶圣陶　　C.巴金　　D.鲁迅

3.按原文填空。

4.从选段中找出下列词语的近义词。

引人注目(　　　　)　　特别(　　　　)　　漂亮(　　　　)

5.从这段话中你了解到了爬山虎叶子________、________、________的特点。

单周周四　主题读悟课(二)《蟋蟀的住宅》练习题

一、选择正确的关联词语填空。

虽然……但是……　不是……而是……　即使……也……

1.屋子的内部(　　)没什么布置,(　　)墙壁很光滑。

2.(　　)有骤雨,这里(　　)立刻就会干的。

二、按要求,完成句子练习。

1.①当四周很安静的时候,蟋蟀就在这平台上弹琴。

②蟋蟀的雄虫利用位于前翅基部的脊产生求偶鸣声。

(1)两句话都写了蟋蟀会________,但句①中"________"一词赋予了蟋蟀人的动作,让我们感受到作者对蟋蟀的________之情。

(2)请你仿照句①,把下面的句子补充完整。

我一回到家,小狗就____

2.蟋蟀有特别好的工具吗?没有。(照样子写一个设问句)

三、句子品析。

它用前足(　　)土,还用钳子(　　)掉较大的土块。它用强有力的后足(　　)地。后腿上有两排锯,用它将泥土(　　)到后面,倾斜地(　　)开。

在括号里填上表示动作的词语(推　踏　铺　扒　搬)。这一系列的动词,准确地写出了"前足、________、后足、________"等部位如何协调有序地工作,同时也可以看出作者________的观察。

四、课内阅读。

（一）

在朝着阳光（　　）的堤岸上，青草丛中隐藏着一条倾斜的隧道（　　），即使有骤雨，这里也立刻就会干的。隧道顺着地势弯弯曲曲，最多九寸深，一指宽（　　），这便是蟋蟀的住宅。出口的地方总有一丛草半掩着，就像一座门（　　）。蟋蟀出来吃周围的嫩草，决不去碰这一丛草。那微斜的门口，经过仔细耙扫，收拾得很平坦（　　）。这就是蟋蟀的平台。当四周很安静的时候，蟋蟀就在这平台上弹琴。

屋子的内部没什么布置，但是墙壁很光滑。主人有的是时间，把粗糙的地方修理平整。大体上讲，住所是很简朴的，清洁、干燥，很卫生。假使我们想到蟋蟀用来挖掘的工具是那样简单，这座住宅真可以算是伟大的工程了。

1.片段选自课文《蟋蟀________》，作者是________。课文主要写了蟋蟀（　　）和（　　）两方面的内容。（只填序号）

A.生活习性　　B.外形特点　　C.住宅特点　　D.建造住宅

2.根据选文对蟋蟀住宅特点的介绍，我知道了蟋蟀住宅图可能是图（　　）这样的。

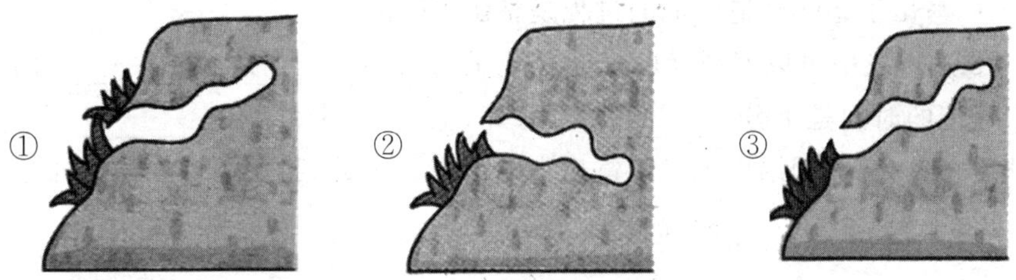

3.选文按照由______到______的观察顺序描写蟋蟀住宅的特点。

4.读文章中画横线的词句，概括蟋蟀住宅的外部特点，在括号内填入相应的序号。

A.平坦　　B.隐蔽　　C.便于排水　　D.大小适中　　E.向阳

5.用“～～～～”画出描写蟋蟀住宅内部特点的词语。

6.作者把蟋蟀的住宅称为“伟大的工程”，你觉得夸张吗？想一想，完成填空。

____________。因为蟋蟀的住宅选址________，外部和内部设计优良。可是用来建造住宅的工具是那样________，只是________、________、________、__________等。这样的住宅，简直是个______________。

（二）

蟋蟀盖房子大多是在十月，秋天初寒的时候。它用前足扒土，还用钳子搬掉较大的土块。它用强有力的后足踏地。后腿上有两排锯，用它将泥土推到后面，倾斜地铺开。

工作做得很快。蟋蟀钻到土底下干活，如果感到疲劳，它就在未完工的家门口休息一会儿，头朝着外面，触须轻微地摆动。不大一会儿，它又进去继续工作。我一连看了两个钟头，看得有些不耐烦了。

住宅的重要部分快完成了。洞已经挖了有两寸深，够宽敞的了。余下的是长时间的整修，今天做一点儿，明天做一点儿。这个洞可以随天气的变冷和它身体的增长而加深加阔。即使在冬天，只要天气温和，太阳晒到它住宅的门口，还可以看见蟋蟀从里面不断地抛出泥土来。

1.找出第一自然段中写蟋蟀建造住宅时的动作的词，用“○”圈出来。作者能如此清晰地描述出小小的一只蟋蟀做出的一连串动作，说明他__________。

2.下面对文中画“______”的句子理解正确的一项是(　　)

A.衬托出蟋蟀在挖掘住宅时很有耐心，能吃苦耐劳。

B.说明了长时间的观察足以让人心生厌烦之情，作者已经失去了耐心。

C.写出了蟋蟀建造住宅的过程是枯燥无味的。

3.从选段中可以发现蟋蟀修建住宅的过程分________和________两个阶段，建造的时间是十分________的，另外，从文中“十月”“______________”“即使在冬天”等词语中也可以体现出这一点。由此，我们可以知道法布尔对蟋蟀进行了__________的观察。

单周周五　第三单元《古诗三首》练习题

一、按要求完成练习。

（一）

暮江吟

__________________，__________________。

__________________，__________________。

1.这首诗的作者是______代的____________。

2.把诗句补充完整。

3.本诗前两句描绘了日暮时分的________、________两种景物。“______”字写出了夕阳余晖洒满江面，而“瑟瑟”和“红”形成________对比，让人产生丰富的想象。

4.后两句诗中作者连用两个贴切的比喻，把_______比作_______，把_______比作________，抓住了事物的特征，形象地描写了江边美丽的景色，表达了诗人________的心情。

5.诗句“一道残阳铺水中”的“铺”能否换成“照”？为什么？

____

6.想象“一道残阳铺水中，半江瑟瑟半江红”的景象，用自己的话说一说。

____

（二）

题西林壁

【____】________

____________________，____________________。

____________________，____________________。

1.把古诗补充完整。

2.诗的前两句写了诗人从______、______不同角度，处在_______、_______、______、______的不同位置观察到的庐山的不同面貌。后两句写诗人游山所感，“真面目”指的是__________。

3.这首诗告诉我们的道理可以概括为（　　）

A.当局者迷，旁观者清。

B.兼听则明，偏信则暗。

C.耳听为虚，眼见为实。

4.用“因为……所以……”改写这首诗的后两句。

因为__________________________，所以_________________________。

（三）

雪梅

【____】________

____________________，____________________。

____________________，____________________。

1.补全古诗。

2.诗的前两句展现了一幅____________图，通过“________”和“________”这种拟人化的描写，使雪和梅的形象生动起来。梅雪争春，让诗人们费尽心思，一个“______”字准确地说明了二者难分高下。后两句转而描述梅和雪各自的优点，梅胜在__________，雪胜在__________。

3.这首诗给我们的启示是：____。

二、根据古诗内容填空。

1.庐山绵延近百里，山峰耸立，每到一处，所看到的美景都不一样，真是“________________，________________”。

2.小红和小丽总是在学习上暗暗较劲，谁也不服谁，老师说：“________________，________________。你俩各有长处，应该互相学习。”

3.深秋的夜晚多么可爱啊！我站在江边，看到露水像珍珠一样晶莹光亮，弯弯的月亮像弓一样，想起了白居易的诗句：“________________，________________。”

4.当局者迷，旁观者清。正如苏轼笔下“________________，________________”。

5.《暮江吟》一诗中，连用两处比喻的诗句是：________________。

三、解释下面加点的词语。

1.可怜九月初三夜　　可怜：________________

2.题西林壁　　题：________________

3.只缘身在此山中　　缘：________________

4.梅雪争春未肯降　　降：________________

四、判断对错。对的打“√”，错的打“×”。

1.《暮江吟》一诗中，前两句描写的是日暮时分的景象，后两句描写的是夜晚的景象。（　　）

2.“梅雪争春未肯降”一句运用了比喻的修辞手法，生动形象地表现了梅、雪的特点。（　　）

3.《暮江吟》表现了诗人愉悦的心情，表达了对大自然的喜爱和热爱之情。（　　）

4.《暮江吟》《题西林壁》和《雪梅》这三首诗都蕴含着人生哲理。（　　）

5.《题西林壁》前两句写游山所见，后两句写游山所感。（　　）

双周周一　拓展阅读课(一)练习题

一、课外阅读

牵牛花娃娃

蒲华清

春天，爸爸带艳艳在阳台上的花槽（zāo cáo）里撒（sàn sǎ）下一排牵牛花种子。不久，土里冒出绿芽了；又不久，绿芽长成胖胖的绿藤了。爸爸在阳台边拉起一排长绳。

艳艳问："爸爸，拉绳干吗？"

爸爸说："牵牛花藤儿要比赛爬绳呀！"

艳艳不信。只见爸爸把藤儿绕上长绳，一条绳一根藤儿，就像一排绿娃娃站在一道道起跑线上。艳艳乐了，忙喊："预备——爬！"

绿藤儿一动也不动，爸爸骗人。

第二天早晨，呵！每根藤儿都向上爬了一段，中间那根最胖的藤儿爬得最快了，比旁边的藤儿高出了好长一段。爸爸没骗人，艳艳乐得大声叫："爸爸，来看！它们真的在比赛爬绳了！"接着，便拍着小手喊："加油！加油！"

但绿藤还是一动也不动。谁也没见它们往上爬。

中午，艳艳放学回家，又见藤儿往上爬了一段。艳艳想：牵牛花藤儿真奇怪，它们为什么总是悄悄往上爬，不让人看见呢？

不久，牵牛花藤儿爬上阳台顶了，就像给阳台挂了床绿纱帐；又不久，绿藤儿上长满了红花朵，就像绿纱帐(chàng zhàng)挂满了密密的红喇叭。

艳艳家的阳台好看极了。

艳艳明白了：牵牛花是一群悄悄做好事的娃娃！

1.选出文中加点字的正确读音。

2.文中破折号的作用是(　　)。

A.表示说话中断或停顿　　B.表示解释说明

C.表示声音延长　　D.表示突然转换话题

3.文中画线的句子运用了______的修辞手法。请照样子仿写一句：______
______。

4.牵牛花藤儿为什么总是悄悄往上爬，不让人看见呢？

______

5.你还知道哪些攀爬的植物？请把它们的名字写下来。

______

二、阅读《感冒清热颗粒说明书》，完成下列题目。

感冒清热颗粒说明书

【药品名称】感冒清热颗粒

【主要成分】荆芥穗、薄荷、防风、柴胡、紫苏叶、葛根、桔(jié)梗、苦杏仁、白芷(zhǐ)、苦地丁、芦根。

【性状】本品为棕黄色的颗粒；味甜，微苦。

【功能主治】疏风散寒,解表清热。用于风寒感冒,头痛发热,恶寒身痛,鼻流清涕,咳嗽咽干。

【用法用量】开水冲服,一次1袋,一日2次。

【不良反应】尚不明确。

【禁忌】尚不明确。

【生产日期】2019年10月9日。

【注意事项】

1.忌烟、酒及辛辣、生冷、油腻食物。

2.不宜在服药期间同时服用滋补性中药。

3.糖尿病患者及有高血压、心脏病、肝病、肾病等慢性病严重者应在医师指导下服用。

【有效期】24个月。

1.“薄荷”中“薄”的读音是________。

2.我是小法官。(下列说法中对的打“√”,错的打“×”)

(1)感冒清热颗粒适合与滋补性中药同时服用。( )

(2)感冒清热颗粒的主要成分有柴胡、桔梗、苦地丁、板蓝根等。( )

(3)感冒清热颗粒为棕黄色颗粒,非常苦。( )

(4)妈妈得了风寒感冒,可以服用此种药。( )

(5)感冒清热颗粒要用开水冲服,一次1袋,一日2次。( )

3.假如今天是2020年11月20日,奶奶感冒了,她想服用这盒药,可以吗?为什么?

____

____

4.小明在服用感冒清热颗粒期间,很想吃四川火锅。根据这份说明书,你会怎样劝告他?

____

____

双周周二 拓展阅读课(二)练习题

一、课外阅读

与昆虫为伴的人(节选)

法布尔出生在法国南部山区的一个小村庄里。村前小溪流水,村外山野树林，环境十分优美。

小小的法布尔对大自然里发生的事情特别感兴趣，不论是水里的游鱼、空中的飞鸟、花丛中的蝴蝶，他都喜欢。他总喜欢给自己提出一连串的问题："鱼儿睡不睡觉？""鸟儿长不长牙齿？""蝴蝶为什么这样漂亮？"这些问题，大人们也常常回答不出来。于是他时常留心观察飞禽和昆虫，自己寻找答案。

一个深秋的夜晚，法布尔突然听见房屋背后、荒草滩里响起一阵"唧——唧唧唧"的虫鸣声，声音清脆好听。

"奶奶，这是什么在叫呀？"法布尔问。祖母迷迷糊糊地答道："睡吧，也许……是狼。"法布尔挡不住虫鸣的诱惑，他悄悄地开了门，摸黑到草丛中去，想看个究竟。

法布尔七岁那年，家里送他到邻村的一所小学读书。老师是一位动物爱好者，饲养了猪、鸡、羊、鸽子、黄莺和蜜蜂，还有一只招人喜爱的小刺猬。法布尔在学校除了读书，还学到了不少有关小动物的知识。

法布尔对动物特别是昆虫的兴趣越来越浓。一天，父亲赶集回来，给他买了一张动物挂图和一本寓言集。寓言集里有许多昆虫的精美插图，法布尔爱不释手，并逐渐痴迷上了对昆虫的研究。

1."爱不释手"的意思是______________________________，请你用这个词语造句：______________________________。

2.在下列括号中填写恰当的动词。

水里（　　）的鱼　　空中（　　）的鸟　　地上（　　）的马

3.法布尔听见"唧——唧唧唧"的虫鸣声，你还知道哪些虫鸣的声音？______________、______________、______________。

4.读了短文，你觉得法布尔是个什么样的孩子？简要描述一下。

____

5.你对什么事物感兴趣呢？简要地说明一下。

____

二、阅读下面的调查表，回答下列问题。

某市小学四年级 100 名学生学习、生活情况调查表

调查项目	家庭作业情况		睡眠情况		体育锻炼情况	
调查情况	2 小时以上	2 小时及以下	8 小时以上	8 小时及以下	1 小时以上	1 小时及以下

续表

调查项目	家庭作业情况		睡眠情况		体育锻炼情况	
人数汇总	84	16	27	73	21	79

1.从调查表中可以看出，该市小学四年级学生普遍存在着以下问题：

(1)______

(2)______

(3)______

2.根据以上调查，你可以给相关教育部门提出怎样的建议？

______

______

双周周三　综合性训练(语文园地)

一、我能判断下列说法是否正确。(对的打“√”，错的打“×”)

鱼塘(　　)　　羊洞(　　)　　马厩(　　)

猪厩(　　)　　鸟巢(　　)　　鸟窝(　　)

二、读语段，按要求完成练习。

①中秋时节，银梨树上挂满了大大小小的果实。②它们的形状是扁圆扁圆的，与苹果的形状相似。③开始果子的颜色呈淡绿色，后来颜色逐渐变深变黄了。④走进果园，微风阵阵，你还可以闻到一股股清香。⑤当好客的主人把又大又甜的银梨送给你品尝时，你就会知道银梨皮薄、肉脆、汁多、味甜，可口极了。

1.下面对文段内容的理解有误的一项是(　　)

A.句③中“开始”“后来”这样的词语告诉我们作者对银梨进行了连续的观察。

B.句④、句⑤是从嗅觉、味觉角度来进行描写的，这提示我们，为了观察得更细致，可以调动多种感官。

C.“挂满”“扁圆扁圆”描写了银梨外形的特点，可以体现出作者观察十分细致。

2.如果把画“______”句子中的“逐渐”去掉，表达效果会有什么变化？为什么？

______

______

三、按要求完成句子。

1.爬山虎刚长出来的叶子是嫩红的。（改为反问句）

____

2.人们对蟋蟀的劳动成果感到惊奇。（改为双重否定句）

____

3.蟋蟀钻到土底下干活。（扩句，至少两处）

____

4.雪花比梅花洁白些。梅花比雪花要香得多。（用关联词将两句话合并为一句话）

____

四、根据语境填写与秋天有关的气象谚语。

1.昨天才刚立秋，今天就气温骤降，“秋老虎”跑得无影无踪，果然是“________________”。我穿上风衣出门，发现街上居然还有不少人穿着短袖，妈妈笑着说：“还真是‘______________’啊！”走着走着，下起了小雨，妈妈连忙叮嘱我：“明天还是再加一件薄毛衣吧，毕竟‘______________’。”

2.俗话说：“______________。”长江中下游地区就是这样，农历八九月还很暖和，甚至十月天气还温暖如春。

五、判断下列说法是否正确，正确的打“√”，错误的打“×”。

1.“叶尖一顺儿朝下，在墙上铺得那么均匀，没有重叠起来的，也不留一点儿空隙。”从这句话可以看出叶圣陶爷爷对爬山虎进行了连续观察。（　　）

2.“秋虫唱着，夜鸟拍打着翅膀。”从这句话中，我们体会到了观察不仅要用眼睛看，还要用耳朵听。（　　）

3.“横看成岭侧成峰，远近高低各不同。”这两句诗告诉我们：从不同的角度观察，看到的景象会有所不同。（　　）

4.“隧道顺着地势弯弯曲曲，最多九寸深，一指宽，这便是蟋蟀的住宅。”从这句话中的“最多九寸深，一指宽”可以看出昆虫学家法布尔观察得很仔细，而且用词准确。（　　）

六、读一读，用“√”标出括号里正确的字词。

1.一阵风（吹　拂　飘）过，一墙的叶子就漾起波纹，好看得很。

2.爬山虎的脚（挨　碰　触）着墙的时候，六七根细丝的头上就变成小圆片，（巴　抓　拉）住墙。

3.蟋蟀并不是挖掘技术的专家，它的工具是那样（虚弱　柔弱），所以人们对它的劳动成果感到(惊奇　奇特)。

4.蟋蟀和它们不同,不肯随遇而安。它常常(慎重　郑重　严重)地选择住址,一定要排水(优秀　优良),并且有(温和　温柔)的阳光。

七、口语交际。

做完作业的小强在看电视,妈妈让他离电视远点,可他说,离近了看才好看。

(1)请你劝说小强,让他听妈妈的话。

____

____

(2)该怎样保护视力?提出两点保护视力的建议。

____

____

(3)眼睛是人类观察世界的重要器官,又是人类沟通外部世界的渠道,所以眼睛是心灵的窗口。6月6日是全国爱眼日,请你写一条爱眼日的宣传标语。

____

____

双周周四　第三单元基础练习题(模拟)

一、填写同音字。

mù	yuán	xì	lín
日(　　)	(　　)分	缝(　　)	来(　　)
夜(　　)	(　　)因	(　　)曲	树(　　)
羡(　　)	(　　)助	关(　　)	(　　)居

二、用横线画出词语中的错别字并改正。

习提(　　)　　刀峰(　　)　　浪废(　　)

站领(　　)　　钧匀(　　)　　选泽(　　)

三、看拼音写词语。

yín shī　　shū yíng　　zhù zhái　　zhuān xīn　　yōu liáng

wèi shēng　　zhàn jù　　jiāo nèn　　yè bǐng　　jǐn shèn

四、形近字组词。

须(　　　　) 顺(　　　　)	虎(　　　　) 虑(　　　　)	址(　　　　) 扯(　　　　)
暮(　　　　) 幕(　　　　)	输(　　　　) 偷(　　　　)	操(　　　　) 澡(　　　　)

五、选词填空。

继续　连续　陆续

(1)雌燕子在窝里产下了蛋，它们的邻居(　　　)飞到窝边送去祝贺。

(2)不大一会儿，它又进去(　　　)工作。我一连看了两个钟头，看得有些不耐烦了。

(3)我(　　　)在花盆边观察了好几天，终于看到种子发芽了。

均匀　平均　匀称

(4)这姑娘身段(　　　)，皮肤洁白细腻，淡妆浓抹都楚楚动人。

(5)叶尖一顺儿朝下，在墙上铺得那么(　　　)，没有重叠起来的，也不留一点儿空隙。

(6)三个人分六个苹果，(　　　)一人两个苹果。

六、在正确的说法后面打"√"，错误的说法后面打"×"。

(1)从"梅须逊雪三分白，雪却输梅一段香"这两句诗中，我知道了任何事物都有长处和短处。(　　)

(2)蟋蟀盖房子大多选择在春天，因为那时天气温暖。(　　)

(3)《蟋蟀的住宅》的作者是法国的法布尔。(　　)

(4)蟋蟀决不去碰门口那丛草，是因为它要让那丛草掩藏自己的住宅，使住宅不容易被发现。(　　)

七、阅读检测台。

(一)

题西林壁

____________________，

____________________。

____________________，

____________________。

1.默写《题西林壁》。

2.《题西林壁》是苏轼在游________时题在________墙壁上的一首诗。

3.本诗的诗人苏轼,字________,号________,________朝人,是“唐宋八大家”之一。

（二）

爬山虎刚长出来的叶子是嫩红的,不几天叶子长大,就变成嫩绿的。爬山虎的嫩叶,不大引人注意,引人注意的是长大了的叶子。那些叶子绿得那么新鲜,看着非常舒服。叶尖一顺儿朝下,在墙上铺得那么(　　),没有(　　)起来的,也不留一点儿(　　)。一阵风拂过,一墙的叶子就漾起波纹,好看得很。

1.这段话选自《____________》。

2.在选段中的括号里填上合适的词语。

3.根据语境写出“嫩”的意思。

(1)嫩红:______________　　(2)嫩叶:______________

4.从这段话中我们了解到爬山虎的叶子具有________、________、________的特点。

5.读选段中画横线的句子,说说作者是怎样观察事物的。

____

双周周五　四年级上册第三单元检测卷

一、选出下列加点字注音有误的一项(　　)。(2分)

A.瑟瑟(sè)　投降(xiáng)　逊色(xùn)

B.大颚(yè)　隧道(suì)　倾斜(qīng)

C.简朴(pǔ)　马厩(jiù)　蛟龙(jiāo)

D.骤雨(zhòu)　宽敞(chǎng)　挖掘(jué)

二、读拼音,写词语。(10分)

yè bǐng(　　)　chù jiǎo(　　)　jūn yún(　　)　chóng dié(　　)　kòng xì(　　)

shèn zhòng(　　)　xuǎn zé(　　)　suí yù ér ān(　　)　shū fu(　　)

三、选择题。(每题2分,共6分)

1.下列搭配有误的一项是(　　)

A.法国——法布尔——《蟋蟀的住宅》　B.宋——苏轼——《题西林壁》

C.唐——白居易——《暮江吟》　D.现代——巴金——《爬山虎的脚》

2.下列句子中加点词语使用正确的一项是(　　)。

A.妈妈经过繁重的考虑,终于做出了决定。

B.小草坚固地抓住泥土,像无畏的战士一样,昂首挺胸。

C.蟋蟀常常庄重地选择住址。

D.浓密的绿叶底下,隐藏着爬山虎的脚。

3.如果把《暮江吟》这首诗画成一幅画,不适合出现在画面中的是(　　)。

A.一道夕阳　　B.一轮圆月　　C.半红半绿的江水　　D.晶莹的露珠

四、按要求完成句子练习。(每题2分,共8分)

1.蟋蟀有特别好的工具吗?没有。(照样子仿写句子)

____

2.这些细丝像蜗牛的触角。(改为反问句)

____

3.即使有骤雨,这里也立刻就会干的。(用加点词语造句)

____

4.隧道顺着山势弯弯曲曲,最多九寸深,一指宽,这便是蟋蟀的住宅。

(加点的词语能否去掉?为什么?)______________________________

五、按课文内容填空。(8分,每空1分)

1.《题西林壁》这首诗中与成语"当局者迷,旁观者清"阐述道理相同的诗句是:"______________,______________。"

2.《暮江吟》中"______________,______________"是诗人脱口而出的真情赞叹,表达了他对大自然美景的喜爱之情。

3.你看初春时节,街上有的人穿着厚厚的棉衣,有的人穿着薄薄的运动服,有的时髦的小姑娘穿着漂亮的短裙。正如俗话说:"______________________________。"

4.《雪梅》中与"尺有所短,寸有所长"意思相近的诗句是______________,______________。

5.金秋时节,大雁南飞,正如谚语所说:"______________________________。"

六、课内阅读。(10分)

在朝着阳光(　　)的堤岸上,青草丛中隐藏着一条倾斜的隧道(　　),即使有骤雨,这里也立刻就会干的。隧道顺着地势弯弯曲曲,最多九寸深,一指宽(　　),这便是蟋蟀的住宅。出口的地方总有一丛草半掩着,就像一座门

(　　)。蟋蟀出来吃周围的嫩草,决不去碰这一丛草。那微斜的门口,经过仔细耙扫,收拾得很平坦(　　)。这就是蟋蟀的平台。当四周很安静的时候,蟋蟀就在这平台上弹琴。

屋子的内部没什么布置,但是墙壁很光滑。主人有的是时间,把粗糙的地方修理平整。大体上讲,住所是很简朴的,清洁、干燥,很卫生。假使我们想到蟋蟀用来挖掘的工具是那样简单,这座住宅真可以算是伟大的工程了。

1.选文按照由______到______的观察顺序描写蟋蟀住宅的特点。(2 分)

2.读文章中画横线的词句,概括蟋蟀住宅的外部特点,在括号内填入相应的序号。(2 分)

A.平坦　　B.隐蔽　　C.便于排水　　D.大小适中　　E.向阳

3.用"～～～"画出描写蟋蟀住宅的内部特点的词语。(3 分)

4.蟋蟀的住宅之所以被称为"伟大的工程",是因为____。(3 分)

七、非连续性文本阅读。(5 分)

(一)

2 月 3 日　　　下了一会儿春雨,后来停了

不知是什么地方散发着一阵阵香气,妈妈说这是洋槐花散发的香味。一首歌中有一句歌词就是"洋槐花正盛开",知道这首歌已经很久了,但我却一直不知道洋槐花到底长什么样。原来,我们住的小区前那个大树开的一簇一簇的就是洋槐花。听妈妈说,槐树的生命力很强。难道槐树就像我一样无论受什么样的委屈,都还能茁壮成长吗?

2 月 13 日　　　太阳很毒

我发现了一种少见的树,这种树叫合欢,长长的叶子,互相面对着面。花是粉色的,像扇子一样,还发出很好闻的气味。更神奇的是,到了晚上这些叶子就会合上睡觉。树竟然也睡觉!我决定把这种树叫作"睡觉树"。

1.从第一则日记里,你发现了洋槐花的特点是________。(1 分)

2.从第二则日记里"树竟然也睡觉"中的"竟然"一词,你体会到了什么?(2 分)

____

3.阅读下面的片段,与上面的第二则日记进行对比,将表格补充完整。(2 分)

母亲在路边挖了一棵"含羞草",把它种在花盆里,谁知它竟是一棵合欢。第二年,合欢没有发芽,母亲叹息了一回,还不舍得扔掉,依然让它长在瓦盆里。第三年,合欢却长出了嫩芽。又长出了叶子,而且越来越茂盛。

	观察方法	观察角度
日记	细致观察	①______
片段	②______	视觉

（二）

阅读下面的材料，回答问题。（6 分）

看看我们身边，你会发现，不少小学生戴上了眼镜。请根据“希望小学”一至六年级学生视力情况调查主题活动中搜集到的相关数据完成练习。

“希望小学”一至六年级学生视力情况调查表

年级	一年级	二年级	三年级	四年级	五年级	六年级
近视率（%）	19.8	23.2	34	36.6	45.1	49.3

1.请用简洁精练的语言，描述调查表所反映的问题。（2 分）

______

2.结合生活实际，请你提出建议（至少两条）。（2 分）

______

______

3.预防近视，请你写出两条宣传语。（2 分）

______

______

八、阅读下面短文，完成练习。（15 分）

蜜　蜂

①初春，家里来了一窝蜜蜂，它们钻进谷仓里安家，妈妈高兴得不得了。因为在农村，有蜜蜂来预示着这一年全家人将过得甜甜蜜蜜。我天天观察它们，也渐渐了解了它们。

②蜜蜂非常聪明，它们会建造巧夺天工的蜂巢。奇特的蜂巢是由许多个六棱柱形的蜂房组合而成的。数学家经过仔细计算得出：使用同样的原材料，建成六棱柱形才能有最大的体积，从而可贮藏更多的蜂蜜。蜂巢十分符合几何学原理和省工节材的建筑原则，小小的蜜蜂真可以算是自然界中卓越的建筑大师呀！

③蜜蜂很勤劳。采蜜是它们的主要工作。桃花、稻花、月季花……（　　）有花的地方，（　　）有它们忙碌的身影。据说蜜蜂最远能够飞到离蜂巢 14 千

米外的地方采蜜，真了不起。看到勤勤恳恳的它们，我怎能不深受感动呢？

④(　　)蜜蜂体长只有一到二厘米，(　　)你可别小看它们，它们可都是英勇善战的勇士。有一回，一只大马蜂想溜进蜂房搞破坏，被放哨的“卫兵”发现了。险情就是命令，许多小蜜蜂从巢里扑了出来。它们在入口处布了个蜂阵。只要马蜂飞过来，它们就同时扇动翅膀，并翘起尾部的武器。“嗡”的一声，马蜂只好向后撤。看到敌人还不肯离开，几只蜜蜂从阵里飞了起来，在敌人面前晃了一下，又落在阵里。接着又有几只飞了起来……就这样反反复复，马蜂一点便宜也没占到，只好灰溜溜地逃走了。为了守护家园，这些小精灵愿意付出一切，甚至是宝贵的生命。

⑤听妈妈说，一窝蜜蜂一年可以为人类提供几十公斤蜜。如果你正在品尝这甜入心底的美味，请不要忘了这是由千千万万平凡而又勤劳的小蜜蜂酿造的。

1.在括号里填上恰当的关联词。(2分)

2.用“～～～”画出第②③④段的中心句。(3分)

3.文章重点介绍了蜜蜂________、________、________的特点。作者能将蜜蜂的特点介绍得如此生动，都是他________________的结果。(4分)

4.根据短文内容回答：为什么说蜜蜂的巢是巧夺天工的？(2分)

____

5.第④段中画横线的句子是对蜜蜂的______描写，你从中体会到了蜜蜂的__________。(2分)

6.《蟋蟀的住宅》中，法布尔运用拟人的手法，把蟋蟀的住宅称作“伟大的工程”，本文作者把蜜蜂称作“____________”，语言都十分______________。(2分)

九、习作。(30分)

记录一种植物的生长过程，写观察日记。

附录四 济南高新区丰奥嘉园小学作息时间表

以下是济南市高新区丰奥嘉园小学作息时间表：

<table>
<tr><th colspan="5">丰奥嘉园小学作息时间表</th></tr>
<tr><th>午别</th><th>节次</th><th>年级</th><th>时间</th><th>备注</th></tr>
<tr><td rowspan="13">上午</td><td>进校</td><td></td><td>8：10前</td><td></td></tr>
<tr><td>第一节</td><td></td><td>8：20～9：00</td><td rowspan="2"></td></tr>
<tr><td>第二节</td><td></td><td>9：10～9：50</td></tr>
<tr><td>课间操</td><td></td><td>9：50～10：20</td><td>每周一上午课间操举行升旗仪式</td></tr>
<tr><td>第三节</td><td></td><td>10：25～11：05</td><td></td></tr>
<tr><td>第四节</td><td></td><td>11：15～11：50</td><td></td></tr>
<tr><td rowspan="6">放学</td><td>一年级</td><td>11：25</td><td rowspan="6">各年级严格执行放学时间表，下课铃响后立即安排放学。不得拖堂，与其他年级放学造成冲突</td></tr>
<tr><td>二年级</td><td>11：30</td></tr>
<tr><td>三年级</td><td>11：35</td></tr>
<tr><td>四年级</td><td>11：40</td></tr>
<tr><td>五年级</td><td>11：45</td></tr>
<tr><td>六年级</td><td>11：50</td></tr>
<tr><td>教师离校</td><td></td><td>12：00</td><td></td></tr>
<tr><td colspan="5">配餐 11：25(一年级开始)～12：10　午休 12：10～13：10</td></tr>
</table>

续表

<table>
<tr><th>午别</th><th>节次</th><th>年级</th><th>时间</th><th>备注</th></tr>
<tr><td rowspan="12">下午</td><td>进校</td><td></td><td>13：10～13：40</td><td>校园电视台每周一、三、五13：40～13：50</td></tr>
<tr><td>第五节</td><td></td><td>2：00～2：40</td><td rowspan="2"></td></tr>
<tr><td>第六节</td><td></td><td>2：50～3：30</td></tr>
<tr><td>课间操</td><td></td><td>3：30～4：00</td><td>眼保健操、课间操</td></tr>
<tr><td>活动课</td><td></td><td>4：05～5：00</td><td></td></tr>
<tr><td rowspan="6">放学</td><td>一年级</td><td>4：30</td><td rowspan="6">延时学生放学时间：一年级5：30，二年级5：35；三年级5：40，四年级5：45，五年级5：50，六年级5：55。此后，根据家长需求，一直延时到家长来接，但最晚不超过8：30</td></tr>
<tr><td>二年级</td><td>4：40</td></tr>
<tr><td>三年级</td><td>4：45</td></tr>
<tr><td>四年级</td><td>4：50</td></tr>
<tr><td>五年级</td><td>4：55</td></tr>
<tr><td>六年级</td><td>5：00</td></tr>
<tr><td>教师离校</td><td></td><td>5：10</td><td>没有延时任务的教师可下班离校</td></tr>
<tr><td colspan="5">备注：学校实行弹性封闭式管理，除上、放学其余时间一律采取封闭式管理。需外出的学生需班主任开具出门证并交由保安室备案，方可离校。本时间表从2021年6月21日起执行。</td></tr>
</table>

附录五 济南高新区丰奥嘉园小学教师交接班、候课制度

为了规范教师教学行为，引领教师按标准工作，增强工作的流程性、可操作性，特制定本制度。

一、班主任要在上、下午第一节课前清点班内人数，做好学生到校情况统计，与未按时到校学生家长取得联系，与第一节科任教师做好交接，填写相应记录。

二、教师要在课前两分钟到教室候课(遇前后节需到专用教室上课时，要根据实际情况提前候课)。教师候课时，要站在教室前面，目视或提醒学生准备好课堂用品。教师准备好上课需要的教具或设备。

三、上课铃响后，马上上课。

四、下课铃响后，马上下课，不得拖堂。科任教师要组织学生准备下节课学习用品，组织学生按“路队”行走规定去卫生间，监督学生不得乱跑，不得吼叫。直到下节课科任教师来候课，做好交接方可离开。

五、前后两节课教师交接内容：学生应到、实到人数，到校生特殊情况，特殊体质学生情况，个别学生情绪异常情况，个别学生违规处理情况等。

六、需到专用教室上课时，科任教师于上课前三分钟到教室引领学生，与前节课教师做好交接。在专用教室结束上课后，将学生送至原教室，与下节课教师做好交接。

七、如遇学生需到专用教室上课时，前后节科任教师要主动与专用教室科任教师取得联系，做交接工作，不得出现交接空档，发生安全管理问题。

八、上下午大课间活动后，需要上体育课的，活动结束后不需要回教室，由带操教师负责与体育课教师做好交接。

2018 年 1 月 3 日

附录六 济南高新区丰奥嘉园小学教师专业提升三年规划(2017～2020年)

济南高新区丰奥嘉园小学,是随着城市规模扩大,棚户区拆迁,为了适应和满足周边小区居民子女入学,在高新区管委会的规划下,由丰奥嘉园小区配建的六年全日制公办学校。其承担丰奥嘉园小区、贤文花园小区、新生活家园、香格里拉会展的适龄儿童小学学段的义务教育任务。

济南高新区丰奥嘉园小学坐落于正丰路515号,创建于2013年,占地1.8万平方米,建筑面积8700平方米,设施设备齐全,达到了省一类配备标准。学校现有19个教学班,在校生726名,教职工47名。

一、教师概况

截至2017年9月,丰奥嘉园小学有教职工47人。其中,专职管理干部校长1人,不兼课;兼课管理人员4人;专任教师42人。事业编教师18人,同工同酬教师21人,合同制教师8人。20世纪70年代及以前出生的教师7人,80年代出生的教师17人,90年代出生的教师23人。专科学历3人,本科学历38人,研究生学历6人。中学高级教师1人,小学高级教师8人,小学一级教师28人,小学二级教师及以下10人。综上,反映出学校的教师优势是学历高、干劲足,劣势是经验少、不熟悉教材。

根据测算,到2022年9月,学校将达到满规模30个教学班,最多1350名在校生,近80名教师。其中,"80后""90后"教师占比将达到91.25%。

二、现状剖析

时至2017年9月,丰奥嘉园小学经过4年多的时间,已初具形态。目前,学校的现状是:硬件建设已基本完成,课程建设还处于较低层面,管理活动零乱,教学无序;学生习惯较差,学生家长的教育价值取向偏离正常;文化形态初步形成,但实际情况与文化设计差距太大;教师年轻,学历高、经验少;条件装备水平较高,但使用水平较低。

影响学校发展的最关键条件就是教师。教师决定着课堂教学效果,决定着教育教学目标任务的达成,更决定着学校的发展。所以,提升教师专业素养是丰奥嘉园小学近三至五年最重要的发展任务。

(一)优势

(1)教师年轻。“80后”“90后”教师占教职工总数的85%。

(2)学历高。本科及以上学历的教师占教职工总数的93.62%,其中,研究生学历占12.77%。正是由于教师年轻、学历高,才形成了工作劲头足、有朝气的教学氛围。

(二)劣势

(1)教学经验少。对于学生管理和教学过程的方法、技巧,没有积累和沉淀,更谈不上经验;对于所教学科都是第一次执教,对于重难点的把握有所欠缺;对于整个小学段各段的任务不清楚、不明确。这些都是现实存在的问题,而且亟须解决。

(2)课标掌握不准。对于学科课标的要求及标准掌握不确切,造成了执教过程的不准确,更加造成了确定教学目标及教学过程的不科学。

(3)课堂教学环节流于形式,没有明确的标准及要求。

(4)缺乏学科带头人。由于是新学校,大多数都是新教师,各个学科都没有学科带头人,给教学工作带来了极大的困难。

(三)存在的问题

根据丰奥嘉园小学教师队伍状况的剖析,我们可以总结出存在的最大问题就是:教师专业需要提升,学科教学需要带头人。

(四)机遇

随着高新区教育改革的不断深入,教育投入的不断加大,尊师重教氛围已形成,我校也迎来了新的发展机遇。

(1)高新区社会事业局已确定在教育系统实行KPI考核,教师在自愿的基础上加入教育集团,对教师实行绩效考核机制,根据教育业绩分配绩效工资。这无疑在改变全区教育面貌的基础上,也改变了我校全体教师的精神、工作面貌,更加激发了教师的工作积极性和主动性。

(2)KPI绩效考核的实行,不单单是激励了教师的工作积极性和主动性,更加主要的是引领了教师教研的主动性,开启了教师的专业提升之路。

三、专业提升目标

学校教师队伍存在的问题及重点的工作已清晰，我校就围绕暴露出来的重点问题，来制定工作目标。

(一)济南高新区丰奥嘉园小学三年规划目标

1.三年总目标

把丰奥嘉园小学建设成为文明有仪、管理严谨、师生幸福，能为学生想象不到的未来做准备的学校。

2.三年分段目标

2017～2018学年，熟悉情况，开展研究。摸清学校基础情况，对学校建筑、环境、文化、课程、评价、人事、后勤保障等做全面了解，为今后决策做好基础准备，以保证决策正确；在熟悉情况的过程中，对一些问题要按办学理念及办学目标的要求及时整改。

2018～2019学年，分析情况，引领研究。以平常教学研究为突破口，引领教师走上专业研究之路；通过研究建设教研团队，开发支撑办学理念的校本课程，找准教学改革的突破口；通过研究日常管理中的问题，形成管理制度。

2019～2020学年，总结研究，初显特色。经过三年的工作，学校文化核心突显，学校运行正常，课程设置适合，评价引领方向，教师研究团队形成，形成教师梯队，办成有一定影响力的学校。

3.重点解读

在丰奥嘉园小学的三年规划发展目标中，加黑加粗部分已明确了我校培养年轻教师的路径及重点，要用三年时间完成教师梯队的打造，形成一支强有力的教师专业队伍，既能教又能研，还能领。

(二)教师专业提升三年规划目标

1.三年总目标

经过三年的教师专业提升，形成教有示范、研有引领、训有标准的教师专业梯队。

2.三年分段目标

2017年9月至2018年8月，整体提升。能完整正确地理解学校教学理念，有较先进的教学观点，能正确解读及处理教材，做到正确教学。

2018年9月至2019年8月，项目引领。通过具体的科研项目，引领全体教师走科研之路。

2019 年 9 月至 2020 年 8 月，重点培养。经过三年的时间，重点培养学科带头人，形成三个层面的教师梯队。

四、实施策略

根据教师成长规律，借鉴名校教师培养的有效经验，结合我区、我校的实际，经校委会研究，全体教师大会通过，采取以下路径解决我校年轻教师专业成长问题。

(一)走出去，请进来

(1)根据学科教师及教师专业成长的需求，尽可能多地争取国家、省、市、区及社会培训资源的外出学习机会，给教师尽可能多地提供学习机会，增长教师的见识，丰富教师的积累，开拓教师的思路。

(2)根据教师在学校实际教学中遇到的问题，有针对性地邀请相关教授、专家来校做专门诊断指导，手把手地将理论转换为实践，解决教师的困惑，帮助教师开展教学研究，引领教师专业提升。

(二)活动搭台，教师唱戏

(1)有计划地组织开展有针对性的校内教研、展示、研讨活动，并向全区及区外学校开放，以获得同行的建议与指导。

(2)和有关杂志及科研单位合作，通过刊发专刊、科研成果引进等方式，力促教师进行深度研究与实践，引领教师在实践中提升理论水平，做到理论与实践的循环激励。

(3)承担外地来鲁、来济的考察和跟岗等项目，给教师和学生展示的机会，在提供服务的过程中提升教师能力。

(4)规范办学行为，让教师在约束中提升。年轻教师缺乏必要的办学规范，学校要主张鲜明地规范教师管理、执教行为，在封堵不规范行为的同时，要给教师打开专业提升的窗口。

五、具体操作步骤

(一)2017 年 9 月至 2018 年 8 月学年的主要工作安排

本学年教师专业提升的主要工作：一是尽量多地安排教师走出去参加适合

的学科培训,主要目的就是开拓教师视野,增加教师经验,培育教师教学理念;二是根据日常工作中的问题,有针对性地聘请专家、教授、优秀同行走进校园,进行专题诊断、示范、解析、研讨等,解决教师工作中的实际问题。

(二)2018 年 9 月至 2019 年 8 月学年的主要工作安排

本学年教师专业提升的主要工作:一是继续聘请专家、教授、优秀同行走进校园,针对实际问题,提供解决方案;二是引进高端科研项目,全面提升教师专业素养,引领教师进行教科研。三是以课改为平台,促进教师专业成长。

(三)2019 年 9 月至 2020 年 8 月学年的主要工作安排

根据教师情况,进行分类培养,形成一支既能教又能研、还能领的教师专业队伍。具体工作就是:形成学科带头人、骨干教师、新苗教师三个层面的教师梯队及教研团队。

六、保障措施

为了将规划落到实处,我校将采取切实有效的保障措施。一是经费保障。在年初预算中做好经费预算,在公用经费开支中优先保障教师培训开支。二是制度保障。在学校管理制度建设中健全教师培训制度、教科研制度等,确保让教师专业培训提升工作有章可循。三是时间保障。在确保正常教学秩序的前提下,统筹协调教师培训和教研时间。四是组织保障。成立以校长为组长的教师专业提升管理小组,定期召开相关会议,讨论解决遇到的问题。

七、结束语

教师是学校良性发展的关键因素之一,有了名师,才能培养有名的学生,才能形成名校。在学校的众多工作中,教师培养是重点工作,而我校不仅学校年轻,而且教师更年轻,所以把教师专业提升工作放在重要位置是正确的决策。我们会按既定的目标与策略执行,力争取得优秀的成果。

附录七　济南高新区丰奥嘉园小学作业布置与批改制度(语文)

学生作业是教师检查教学效果、纠正教学方法、全面了解学生达成度的一种必要的手段,也是学生巩固所学知识、发现学习不足、开发学生潜能的一种必要途径。为此,我校统一作业布置、书写及批改要求,凸显作业在提高课堂教学效率中的重要作用。

一、基本原则

(一)遵循课标,依据教材

《义务教育语文课程标准(2011 年版)》明确规定了语文学科教学的目标任务、质量标准;教材是课程实施的重要载体,体现了对课程标准的具体落实,是教师布置和批改作业的重要依据,教材中的作业系统也从不同角度为教师提供了学生作业内容及形式的模板。因此,要学习、了解课程标准中的相关要求,梳理教材中的作业体系,明确各年级教材课后题的内容及形式,并以此为标准设置作业种类,确定作业内容,设计作业形式。

(二)加强基础,培养能力

小学是学生语文学习打基础的重要阶段,必须加强基础知识和基本能力的双基训练,既要强化基础知识的落实,又要注重学生听、说、读、写语文综合能力的提高。要遵循学生的身心发展规律,精心设置作业内容,提高作业的实效性。作业内容要加强基础练习,注重培养学生能力,关注学生的个体差异,增强作业的层次性、适应性和可选择性,满足学生的不同需求,帮助学生巩固所学知识,形成语文能力,促进学生发展,让优秀学生发挥潜力,中等学生发展能力,学习有困难的学生巩固基础。

(三)作业适量,减轻负担

作业的"量"关乎学生的作业负担,教师要斟酌作业内容,了解学情,做到布置作业要适量,课堂作业要在课堂上完成,不占用学生的课余时间,切实减轻学生过重的课业负担(家庭作业要遵守《山东省普通中小学管理基本规范》中关于各年级作业量、作业时间的相关要求，即小学一、二年级不留书面家庭作业，其他年级除语文、数学外不留书面家庭作业，语文、数学书面作业每天不超过1小时）。

(四)关注质量，培养习惯

作业质量是促进学生发展的关键，作业的质量，既体现着学生语文学习的态度与水平，也反映出教师教学的水平与责任。为此，教师要关注学生作业态度、书写姿势、书写质量、书本整洁度等各个方面，培养学生积极的学习态度与良好的学习习惯。同时，教师在学生作业的批改中应认真批改，规范书写，为学生树立学习的榜样。

(五)认真批改，及时反馈

批改作业是教学的重要环节，是保证、检验和评价学生学习效果的重要手段，也是获取反馈信息、及时调控课堂教学的有效路径。教师认真及时地批改作业，既有利于对学生学习效果及时了解检查，也有利于教师反思改进教学，提高课堂质量。教师批改作业要态度认真，建立激励机制，针对学生差异采用不同的等级标准，使学生树立信心，享受成功的快乐；要充分发挥作业批改的纠错功能，对学生作业中存在的共性问题进行梳理归类，及时纠正反馈，并对学生作业修改做到认真复批，保证学习任务有效落实。

二、基本规范

(一)作业内容

1.一年级

(1)书面作业

①抄写汉语拼音：能正确地将声母、韵母和音节抄写在四线三格内。

②抄写生字：能在田字格中正确书写生字，做到规范、端正、整洁。

③抄写词语：能在田字格中正确书写词语，做到规范、端正、整洁。

④连线、涂色、画画：能按要求进行连线、涂色、画画。连线时，要用尺子，做到画线规范、整洁。

⑤写字、填字。能根据作业要求正确地写字、填字。

(2)口语作业

①课前自主阅读：在学习新课前，能根据老师的要求，借助拼音自主朗读课

文，争取读准字音，读通句子。借助汉语拼音和已有的识字方法自主识字。

②朗读课文：能根据教材要求，正确、流利朗读要学习的课文，并能读出一定的语气。

③读读演演：能根据课文内容，分角色演一演。

④读读背诵：对教材规定的篇目或内容做到正确、熟练背诵。

⑤读读想想：能根据要求，结合相关内容进行思考，并能说清楚自己的想法。

⑥认读字、词语或句子：能根据提示的内容，正确认读汉字、词语或句子。

⑦说词语或句子：能够根据提示的内容练习说词语或句子。

⑧口语交际练习：按照教材提供的口语交际话题，进行口语交际能力的训练。

(3)拓展实践作业

此类作业体现生活中学语文、用语文的课程理念，让学生在做中学，在体验中发展，这既符合一年级学生的认知特点，同时又能激发学生的学习兴趣。

①生活实践性作业：结合课堂上学习的相关内容，在生活中亲自去找一找、问一问、看一看、说一说、做一做，丰富学生的体验，拓展相关的知识。

②生活中识字作业：引导学生在生活中主动识字，拓展识字途径，扩大识字量，提高识字效率。

③学习使用字典：一年级学生学习了用音序查字典的方法，在作业练习中可安排学生练习翻字典找页码，对会读的字能借助音序在字典中找到相应的字。

④写话练习：基于一年级学生写字量，教材中没有安排写话练习，教师可根据本班学情，指导学生进行适量的写话练习，对不会写的字，可用拼音代替。写话本建议使用生字本或写字练习本。

2.二年级

(1)书面作业

①抄写生字：能在田字格中正确书写生字，做到规范、端正、整洁。

②抄写词语：能在田字格中正确书写词语，做到规范、端正、整洁。

③抄写句子：能在田字格中正确书写句子，做到规范、端正、整洁。

④读读、说说、写句子：能根据教材要求，正确读、说句子，并写下来。

⑤连线、画画：能按要求进行连线、涂色、画画。连线时，要用尺子，做到画线规范、整洁。

⑥写词、填标点：能根据作业要求正确地写词、填标点。

⑦写话：能根据教材要求练习写话，做到书写规范、端正、整洁；语句通顺连贯。

(2)口语作业

①课前自主阅读：在学习新课前，能根据老师的要求，借助拼音自主朗读课文，争取读准字音，读通句子。借助汉语拼音和已有的识字方法自主识字。

②朗读课文：能根据教材要求，正确、流利地朗读要学习的课文，并能读出一定的语气、感情。

③读读演演：能根据课文内容，分角色演一演。

④读读背背：对教材规定的内容做到正确、熟练背诵。

⑤读读想想：能根据要求，结合相关内容进行思考，并能说清楚自己的想法。

⑥认读字、词语或句子：能根据提示的内容，正确认读汉字、词语或句子。

⑦说词语、句子、课文：能够根据提示的内容练习说词语、句子或课文中相关内容。

⑧讲故事：根据教材规定的内容搜集、讲述故事，并能讲完整。

⑨口语交际练习：按照教材提供的口语交际话题，进行口语交际能力的训练。

(3)拓展实践作业

①生活实践性作业：结合课堂上学习的有关内容，在生活中亲自去找一找、问一问、看一看、说一说、做一做，丰富学生的体验，拓展相关的知识。

②生活中识字作业：引导学生在生活中主动识字，拓展识字途径，扩大识字量，提高识字效率。

③继续学习使用字典。二年级学生学习了用部首查字典的方法，在作业练习中可安排学生练习运用，对不认识的字能借助部首在字典中找到相应的读音。

3.四年级

(1)书面作业

①抄写每篇精读课文课后田字格的生字、词语。

②积累课文以及课外阅读、生活中的优美词语、精彩句段。

③完成课后重点练习题。包括归纳课文内容，体会作者思想感情，写法特点的习题；解释古诗诗句意思的习题；依据课文内容拓展想象和表达的练习题等。

④完成语文园地中的部分“词语盘点”和“我的发现”“日积月累”的相关内容。

⑤完成部分课文后要求的“小练笔”的内容和语文园地中规定的习作。

(2)其他作业

①综合性学习作业:搜集资料、调查问卷、调查报告、做实验,开展有趣味的语文活动。

②诵读作业:背诵课文重点段落以及课外阅读中的优美句段。

③口语交际作业:制定交流活动方案,开展学习成果汇报会、新闻发布会等。

④搜集资料:制作手抄报、黑板报,开展相关内容的课外阅读等。

⑤预习:根据预习提示完成预习内容,可采用预习卡等方式。预习可包括初读课文,认读生字新词,了解课文内容和重点词语的意思,提出不懂的问题等。

4.六年级

(1)书面作业

①抄写字词:抄写课文中规定的生字新词,通过抄写进一步巩固所学生字新词。

②预习作业:按照本学段和教材的相关要求,预习可包括以下六项内容:读课文,了解或解释本课较难理解的词语,把握课文的主要内容,提出不懂的问题并尝试解答,搜集与课文内容或作者有关的写作背景及资料,写写初读课文的收获(以上内容,应根据所学课文及学生情况,有所侧重的设置)。

③积累词句:积累优美的、含义深刻的、自己喜欢的、留下深刻印象的、环境描写和人物描写的词语或句子等。

④练笔:根据教材要求,进行仿写、续写、写感悟等练笔。

⑤课堂笔记:在听课过程中,随时记录学习的要点等。

⑥听写:听记“词语盘点”“日积月累”和课后题中分别要求学生会写的词语、成语、句子等。

⑦习作:完成教材中规定的习作以及“综合性学习”中提出的写诗、合作编写小诗集、写活动总结等学习任务。

(2)其他作业

①读课文:朗读、朗诵、默读、用较快的速度默读、浏览等。

②背诵:按照教材的相关要求,背诵课文、片段、古诗等。

③搜集资料:按照教材的要求搜集帮助课文学习、口语交际、综合性学习中

的有关资料。

④口语交际:按照教材的要求进行交流、演讲、朗诵诗歌、散文、讲故事、辩论等练习。

⑤综合性学习:按照教材的要求完成有关的搜集资料、设计活动等。

另外,继续练习提出不懂的、有思考价值的问题和同学讨论;积极进行课外阅读,特别是读整本的书。

(二)坐姿、执笔姿势要求

培养学生良好的写字习惯,指导学生写好汉字,是小学阶段的重要任务。教师不仅要重视教给学生书写的方法,更应加强对学生良好的书写习惯和认真书写态度的培养和指导。《义务教育语文课程标准(2011 年版)》对学生书写提出的要求是:能使用硬笔熟练地书写正楷字,做到规范、端正、整洁;写字姿势正确,有良好的书写习惯。高年级还进一步提出"硬笔书写楷体,行款整齐,力求美观,有一定速度"。因此,要强化学生养成良好的坐姿和书写姿势,始终关注学生的书写质量。

坐姿和执笔姿势

正确坐姿的要领是:"头正、身直、臂开、足安"和"三个一"(眼离书本一尺远,胸离书桌一拳远,手离笔尖一寸远)。头正,就是头部端正,不左右歪斜,使眼睛离纸约一尺;身直,就是坐端正,腰挺直,身子稍向前倾,胸部离桌沿一拳左右;臂开,就是两肩齐平,两臂张开,肩部放松,一手执笔,一手按纸;足安,就是两脚自然下垂,分开平放地上,不要一前一后或叠在一起。

食指与拇指轻捏笔杆,离笔尖约一寸处,中指的第一指节处顶住笔杆,无名指和小指自然弯曲垫在下面，笔杆上部靠在食指根部的关节处，笔杆与纸面保持 45 度至 50 度角。执笔时除拇指外的四个手指一个挨一个自然地叠在一起，不疏松拉开，掌心尽可能虚，即做到“指实、掌虚”。一般建议学生使用木杆 HB 铅笔，笔尖不易过细、过粗或过长。

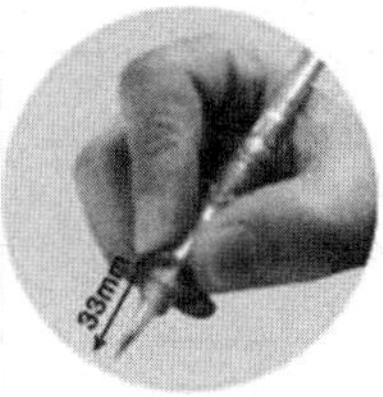

一寸距

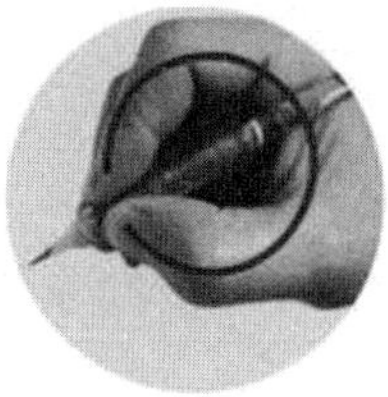

二指圆

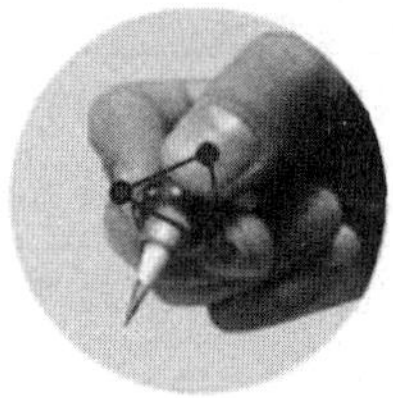

三指齐

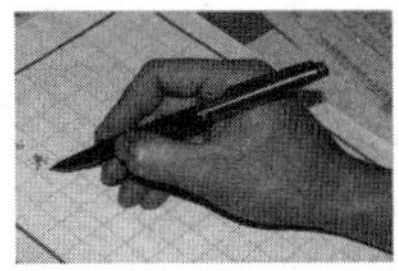

正确的执笔方法

(三)作业本的要求

(1)封面：按规定填写相应内容，低年级由教师填写，中高年级则在教师指导下由学生用钢笔或中性笔填写。字的大小间隔应匀称、合理、美观、大方。

(2)作业本要统一配发、使用，做到整齐划一，规格相同。

(3)作业本用透明玻璃纸包皮，力求整洁，不能随意在本子上乱画，做到本子不卷角，不破损，不折裂。

(四)用笔要求

(1)一、二年级学生作业用 2H 铅笔书写，笔尖要细。

(2)三、四、五、六年级用蓝黑色钢笔或黑色 0.5 中性笔书写，同次作业内必须用同一种笔同一颜色书写，不能混用。作图用铅笔，凡是作业中的线段(条)，包括连线、画线等均要使用直尺比画。

(3)禁止使用可擦笔、涂改液、修正贴等文具。

(五)学生书写时改错要求

(1)一、二年级写错字，需要更改之处，先用橡皮小心轻擦，不见原貌后再修正。

(2)三至六年级学生使用方格或横线格时局部有错的，可用一斜线划去，在后面改正(切记不要在方格上方或下方改错，做到行款整齐)；错三个或三个以上可借助直尺用一条横线划去。

(3)课堂作业一律不得使用涂改液、修正带或改正纸。

(六)作业种类一览表

一至六年级作业种类

<table>
<tr><th>年级</th><th>种类</th><th>作用</th></tr>
<tr><td rowspan="4">一年级</td><td>汉语拼音本</td><td>进行汉语拼音的书写练习</td></tr>
<tr><td>生字本</td><td>进行一类生字的书写练习并组词,加注拼音</td></tr>
<tr><td>听写本(田字格)</td><td>听写检查学生对生词的书写掌握情况</td></tr>
<tr><td>写话本(方格本)</td><td>进行写话练习</td></tr>
<tr><td rowspan="3">二年级</td><td>生字本</td><td>进行一类生字的书写练习并组词,加注拼音、音序、部首、剩余笔画</td></tr>
<tr><td>听写本(田字格)</td><td>听写检查学生对生词的书写掌握情况</td></tr>
<tr><td>写话本(方格本)</td><td>进行写话练习</td></tr>
<tr><td rowspan="4">三四年级</td><td>生字本</td><td>进行一类生字的书写练习并组词,加注拼音、音序、部首、剩余笔画</td></tr>
<tr><td>听写本(田字格)</td><td>听写检查学生对生词的书写掌握情况</td></tr>
<tr><td>大作文(作文本 1)</td><td>完成语文园地中规定的习作</td></tr>
<tr><td>小练笔(作文本 2)</td><td>完成小练笔(注重引导学生写一段话)</td></tr>
<tr><td rowspan="4">五六年级</td><td>生字本</td><td>进行一类生字的书写练习并组词,加注拼音、音序、部首、剩余笔画</td></tr>
<tr><td>听写本(田字格)</td><td>听写检查学生对生词的书写掌握情况</td></tr>
<tr><td>大作文(作文本 1)</td><td>完成语文园地中规定的习作</td></tr>
<tr><td>小练笔(作文本 2)</td><td>完成小练笔</td></tr>
<tr><td>备注</td><td colspan="2">一、二年级应重视除书面作业外的朗读、背诵课文、口语交际,以及拓展实践等作业的落实。
其他年级完成包括搜集资料、调查问卷、调查报告、制作手抄报等综合性学习作业;朗读、背诵课文的作业;策划活动方案、学习成果汇报会等口语交际作业等。</td></tr>
</table>

(七)作业布置数量要求

作业要精选内容,难度适宜,数量适中,有针对性、典型性、层次性、实践性、多样性。布置学生易错、易混的内容，及时反馈矫正。

1.课堂作业

一、二年级拼音或写字每周 4 次；一年级下学期写话（写一句完整的话），二年级写话（写一段完整的话），每两周一次。

三至六年级作文每单元一次，三、四年级 300 字左右，五、六年级 400 字左右；小练笔每单元 1～2 次；积累与运用每周一次。

2.家庭作业

一、二年级不布置家庭作业，可尝试布置一些特色作业、实践性作业。

三至六年级开设语文、数学、英语家庭作业，家庭作业总量为：三、四年级不超过 45 分钟；五、六年级不超过 1 小时。学生须在家庭作业本上记清老师布置作业的时间及内容，作业书写认真，字迹工整。

三、作业书写注意事项及批改要求

1.汉语拼音本

（1）首页设置“积累台”，汇总每一课（每一次）作业书写的正确程度和书写水平。

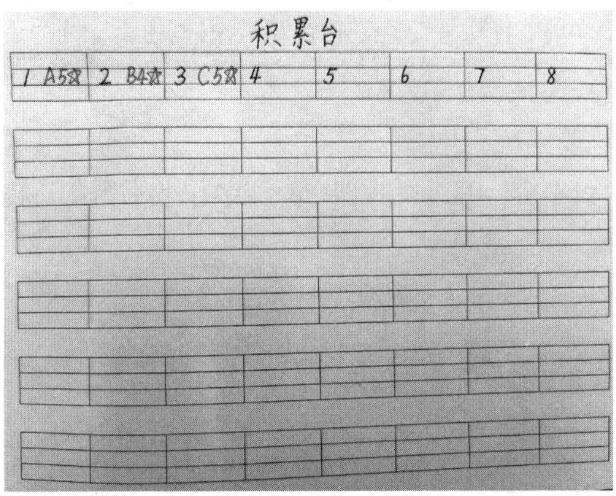

（2）应严格遵照四线三条规范，做到字母、调号占格正确，书写干净整洁。字母在每一格的居中位置书写。

（3）拼音本的批改要求：一年级拼音作业全批全改，在规范美观的字母右下角画☆；书写不规范或占格错误的字母用○圈起来，批注存在的问题，然后在教师批阅的日期下面范写一个；要有激励性评价语言；批改后注明 A、B、C、D 等级表现正确率，5☆、4☆、3☆、2☆、☆表现书写等级，另起一行注明批改日期。作业有三级评价，如学生连续得三个“A5☆”就可得一面小红旗，连续三面小红旗就可得一张笑脸(年级组统一)。学生在学习书写拼音和汉字初期，鼓励老师在学生作业本上范写。

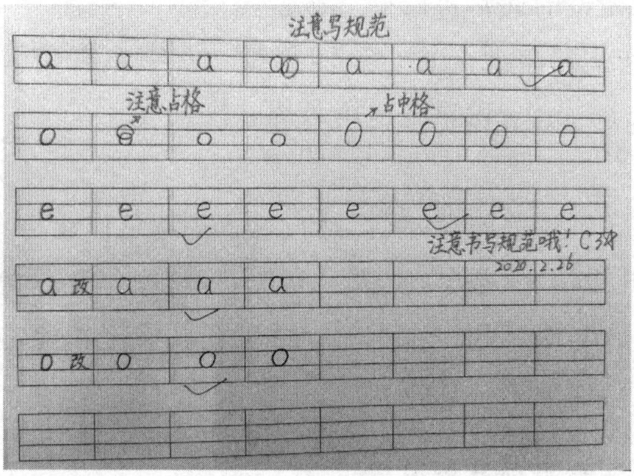

(4)汉语拼音本：教师范写一个，学生临写。教师圈画不规范的笔画并批注，书写正确美观的标画☆，鼓励教师写激励性评价语，右下角写正确率等级和书写等级以及批改日期。每次作业中书写间接结构正确、书写规范可得A，出现一处错误得B，出现两处错误得C，出现三处错误得D；五个或五个以上☆可得书写5☆，四个☆可得书写4☆，三个☆可得书写3☆，两个☆可得书写2☆，一个☆可得1☆。

2.生字本

(1)首页设置“积累台”，汇总每一课(每一次)作业书写的正确程度和书写水平。

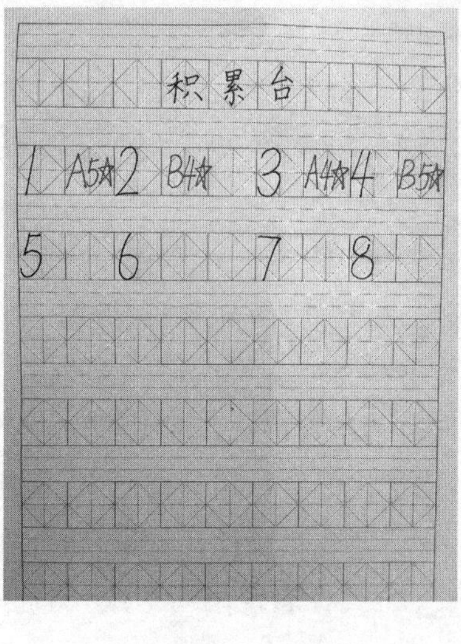

(2)一年级上学期生字本：中间第五格写课题；两字一词，一、二格上方写拼音，三四格给生字组一个词语。

(3)其他年级生字本书写要求：生字本两字一词，四线三格处依次写拼音、大写字母、部首、剩余笔画。

(4)教师批改规范：每组(两字一词)打一个对号“√”，教师用圆圈圈画错误拼音、笔画并且做批注，用横线画出学生组词错误之处。作业右下角进行激励性语言评价、作业正确性和书写等级评价，另起一行注明批改日期。如有错误，教师在日期下面范写一个，学生改写一组(两字一词)。

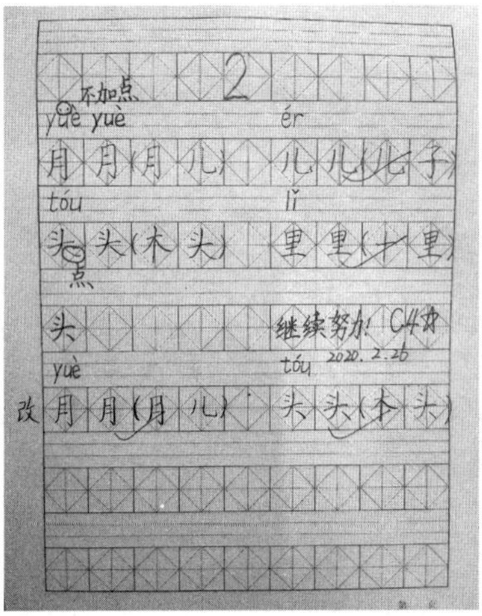

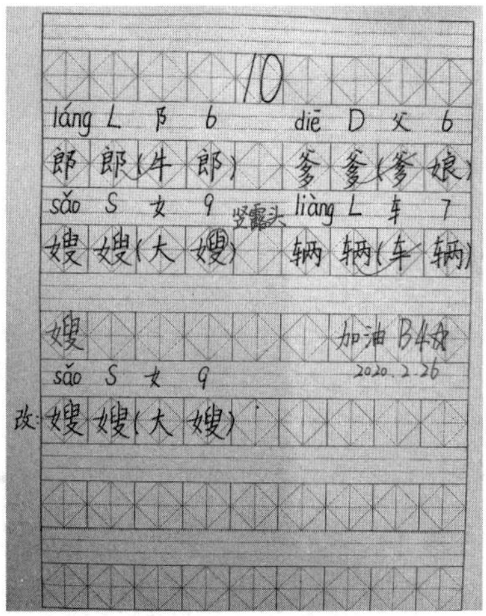

3.听写本

(1)首页设置“积累台”，汇总每一课(每一次)作业书写的正确程度和书写水平。

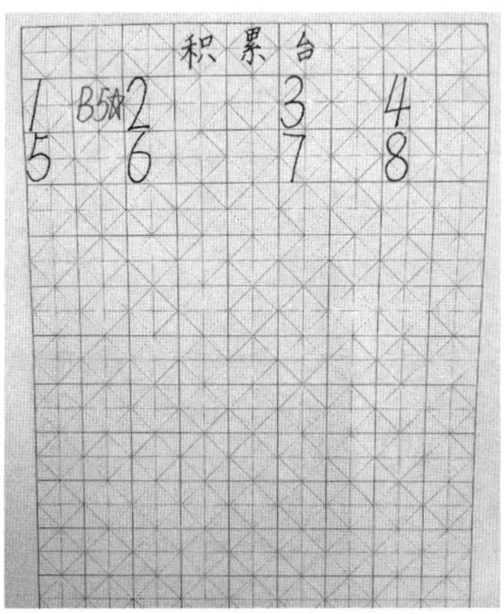

(2)书写占格要求：听写时先听写两字词语，然后听写三个字词语和四个字词语，每个词语空一格。如果一行的末尾写不开一个词语自动换行。

(3)教师批改规范：上下两个词语一个对号，一行可打三个对号。用圆圈标注错误笔画、结构、错字、别字。右下角标注激励性评价语，正确等级和书写等级，另起一行标注批改日期。如有错误在日期下面一、二、三年级教师范写后学生描一改二，其他年级错一改三（听写词语一律改完整词语）。

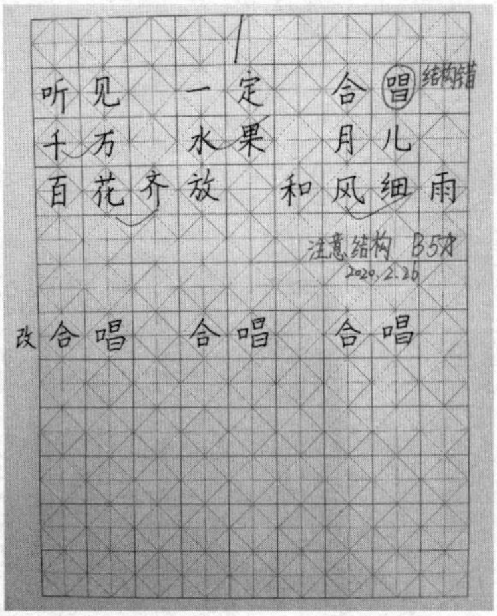

4.方格本

(1)一、二年级写话本首页设置“积累台”，汇总每一课（每一次）作业书写的正确程度和书写水平。

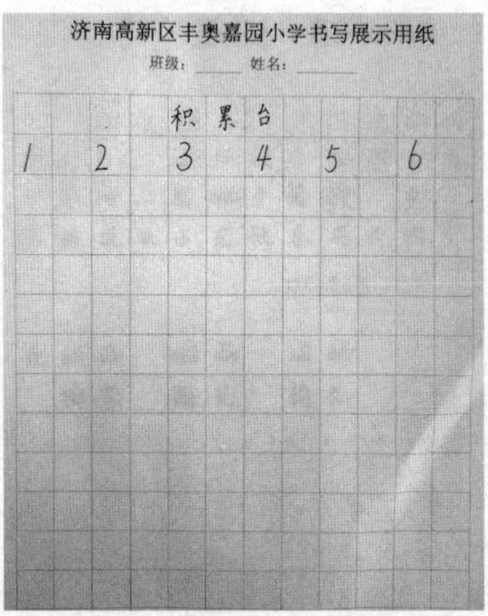

(2)学生书写规范：居中写上课题，每自然段开头空两格。每个字占一格，没学过不会写的字写拼音，拼音占一格。

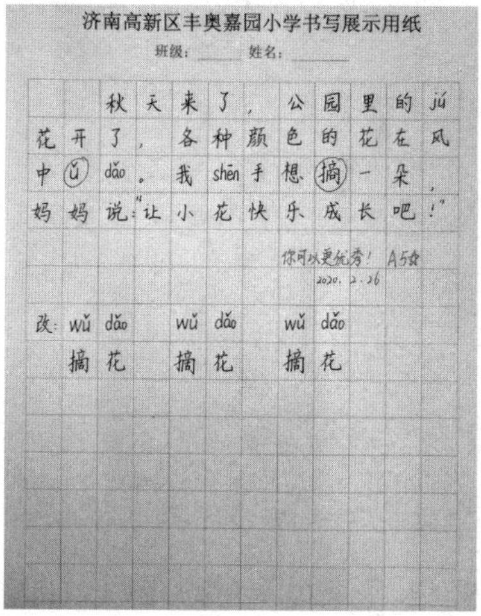

(3)写话本的批改：主要帮助学生将自己想要说的话表达清楚明白，不断激励学生的写话兴趣，让学生愿意写，不怕写。因此，对学生写话作业的批改应做到：及时批阅，错别字由教师范写（日期下面错一改三），好词佳句用波浪线标出，让学生及早了解老师对自己的评价和激励；对学生表达不清的词、句、标点，教师可做适当修改，让学生从示范中学习表达。对写话作业的评价可用简单的激励性语言表述，也可配上小图章，教师的修改、评价语言的书写做到工整清晰。学生改错后及时复批。

5.大作文本（习作与小练笔）

(1)标点符号占格要求：逗号、顿号、分号、句号、感叹号、问号等标点符号占一格，破折号、省略号占两格，引号的上引号和下引号各占一格。行文中顶格一般可写前引号、前括号、前书名号、破折号，前引号、前括号、前书名号不能写在一行末尾。其他标点符号一般不能在顶格写。后引号、后括号、后书名号可在一行末尾，不能放在一行开头。

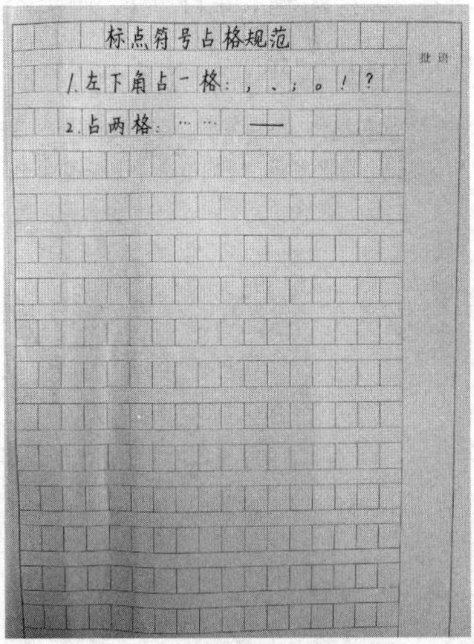

(2)作文本封面后第一页应空出来做目录用，每次作文的题目应写在“目录”页上，第一行中央应标“目录”两字，两字相隔一格。目录栏中，每篇作文批阅后注上其等级。

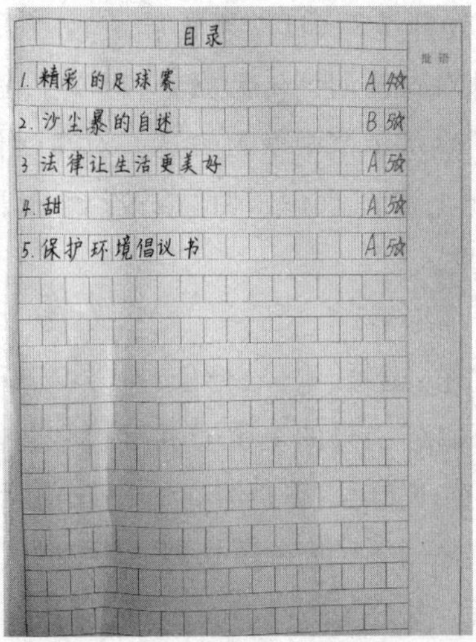

(3)每篇习作题目开头空四格或居中，批改时尽量使用规范的修改符号：三、四年级作文教师批阅，全批全改；五、六年级可学生互批，教师二次批改，三至六年级小练笔，以学生互批为主，教师审阅，确定等级。

(4)旁批：教师旁批时关注学生习作内容、构段方式、修辞手法、叙述顺序、好词佳句、本单元语文要素等多个方面。每页旁批不少于两处。

为了让学生更容易地看清楚教师的旁批是针对的哪一处错误，教师可以在学生出错的位置标上数字 1，然后在评改栏平行的位置写上 1，在“1”的后边写旁批。对于文中的错别字要用“○”标出，在相近的眉批处画上修改错字的框“门”，改后封口。

(5)好词用三角(在词语下方)标注，好句用波浪线标注。(借助尺子)

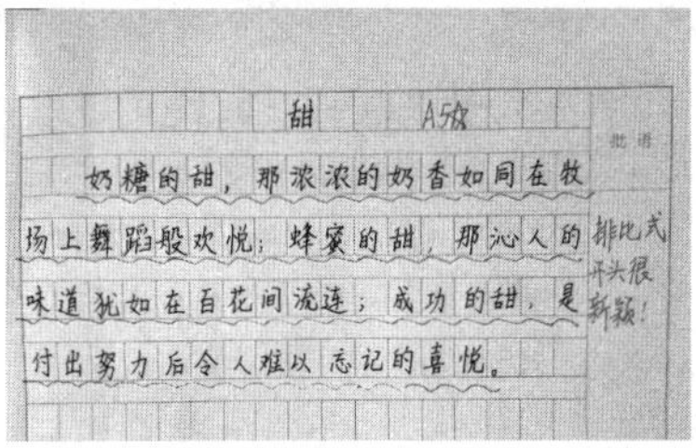
甜 A5☆

奶糖的甜，那浓浓的奶香如同在牧场上舞蹈般欢悦；蜂窝的甜，那沁人的味道犹如在百花间流连；成功的甜，是付出努力后令人难以忘记的喜悦。

批语

排比式开头很新颖！

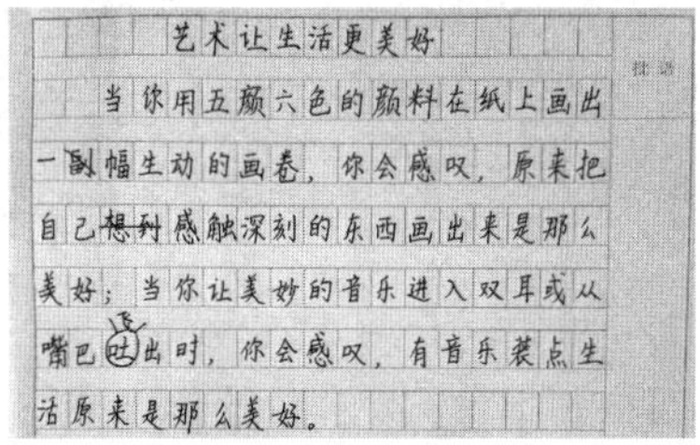
艺术让生活更美好

当你用五颜六色的颜料在纸上画出一副幅生动的画卷，你会感叹，原来把自己想到感触深刻的东西画出来是那么美好；当你让美妙的音乐进入双耳或从嘴巴出时，你会感叹，有音乐装点生活原来是那么美好。

批语

(6)总批：写批语时要字体端正，认真仔细。既要有肯定的一面，也要针对学生这篇作文存在的问题提出建议和希望，所用语言通俗易懂，要有激励性评价语言，总批文字不少于三行。要在文章右上角左起第三个格内注明 A、B、C、D 等级和 5☆、4☆、3☆、2☆、☆表现书写等级。作业本的使用要节约，一张用完再用另一张。不按要求做的，从评估分中扣分。

(7)修改符号：

删除号：用来删除字、标点符号、词、短语及长句或段落。

恢复号：又称保留号，用于恢复被删除的文字或符号。如果恢复多个文字，最好每个要恢复的字下面标上恢复号。

对调号：用于相邻的字、词或短句调换位置。

改正号：把错误的文字或符号更正为正确的。

增添号：在文字或句、段间增添新的文字或符号。

重点号：专用于赞美写得好的词、句。

提示号：专用于有问题的字、词、句、段，提示作者自行分析错误并改正。

调遣号：用于远距离调移字、标点符号、词、句、段。

起段号：把一段文字分成两段，表示另起一段。

并段号：把下段文字接在上文后，表示不应该分段。

缩位号：把一行的顶格文字缩两格，表示另起一段，文字顺延后移。

前移号：文字前移或顶格。

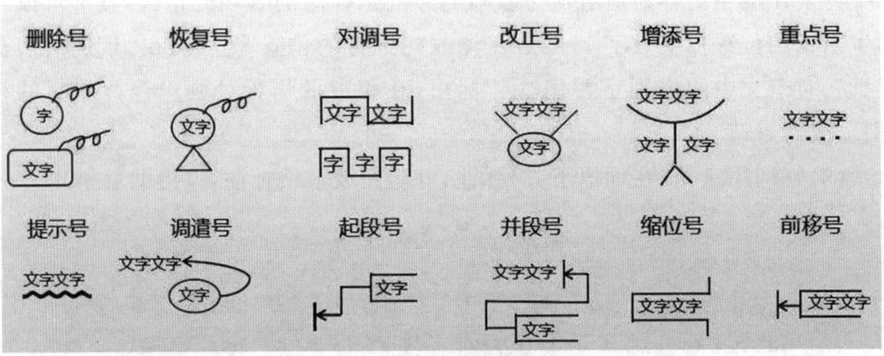

6.抄写句子或写句子

空两格写上序号，然后抄句子或写句子。例：

		(1)	满	天	的	乌	云	，	黑
沉	沉	地	压	下	来	。			
1.飞机失去了平衡，机翼掠过一座座山峰，眼看就要撞着山尖了。									

7.默写或抄写自然段

开头要空两格，标点占一格或一个字的空间，另起一行的要顶格。

8.抄写或默写古诗

古诗题目独占一行，并居中，诗句要空两格；横条本五言诗可并排写两首，两首之间要空一定的距离。七言诗则只写一首，写在中间。

9.问答题

先抄写题目，然后另起一行开头空两格写上"答"，并打上冒号，再进行完整、准确回答。

10.试卷的书写

(1)用笔：一、二年级使用2H铅笔，铅笔要细，三年级尝试用黑色中性笔，四至六年级用蓝黑色钢笔或黑色中性笔。

(2)改错：铅笔字迹改错时要擦干净再改，中性笔写错一个字用一条斜线划去，错字后面继续答题，三个或三个以上错字用一条横线划去。田字格或括号改错时在靠近格的一侧改错，切不可距离太远超出答题范围。平时练习中遇到不方便在原题修改的题目可以抄题改错。

(3)符号的书写：试卷中需要画圆圈、三角、对号等符号时注意符号大小匀称美观，横线和波浪线借助尺子标画。

(4)横线答题法则：左对齐、文字大小匀称、沿横线底线书写占行宽三分之二（不可“跳高”或“入地”）、字距相等。

(5)教师批改试卷时对号要小，每个题都要有批阅痕迹。

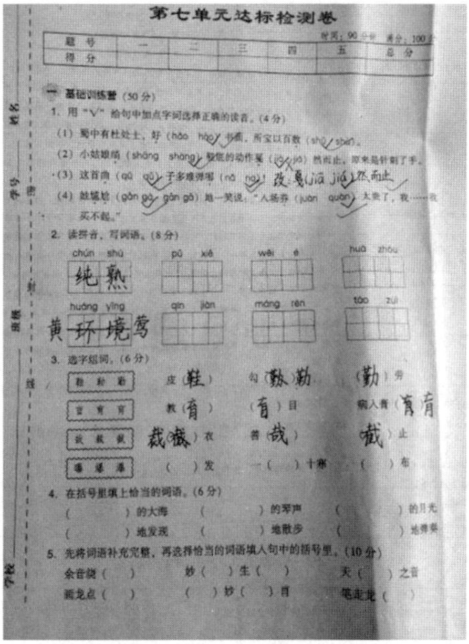

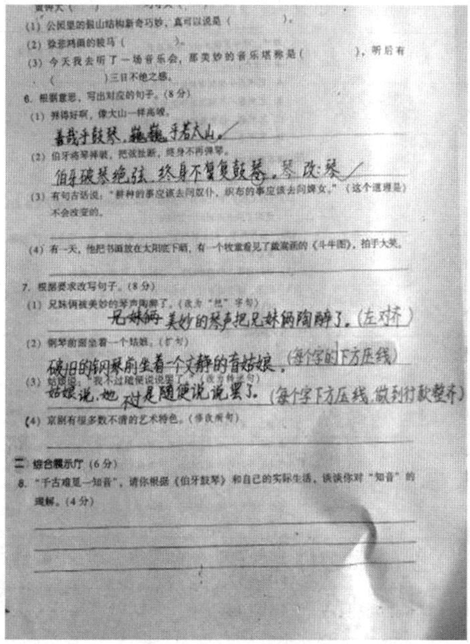

11.语文配套练习册

(1)语文配套练习册评价表格（可贴于练习册首页）：

语文配套练习册评价表

课题	评价	改错
1 草原		
2 丁香结		
3 古诗词三首		
4 花之歌		
综合练习一		
5 七律·长征		
6 狼牙山五壮士		
7 开国大典		

续表

课题	评价	改错
8 灯光		
综合练习二		
9 竹节人		
10 宇宙生命之谜		
11 故宫博物院		
综合练习三		
12 桥		
13 穷人		
14 在柏林		
综合练习四		
15 夏天里的成长		
16 盼		
综合练习五		
17 古诗三首		
18 只有一个地球		
19 青山不老		
20 三黑和土地		
综合练习六		
21 文言文二则		
22 月光曲		

(标注课题,体现每次作业的等级,以及是否及时改错。)

(2)配套练习册的使用与批改:

根据教学进度布置作业,学完一课做一课,批改一课,为了保证页面的整洁,一道大题打一个“√”,写错的字用“○”标出,错题用“\”标出,改后可换蓝色笔打成“√”。在右下角写上日期,在学生把题目全做对或改正确之后评上等级。

另外,教师应设置批改记录,注意分析学生作业错误的性质及其原因。对批改和检查的结果,除了通过评语和个别谈话对学生加以具体指导外,对一些有代表性的问题要进行集体讲评。特别优秀的作业应予传观,有创见的应予表扬、鼓励,敷衍了事的应令其重做。

12.背诵作业检查记录表

(1)每位学生一份记录表:根据课后题要求背诵的篇目和段落,设计如下表格,每学完一课要求背诵的课文,学生背诵熟练,请家长、老师、组长检查,检查人在相应栏目中签字,并如实填写背诵情况。

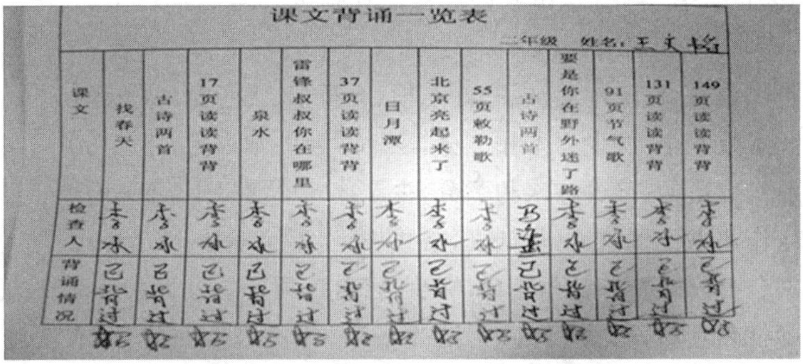

课文背诵一览表

二年级 姓名:王文

课文	找春天	古诗两首	17页读读背背	泉水	雷锋叔叔你在哪里	37页读读背背	日月潭	北京亮起来了	55页敕勒歌	古诗两首	要是你在野外迷了路	91页节气歌	131页读读背背	149页读读背背
检查人	[illegible]	[illegible]	[illegible]	[illegible]	[illegible]	[illegible]	[illegible]	[illegible]	[illegible]	[illegible]	[illegible]	[illegible]	[illegible]	[illegible]
背诵情况	已背过	已背过	已背过	已背过	已背过	已背过	已背过	已背过	已背过	已背过	已背过	已背过	已背过	已背过

(2)教师专用花名册式:根据课后题要求背诵的篇目和段落,设计如下表格,每学完一课要求背诵的课文,学生背诵教师检查通过画"√"。

教师专用花名册背诵课文检查表

	找春天	古诗两首	读读背背	泉水	日月潭	北京亮起来了
1 徐新泽	√					
2.牟冠豪	√					
3.董施语	√					
4.侯奕铭	√					
……						

四、作业的检查

1.检查形式

定时检查:教研组长每两周按作业布置与批改要求检查一次,以满分 20 分计分,然后画出三个档次,双周周四下午将检查结果交教务处;全校性集中检查每月一次,由教务处组织,定时在周四下午放学前收齐,期中考试之前或期末考试之前两次交教务处由教务处或校级干部共同参与打分,其他时间月检时,教务处直接深入年级抽查,评估结果及时公示。超量布置作业或惩罚性作业造成影响的每人次扣 30 分,教研组长扣 10 分。

不定时抽查:由教务处负责实施,可对某位教师某个学科的学生作业及批改进行检查,每次检查做好记录,及时向任课教师反馈检查结果,对存在问题的,及时指出问题所在,并限期改正。学校领导可随时抽查作业情况。

2.检查内容及细则

检查结果记入教学评估,作业评比占总评估分一至四年级 40 分,五、六年级 30 分。

(1)爱护作业本,作业本整洁、完好无损、无折痕、无卷角。(3 分)

(2)作业本数齐全。(少一本扣 2 分,少 5 本及 5 本以上,不得分)

(3)作业次数适当。(少一次扣 2 分,少 5 次及 5 次以上,不得分)

(4)学生作业书面整洁,书写认真,格式规范,不涂不贴。(5 分)

(5)作文若批改缺少一篇扣 5 分,缺少两篇,该项评估分为 0 分,全校通报。

(6)教师批改及时,格式规范,无批改错误,评价语恰如其分,有激励性评语,字迹认真工整,有三级评价。(8 分)

(7)学生是否及时认真订正,教师是否及时批复。(2 分)

(8)有无惩罚性作业等。(1 次扣 2 分)

(9)寒、暑假作业开学后采取抽查部分学生作业的办法检查。(检查方法同上)

(10)日常学校可根据工作需要随时抽查作业,发现问题及时解决。

语文学科作业检查记录表

教师姓名	学生爱护作业本、加印卷(15 分)	学生作业本数量(15 分)	学生书写整洁、规范(30 分)	教师批改是否及时(15 分)	教师批阅符号正确、二次批改(25 分)	总分(100 分)

附录八　以肥沃的土壤培育鲜艳的教改之花

——评“单元整合式小学语文教学”的七大核心技术

于源溟*

屈指算来，我与王希锋校长相识已八载。在这八年的时间里，我与王校长的关系经历了“无视—合作—欣赏—对话”四个阶段。我与“单元整合式小学语文教学”也经历了一个“批判—研究—震撼—宣讲”的过程。作为一个语文教育研究工作者，能在自己所工作的领域遇到一个值得研究的课题是研究生涯的大幸；作为一个语文教育的思考者，能在自己职业生涯的后半段遇到一位思想的对话者则是三生有幸。正所谓“千金易得，知己难求”。

我与王希锋校长相识在八年前高唐县教育局举办的青年骨干教师培训班上，但当时王校长和高唐第一实验小学并没给我留下很深的印象。我们之间真正的相识、相知是在2016年的寒假，王校长参加了我院举办的高唐县义务教育校长团队培训班。培训班结束时，他向我提出了双方进行实质性合作的方案，即王校长向我院的小学教育研究团队提供横向课题，我们的学科团队进驻王校长所在的学校与老师一起进行研究。

2016年上半年伊始，我们的小学教育研究团队进驻高唐第一实验小学，运用质性研究范式的扎根理论，采用听课、收集资料、访谈、问卷、调查等多种研究方法对高唐第一实验小学进行了深入研究。随着研究的深入，我们发现，王校长的学校管理思想具有非常强的原生性和独特性，高唐第一实验小学也表现出鲜明的个性。真传一句话，假传万卷书。这里我并不想系统介绍王校长的学校管理思想和他所倡导的整合式小学语文教学改革，只是介绍我们运用扎根理论发现的支撑“单元整合式小学语文教学”体系的七大核心技术。

一、遵守规则养成习惯的核心育人理念

一位校长的核心育人理念往往决定着他的教育思想的脉络。遵守规则、养成习惯既不时髦也不高深，但它却着眼未来，面向当下。说它着眼未来，意思是习惯往往决定一个人的人生。人生虽然短暂但需要一步一步地走。一个人，求学阶段有老师为他引导方向、设计步骤，成年后进入社会，他的生活状态则往往由求学阶段所养成的习惯决定。求学阶段的学习习惯决定了一个人成年后专业发展的程度。说它面向当下，有两层意思：一是小学阶段是习惯培养的最佳

---

* 于源溟，聊城大学教育科学学院院长。

时期，错过这一最佳时期，好的习惯就很难养成。二是小学阶段养成好的学习习惯和生活习惯对中学和大学的学习有着非常重要的作用。

为落实这个核心育人思想，王校长组织学校老师对学生习惯养成规律进行了系统研究，编写了"好习惯益终生"系列校本教材，从做人、做事、学习三个方面建立了习惯培育系统。有课时、有教法、有考核，六年时间坚持不懈，从而养成学生终身受益的好习惯。

二、"爱即严格要求"的校长情怀

与王校长合作，除执行合同内容外，更多的时间我们是在"聊天"。一到周六或周日，王校长就会打来电话问我是否有时间。如果我有时间，他会开车1个小时来我的办公室，开始一整天的"聊天"。起初的"聊天"以我为主导，本质上是我对他进行教育理论的普及。慢慢地，他开始发表自己的观点，开始向我介绍他对教育的理解。我们就是这样从专家与普通校长的关系逐渐变成了朋友与朋友、思想者与思想者的关系，他成了我的思想对话者。在对话的过程中，我们相互激发，思维之花次第开放。这种"聊天"持续了一年多时间。这一年里，我了解了他的教育经历，也发现了他"爱即严格要求"的校长情怀。

从在清平镇中心小学因为改革被教研员拉下讲台，到任清平镇少先队辅导员所创办的"一巾二旗三歌"活动，到任清平联校副校长所开展的"三德建设"，到任三十里铺联校校长时的"一套班子，两块牌子"，再到在鱼丘湖联校时的"公平优先，差异发展"的管理体制探索，直到在高唐第一实验小学时的网格化管理，每到一处，他都会留下自己的足迹，在工作岗位上都会根据实际情况进行自己的创造并取得了成功。推动这些创造的动力是什么呢？王校长响亮地回答：就是"爱"。朱自清先生曾说："教育上的水是什么？就是情，就是爱。教育没有了情爱，就成了无水的池。"王校长爱他的学生，爱他的老师。

王校长爱他的学生，但这种爱不是虚情假意的"你真棒"，不是作秀式的"跪下来听孩子讲话"。他的教育之爱概括起来就是"爱即严格要求"，具体表现为爱即培养学生终身受益的习惯，爱即平等地对待每一位学生，爱即依法依规办学。

爱即培养学生终身受益的习惯。习惯的培养不仅仅要在求学阶段思考，更要从受益终身的角度思考。他所在的学校对如何养成好习惯进行了系统的研究，把好习惯养成的内容分解到小学阶段的6个学年里，各种习惯有名称、有要求、有训练计划。只要坚持不懈，习惯就会慢慢养成，气质也会随之变化。

爱即按国家意志培养学生。在王校长的话语体系中，"这个问题课标是这样规定的”“对小学生的阅读量，课标是这样规定的”“因为教育部规定小学的书包不能超过××公斤，所以……”诸如此类的句子经常出现，这反映出他有非常强的依规办学意识。在他看来，校长作为国家代理人来管理学校就必须按照国家意志管理学校。按照国家意志培养学生就是最大的爱。

王校长爱他的教职员工，但这种爱并不仅仅是那种为他们多发点福利的庸俗之爱，而是一种健康温暖之爱。这种爱表现在行动上即庄重、孝慈、举善。季康子问：“使民敬、忠以劝，如之何？”子曰：“临之以庄则敬，孝慈则忠，举善而教不能则劝。”（《论语》第二章第二十条）孔子认为，用庄重的态度对待百姓，他们就会尊敬你；孝顺父母、爱护幼小，百姓就会对你忠诚；举用善能者而教育能力稍差者，就能使百姓相互劝勉。

王校长以庄重的语言、行为平等地对待每一位教职员工，从而赢得了他们的尊重。在制度面前人人平等，无近无疏。一个人只要认真工作，收获就会如期而至。王校长同时也是一个孝慈之人。父母与他同住，每次吃饭他总是先拿起上顿剩下的碎馒头，而把完整的留给父母。春节回家，他看到已故乡亲的照片很多是从身份证上翻拍下来的，很不庄重，他就自己为村里所有60岁以上的老人每人照了一张正规的照片。

王校长管理学校的基本价值取向是集体主义，提倡大家共同进步，反对相互提防式的过度竞争。屈指算来，自当上正职校长以来，他带领的副职们已经有十几人走上正职校长的岗位，中层已经有五十几人走上副校岗位，这就是举善能。而对于众多职工，他采取的策略则是依靠制度，依靠集体备课，依靠捆绑考核，通过集体的力量使他们之间相互帮助，共同提高。

三、集体教研

教师发展的关键是教师专业的自我发展，而教师专业自我发展最有效的方法是集体教研和教学反思。王校长曾经工作的高唐县实行的是城乡教师一体化管理体制，每年都会有10%的乡村教师交流到高唐第一实验小学学习，高唐第一实验小学也有10%的教师交流到乡村小学支教。交流到一实小的教师往往会迅速融入学校的教学文化中，教学能力得到快速提高。出来交流的教师回到原学校后则理所当然地成为教研骨干。之所以会出现这种情况，一实小的集体教研制度功不可没。

很多学校现在都在采用集体教研制度，但往往都是分工备课、集体共享，并没有集体研讨的过程，其实质仍是个人备课。王校长则带领学校老师把集体教研真正落到实处。他采用的基本策略就是“三固定”，即时间固定、地点固定、程序固定。所谓时间固定就是同一门课程要么排在一、二节，要么排在三、四节，要么排在五、六节。如果排在一、二节，三、四节则集体教研，如果排在三、四节，则五、六节集体备课，依次类推。所谓地点固定就是教研活动固定在自己所在的教研室。所谓程序固定就是教研必须按"集体反思—集体研课说课—分别备课—相互交流—形成共案"的固定流程进行。集体教研发挥了集体的力量，产生了共生效应，促进了教师的共同成长。

四、双向选择捆绑考核的教师激励制度

"双向选择"是教师岗位选派制度。王校长带领的领导班子改变了传统金字塔式等级管理制度，实行扁平化管理。年级管理实行总管制，年级主任改称"年级总管"，职责从只管教学转变为负责年级全面工作。年级总管由校委会任命，总管下设语文和数学两个教研室主任，各班设班主任。每个教师填写三个志愿选择任教年级，年级总管选择任课教师。这种双向选择能够增加选择与被选择双方的压力，也会增强选择与被选择方心理相容的程度，起到了较大的激励作用。

同时，对教师实行"千分制"考核。与大部分学校不同的是，教师所得分数不仅仅来自自己的成绩，更多的是来自他们所在的集体。在学校生活中，每位教师都会分属不同的群体，如某班的任课教师群体、语文组群体、年级群体。在教师考核体系中，一个语文教师授课分数虽然与他所教班级成绩相关，但权重更大的是所在年级的平均成绩。如果年级平均成绩不高，即使自己所教班级成绩很高，考核分数也不会很高。捆绑考核制度有利于集体意识的形成。集体备课之所以能够在高唐第一实验小学贯彻执行，捆绑考核提供了制度保障。

五、小组合作学习的教学组织形式

班级教学自诞生之日起，其信息传播的不均匀性和难以达到因材施教就一直成为教育界努力克服的两大弊端。改革开放后，我国中小学所探讨的分层教学、分组教学就是为克服这些弊端所做的努力。"单元整合式小学语文教学"中的小组合作学习特点鲜明：第一，分组之前先分队，全班按座位区域分为 4 个小队。第二，4 人小组为基本的教学单位，小组按学科学习水平分成 4 个层次，分别命名为 1 号、2 号、3 号和 4 号。第三，分组坚持组内异质、组间同质的原则。

之所以要进行分队，与王校长扁平化管理思想有关。分队之后班级形成 4 个相互竞争的团队，同时也形成 4 个管理单位，化大班教学为小班学习。头脑风暴法的参与人数一般是 10～15 人，成人 LTD 讨论学习法小组学习一般为 5～15 人，而王校长所在学校的学习小组却为 4 人。为什么是 4 人小组呢？

4 人小组更加适合小学语文教学的要求。首先是符合语文学习的特点。语文学习具有很强的实践性,阅读能力必须通过阅读实践才能形成,写作能力必须通过写作实践才能形成,仅仅靠教师的讲解是学不会语文的。4 人小组增加了每位学生的课堂练习机会,使学生在多个操作面上练习,语文学习能力大幅度提高就成为必然。实行组内异质,使小组内形成"兵教兵"的局面。优秀生通过帮扶后进生使自己的理解能力、表达能力得到进一步提高,而后进生在组内都会有一位小老师从而得到真正的帮助。4 人小组学习,本质上实现了教育的公平化。组间异质则充分利用了学生的好胜心和竞争心,有利于激发学生的学习动机,也有利于培养学生的集体主义思想。

六、网格化管理

网格化管理是在计算机网络管理的基础上形成的一种新的管理方式。它最早产生于计算机网络管理,后来被大面积地运用到城市管理领域。早在 20 世纪 80 年代,著名教育家魏书生就提出语文教学管理要努力将事、时、人三者落到实处,做到"人人有事干,事事有人干,时时有事干,事事有时干"。王校长提出的"学校发生的每一件事要在第一时间内找到责任人"与魏书生的思想有异曲同工之妙。网格化管理把学校各项工作进行分解,形成一个个管理节点,每个节点有负责人、有工作标准、有考核要求、有联系电话,每个节点相互关联形成学校管理的网络。网格化管理做到了网络之外无遗事,网络之内必落实,使整个学校管理井然有序。

七、教学过程流程化

教育学家总是告诉我们教学既是科学也是艺术。王校长认为:"教学是科学"就是把各门课程的教学规律总结出来,形成基本的教学流程使全体教师有所遵循;"教学是艺术"就是在遵循基本流程的基础上允许教师发挥自己的创造性,从而使自己的教学达到艺术境界。教学流程化使教学质量得到基本的保证,教学艺术化使教师享受到教学创造的快感,使学生享受到学习的美感。流程化思想渗透到学校工作的方方面面,学校的每一项工作都有流程、工作标准和考核标准。教学作为学校的核心工作,每门课程都有自己的流程和模式。由于"单元整合多课渐进"改革的推动,语文教学的流程更加精细。流程化已经不仅仅局限于课程的层面,每一类知识、每一种能力都有基本的流程。教学流程的精细化使教学更具有针对性和实效性。

总之,如果说"单元整合式小学语文教学"的探索是王校长学校的教改之花,那这七大核心技术则构成教改之花的肥沃土壤。"遵守规则,养成习惯"的核心育人思想决定了王校长的学校踏实规范的办学风格，成为引领学校发展的风向标。“爱即严格要求”的校长情怀，使得他成为永不停歇的发动机，带领学校的改革永远在路上。“双向选择，捆绑考核”的员工激励制度和“小组合作学习”的教学组织形式，实现了全员关联，形成了学校集体主义的风尚，全校“领导教领导，教师教教师，教师教学生，学生教学生”，形成了真正意义的团队。“集体教研制度”“网格化管理”和“教学流程化”则使目标明确、任务细化，学校运转进入自动化状态。

“纸上得来终觉浅，绝知此事要躬行。”以上认识只是我通过扎根研究所得的一孔之见，要真正理解“单元整合式小学语文教学”，理解王校长管理学校的核心技术，还是需要自己亲身去感受、去体验。愿王校长的管理思想越来越系统化，愿丰奥嘉园小学语文教学改革之花开得更加鲜艳。

（原载《小学语文教学》（人物版）2018 年第 12 期）

后　记

负重前行十余载，先生一拨见洞天！

为了改变语文教学高耗低效的现状，为了寻找一条简简单单教学语文的路子，我于十几年前试验单元整合教学，披荆斩棘走到今天，既有无路可走的迷茫，也有拨开云雾见青天的喜悦。其间，得到了潍坊诸城实验小学、潍坊寿光世纪教育集团、北京史家胡同小学、北京小学、清华大学附属小学、中国人民大学附属小学、天津东丽区实验小学、天津市河东区实验小学的帮助，得到了山东省小学语文教研员李家栋老师的多次亲临现场指导和长期的电话指导，得到了聊城大学教育科学学院时任院长于渊渼教授及团队的指导与帮助，得到了山东师范大学魏巍教授的多次到校指导，得到了山东省教研院李文军教授的指导。“单元整合式”小学语文教学之所以能走过十几年的路，之所以能植根于实践的土壤，是因为它来自一线语文教师的实践经验总结，是因为汲取了山东省近百位齐鲁名师、山东省小学语文教学能手、山东省小学语文优质课一等奖获得者的现场指导与建议，得到了山东省各地市教研室主任和语文教研员如聊城市冯明才主任、东营市孙传文主任、泰安市刘旭主任、济南市武宪玲主任等的现场指导和建议。在此一并感谢！对高唐县第一实验小学和济南高新区丰奥嘉园小学的语文教研团队和同仁们表示感谢！

斗转星移，日月荏苒。2017 年 8 月，随着我工作的变动，单元整合式教学也随我来到济南高新区丰奥嘉园小学，重新安了家改了名，由原来的“‘单元整合多课渐进’小学语文主题教学课程体系”改为“‘单元整合式’小学语文教学课程体系”。该课题立项 2019 年山东省基础教育教学改革项目（编号:3701006),于2021年6月结题。

在研究单元整合式教学的十几年里,我们召开、举办、承办过多次全国、全省、全市、全县的现场会,数不清次数的研讨会和推进会,也写了不少的文章,参加了不少的各级评比,但没有哪一位给"单元整合式"小学语文教学凝练出一条思想主线,这也使得我们走了好多的弯路,甚至多次的报告和培训都完成了,依然没有归结出该教学法的核心思想。

在该课题研究的过程中,我们邀请山东省教育科学研究院副院长李文军教授到校指导,并详细介绍了"单元整合式"小学语文教学,展示了相关研究资料,恳请李院长给予指导。几周后,李院长给我们提炼出了"追梦陶行知"这五个字。我看后顿时茅塞顿开,又一次品尝到了"山重水复疑无路,柳暗花明又一村"的豁然开朗之感!是啊,我们研究了十几年的语文单元整合式教学,其中追求的单元整合、课时的流程化,不就是践行的陶行知先生的"自动化思想"吗?采用的小组合作学习不就是陶行知先生的"兵教兵小先生思想"吗?负重前行十余载,先生一拨见洞天!让我们明白了单元整合式教学的核心思想和来源,也为单元整合式教学找到了来路和去向,使我们对单元整合式教学有了更加清晰的认识和理解,坚定和鼓足了我们继续研究的勇气和劲头。

至此,我才有了出版本书的意念和想法。时值书稿交付之时,我想借此文以表对文军教授的敬慕与感谢!

王希锋

2021年12月